앙토냉 질베르 세르티양주
(Antonin-Gilbert Sertillanges, 1863~1948)
세상에서 공부를 가장 좋아한 사람. 프랑스의 가톨릭
신학자·철학자. 1883년 도미니크회에 입회했고, 1888년
사제 서품을 받았다. 1890년부터 코르시카 섬의 코르바라에서
신학을 가르쳤으며, 1893년 토마스 아퀴나스에 관한
연구지인 『르뷔 토미스트』(La Revue Thomiste)를 창간했다.
1900년에서 1922년까지 파리 가톨릭대학교의 철학교수를
역임하면서 신토마스주의를 대표하는 신학자가 되었다.
저서로는 『예수』(Jésus), 『성 토마스 아퀴나스』(St. Thomas
d'Aquin), 『토마스주의 철학 요강』(Les grandes thèse de la
philosophie Thomiste), 『기독교와 철학』(Le Christianisme et les
philosophies) 등이 있다.
『공부하는 삶』은 그가 평생 배우고 익히면서 얻은 공부에
필요한 정신, 조건, 방법 등을 알뜰하게 정리한, 소금과 같은
책으로 지성인이 되고자 했던 서구인들 사이에서 조용하지만
큰 반향을 불러일으켰다.

이재만
성균관대학교를 졸업하고 출판편집자로 일했다.
『공부하는 삶』, 『인문세계지도』, 『폐허의 제국에서』,
『역사와 역사가들』(공역)을 번역했다.

공부하는 삶

La Vie Intellectuelle

© 1920, A. G. Sertillanges

이 책은 저작권법에 의해 보호받는 저작물이므로
무단전재와 무단복제를 금합니다.
이 책 내용의 전부 또는 일부를 이용하려면
저작권자와 도서출판 유유의 서면동의를 얻어야 합니다.

공부하는 삶

배우고 익히는 사람에게 필요한 모든 지식

The Intellectual Life

앙토냉 질베르 세르티양주 이재만 옮김

저자 서문

정신을 규율하는 법

성 토마스 아퀴나스의 저술 가운데 요한이라는 수사에게 보낸 편지가 있는데, 여기에 '지식의 보물을 획득하기 위한 16가지 조언'이 나열되어 있다. 진짜 아퀴나스가 쓴 것이든 아니든, 그 편지는 그 자체로 읽혀야 할 만큼 중요한 가치를 지닌다. 우리는 그 편지의 글자 하나하나를, 내면 가장 깊숙한 곳에 새겨야 한다.

오늘날 공부하는 이들에게 유용할 법한 설명을 '16가지 조언'에 덧붙일까도 생각했다. 그렇지만 그 방법은 아퀴나스의 조언을 다소 제한하는 것 같았다. 나는 더 자유로운 절차를 선택했다. 그럼에도 이 작은 책의 내용은 전적으로 토마스주의적이다. 이 책에는 아퀴나스가 '16가지 조언'에서뿐만 아니라 여러 저술에서 제안한, 정신을 규율하는 법이 담겨 있다.

이 작은 책은 그라트리 신부●의 『근원』(Les Sources)에서 어느

● 가톨릭 사제이자 신학자, 철학자로 소르본대학의 도덕철학 교수를 지냈으며 프랑스 한림원의 회원이었다.

정도 영감을 받았다. 그라트리 신부는 다른 많은 저자들과 마찬가지로 자신이 스무 살에 경험한, 앎을 향한 열렬한 욕구를 평생 놓지 않았다.

빛이 간절히 필요할 때는 공부를 통해 빛을 얻고, 나아가 빛을 발산하기 위한 조건에 관해 자주 생각하자.

이 책에서는 지적 생산 자체를 다루지 않았다. 그것은 다른 책에서 다룰 주제다. 그러나 먼저 우리 자신을 비옥하게 하는 정신과 그 후에 우리 자신을 현명하게 사용하는 정신은 동일한 정신이다.

이 경우에 '사용'은 오히려 우리의 저장고를 풍요롭게 하는 방법이라는 것이 나중에 밝혀질 것이므로, 각각의 과정에서 지적 활동을 풍요롭게 하는 원칙들이 서로 같다는 것은 의심할 수 없다.

이 책이 모두에게 쓸모 있기를 바란다.

샹돌랭에서, 1920년 8월 15일

역자 서문

자신의 완성을 추구하는 공부

 한국 독자에게는 낯선 이름일 앙토냉 질베르 세르티양주는 신학자이자 철학자로, 『신학대전』으로 가톨릭 신학을 집대성한 성 토마스 아퀴나스(1224~1274)에 관한 연구로 유명하다. 세르티양주는 아퀴나스 연구지를 창간했을 뿐 아니라 토마스주의에 관한 굵직한 저서를 몇 권 쓰기도 했다. 그렇지만 세르티양주의 저서 가운데 오늘날에 이르기까지 가장 널리 읽힌 책은 '공부하는 삶'이라는 격조 높은 제목을 단 바로 이 책이다.

 처음 읽었을 때 이 책의 주된 인상은 예스럽다는 것이었다. 초판이 거의 한 세기 전인 1920년에 출간된 만큼 오늘날에는 생경하거나 시대에 뒤진 듯한 내용이 일부 포함된 것은 어느 정도 당연하다 하겠다. 이를테면 세르티양주는 저술에 필요한 노트를 동일한 크기의 메모지에 적어두고, 각각의 메모지에 주제에 상응하는 번호를 매기고, 같은 번호가 매겨진 메모지들을 클립으로 묶어서 분류하라고 조언한다. 또 지성인을 남성으로 상정하고 아내의 역할은 남편의 공부를 물심양면으로 돕는 것이라고 말하기도 한다. 이처럼 이 책에는 한 세기의 시간차를 감안하면서, 또는 과거의 한계를 걸러내면서 읽어야 할 대목이 더러 있다.

그러나 예스럽다고 말한 것이 이런 이유 때문만은 아니다. 더 큰 이유는 공부를 대하는 세르티양주의 태도가 오늘날에는 찾아보기 어렵기 때문이다. 세르티양주는 책의 첫머리부터 공부하는 삶이란 우리가 선택하는 삶이 아니라 신의 부름에 유순하게 복종하는 삶, 즉 공부라는 소명을 받아들이는 삶이라고 전제한다. 다시 말해 이 책에 쓰인 '공부' 혹은 '지적인 일'이라는 표현은 특정한 목표를 달성하기 위한 수단으로서의 공부, 야망이나 이기적인 동기에 종속된 공부, 내키는 대로 아무렇게나 하는 공부를 뜻하는 것이 결코 아니다. 오히려 이런 공부는 지성인이 다른 무엇보다 경계해야 할 폐단으로 제시된다. 세르티양주는 계몽주의 시대 이래로 소수만이 고집해온 태도, 16세기 종교개혁기에나 우세했을 법한 태도를 공부하는 삶의 근본 전제로 삼는다.

이 책의 또 다른 인상은 독자에게 요구하는 것이 아주 많다는 것이었다. 실상 이 책은 처음부터 끝까지 크고 작은 요구로 채워져 있다. 세르티양주는 공부를 위해 절제하고, 신체를 돌보고, 식사와 수면에 신경을 쓰고, 일상생활을 단순화하고, 사교활동을 삼가고, 내면의 고요를 유지하라고 말한다. 여기서 그치지 않고 언제나 진리에 주의를 기울이고, 아침과 저녁에는 때에 맞는 활동을 하고, 열정을 가지고 집중해서 탐구하라고 요구하며, 읽기와 기억하기, 노트하기, 글쓰기와 관련해서도 세세하게 지시한다. 간단히 말해 저자는 공부를 위해 삶의 거의 모든 측면을 규율할 것을 요구한다. 더구나 이런 요구를 할 때 저자의 어조는 '이렇게 하면 공부에 도움이 된다'는 식의 권고조보다 '이렇게 해야만 한다'는 식의 명령조에 훨씬 가깝다.

그렇다면 좋게 말해 예스럽고, 나쁘게 말해 케케묵은 데다가 요구사항도 많은 이 책이 프랑스는 물론이고 영미권에서도 한 세기 가깝게 읽힌 까닭은 무엇일까? 그리고 이 책을 공부의 길잡이로 삼아 귀중한 영감과 통찰력과 용기를 얻었다고 말하는 독자가 많은 이유는 무엇일까? 나는 이 물음에 대한 답을 앞서 말한 두 가지 인상에서 찾을 수 있다고 생각한다.

세르티양주는 지성인이란 '지적인 일'이라는 소명에 따라 '성별'聖別된 존재, 즉 신성한 일에 쓰이도록 선택받은 존재라고 명시한다. 이 말은 지성인은 지적인 일을 하려는 욕구를 타고나며, 이 욕구가 없는 사람은 제아무리 총명하더라도 지적 영역에서 무언가를 완수하거나 공부하는 삶을 평생 걸어갈 의지가 없을 것이라는 뜻이다. 세르티양주는 이렇게 말한다. "소명에 관해 말하는 것은 지적인 일에 일생을 바치려는 사람에 관해 말하는 것이다." "지적 소명은 다른 모든 소명과 마찬가지로 우리의 본능과 능력에, 이성으로 판단해야 하는 일종의 내적 충동에 새겨져 있다." "소명은 요청할 수 있는 것이 아니다. 소명은 하늘에서 내려오는 것이고, 우리의 제1본성에서 나오는 것이다." 그러므로 지적 영역에서 가장 중요하고 필수적인 자질은 지적 소명을 받는 것이며, 지능이나 총명함은 부차적인 자질에 지나지 않는다. 이 책이 상정하는 독자는 바로 이런 지적 소명을 받은 지성인이다.

더 나아가 세르티양주는 지성인에게는 인류를 위해 봉사해야 할 도덕적 의무가 있다고 말한다. 이 말은 지성인은 인격적 자질과 도덕적 덕목으로 지성을 올바로 규제함으로써 인류의 삶에 기여해야 한다는 뜻이다. 세르티양주는 이렇게 말한다. "인격적 자질이야말로 다른 모든 것에 앞선다. 지적 능력은 도구에 지나지 않으며 지적 능력을 어떻게 다루느냐에 따라 그 효과의 본질이 결정된다." 또 이렇게 묻는다. "어떻게 악덕에 의해 피폐해지고 정념에 휘둘리고 난폭하고 떳떳치 못한 사랑에 빠져 타락한, 그런 병든 영혼과 심장을 가지고 올바로 사유할 수 있겠는가?" 그러므로 지성인은 게으름, 육욕, 자만, 시기심, 짜증처럼 공부를 방해하는 악덕을 부단히 물리쳐야 하며, 야망이나 허영심 같은 이기적인 동기를 따를 것이 아니라 소명에 따라 참된 것과 선한 것을 추구해야 한다.

기독교 신자라면 소명을 전제하고 인격적 자질을 우선하는 세르티양주의 이런 입장을 기꺼이 받아들일 수 있겠지만, 그렇지 않은 독자라면 불편하게 느끼거나 거부할지도 모르겠다. 그렇지만 앞서 말했듯이 나는 저자의 이런 입장이야말로 다른 책에서는 찾아보기 어렵고 요즈음에는 더더욱이나 보기 드문 이 책의 미덕이라고 생각한다. 지적인 일이 소명이라는 것은 곧 지성인에게 공부가 삶의 중심이라는 뜻이다. 바꾸어 말하면 지성인은 공부를 다른 목적에 종속시키는 것이 아니라, 운동선수가 운동을 최우선으로 여기고 농민이 자신의 삶을 농사일에 맞추어 살아가듯이, 공부를 위해 삶 자체를 규율한다는 뜻이다. 이것이 세르티양주가 독자에게 그토록 많은 요구를 하는 이유이자 이 책의 제목이 '공부하는 삶'인 이유다. 그렇다고 해서 세르티양주가 먹고사는 일마저 도외시하고 공부만 하라고 말하는 것은 결코 아니다. 오히려 이렇게 말한다. "하루에 두 시간을 공부에 할애할 수 있는가? 그 두 시간을 온전히 열정적으로 사용할 수 있는가? …… 그럴 수 있다면 자신감을 가져라. 아니, 고요한 확실성 안에서 편히 쉬어라."

곰곰이 생각해보면 공부하는 이에게 소명은 제약이 아니라 공부를 지속하도록 의지를 북돋는 힘임을 알 수 있다. "공부하는 삶은 초기에 노력을 요구하는데, 그것을 해내는 사람은 극소수다. 경기장에서 활약하는 선수들처럼, 공부하는 사람들은 궁핍과 오랜 훈련을 견딜 준비가 되어 있어야 하며, 더러는 인간을 넘어서는 끈기를 보여야 한다"라는 세르티양주의 말처럼, 공부하는 삶은 무척이나 고된 삶일 것이다. 소명에 따라 보편적인 진리의 한 조각을 묵묵히 밝힌다는 의식, 드높은 원천에 의지해 자기 역량의 한계까지 올라간다는 의식, 이성으로는 파악하기 어려운 광대한 영역으로 나아간다는 의식은 그 험난한 길을 걸어가는 사람에게 커다란 힘이 되지 않을까? 더욱이 소명을 따르는 공부는 명성이나 이익을 얻으려 하거나 외적 성공을 추구하는 공부가 아니라, 다른 사람들의 평가와는 무관한 절대적 척도에 따라 자신의 완성을 추구하는 공부다. 이런 공부야말로 '공부하는 삶'에 합당한 공부가 아닐까?

자신이 '요청할 수 없는' 소명을 받았는지 확신하지 못하는 독자들도 있을 것이다. 물론 나도 확신하지 못한다. 그렇지만 지적 소명이란 본래 단숨에 확신하는 것이라기보다 "우리의 정신과 인간 세계를 고양하는 일"에 소박하게나마 동참하는 삶으로 드러내 보여야 하는 것일지도 모르겠다.

목차

저자 서문 정신을 규율하는 법 9
역자 서문 자신의 완성을 추구하는 공부 11

I 지성인의 소명

1 지성인은 신성한 부름을 받는다 25
2 지성인은 혼자가 아니다 36
3 지성인은 자신의 시대에 속한다 38

II 지성인의 덕목

1 인격적 자질 43
2 면학과 절제 52
3 기도하는 정신 58
4 신체에 관한 규율 63

III 삶의 구성

1 일상을 단순하게 만들어라 73
2 고독하게 묵상하라 80
3 동료들과 협동하라 89
4 현실 감각을 유지하라 94
5 꼭 필요한 활동 요소는 지켜라 100
6 내면의 고요함을 유지하라 107

IV 공부를 위한 시간

1 공부는 연속적이어야 한다 113
2 밤의 원리를 받아들여라 128
3 아침과 저녁을 맞이하는 법 135
4 공부에 집중하는 시간 142

V 공부의 영역

1 비교탐구를 수행하라 153
2 토마스주의, 앎을 위한 이상적 얼개 167
3 전공을 정하라 172
4 필연적으로 희생해야 하는 것들 176

VI 공부하는 정신

1 탐구하는 열정 181
2 집중은 필수다 186
3 진리에 복종하는 마음 190
4 넓은 시야를 가지자 198
5 신비감 204

VII 공부의 실전

〔 읽기 〕

1　많이 읽지 마라　211

2　잘 골라라　216

3　네 종류의 읽기　220

4　천재 저자들을 가까이하라　226

5　대립을 강조하는 대신 조정하라　235

6　읽는 것을 흡수하고 읽는 대로 살아라　239

〔 기억하기 〕

1　무엇을 기억할 것인가　251

2　어떤 질서로 기억할 것인가　256

3　어떻게 기억하고 이용할 것인가　261

〔 노트하기 〕

1　어떻게 노트할 것인가　269

2　노트를 어떻게 분류할 것인가　279

3　노트를 어떻게 사용할 것인가　283

VIII 생산적인 작업

1 글쓰기 287

2 자아와 세상에 초연하기 298

3 꾸준함, 인내, 끈기 306

4 신중하게 계획하고 마무리하기 321

5 능력을 넘어서는 일은 삼가기 327

IX 공부와 품성

1 삶과 맞닿아 있기 333

2 쉬는 요령 알기 342

3 시련을 받아들이기 349

4 기쁨을 음미하기 358

5 결실을 기대하기 362

저자 후기 지적인 일을 하고자 하는 이에게 369

일러두기

1. 이 책은 A. G. Sertillanges가 쓴 *LA VIE INTELLECTUELLE*의 영어 번역본인 *The Intellectual Life: Its Spirit, Conditions, Methods*를 저본으로 하고 프랑스어 원서를 참조하여 한국어로 번역한 것이다.

2. 본문에 영역자주, 저자주의 표시 없이 붙인 각주는 독자의 이해를 돕기 위해 한국어판 역자가 붙인 것이다.

지성인의 소명

1 지성인은 신성한 부름을 받는다
2 지성인은 혼자가 아니다
3 지성인은 자신의 시대에 속한다

1
지성인은 신성한 부름을 받는다

  소명에 관해 말하는 것은 지적인 일에 인생을 바치려는 사람에 관해 말하는 것이다. 그 사람은 완전히 자유로워서 공부에 전념할 수도 있고, 소명을 받긴 했으나 정신을 함양하고 정신에 깊이를 더하는 일을 삶의 부수적인 보상으로 여기고 기꺼이 나중으로 미룰 수도 있다.

  겉핥기 지식을 공부하는 것이 아니기에 "정신에 깊이를 더한다"고 표현했다. 모호한 읽기와 얼마 되지 않는 산만한 글쓰기로는 소명을 달성할 수 없다. 신이 내려준 재능에 부합할 만큼 우리 자신을 완전히 계발하려면 통찰력과 꾸준함, 방법론적 노력이 필요하다.

  이 소명을 당연하게 받아들여서는 안 된다. 확신을 가지고 걸어갈 수 없는 길에 느닷없이 발을 내딛는다면 머지않아 환멸을 느낄 것이다. 모든 사람은 공부할 의무가 있다. 일찍부터 고된 훈련을 받은 사람이라도 정신을 초기의 무지 상태로 추락하도록 내버려둔다면 지혜롭게 행동할 수 없다. 습득한 것을 별다른 노력 없이 유지하는 것과, 단순히 일시적인 시작점에 지나지 않아 보이는 토대 위에 지식을 견고하게 쌓아가는 것은 아주 다르다.

이 두 가지 중 후자의 정신이 소명을 가진 사람의 정신이다. 이 정신은 진지한 결의를 내포한다. 공부하는 삶은 금욕과 의무를 엄격하게 지킬 것을 요구한다. 공부하는 삶은 보상을, 그것도 충분한 보상을 받는다. 그러나 공부하는 삶은 초기에 노력을 요하는데, 그것을 해내는 사람은 극소수다. 경기장에서 활약하는 선수들처럼, 공부하는 사람들은 궁핍과 오랜 훈련을 견딜 준비가 되어 있어야 하며, 더러는 인간적인 것을 넘어서는 끈기를 보여야 한다. 진리가 우리에게 드러나도록 하려면 진심으로 우리 자신을 바쳐야 한다. 진리는 자신의 충복만을 섬긴다.

이런 삶에 들어서려면 먼저 오랫동안 스스로를 시험해야 한다. 지적 소명은 다른 모든 소명과 마찬가지로 우리의 본능과 능력에, 이성으로 판단해야 하는 일종의 내적 충동에 새겨져 있다. 우리의 기질은 신체가 받아들일 수 있는 화합물을 결정하는 화학적 특성과 같다. 소명은 요청할 수 있는 것이 아니다. 소명은 하늘에서 내려오는 것이고, 우리의 제1본성에서 나오는 것이다. 요컨대 소명을 들었다면 곧바로 신과 우리 자신에게 순종해야 한다.

우리의 근본적인 성향 및 적성과 상관관계가 있다면, 우리의 선호選好는 탁월한 심판관이다. 토마스 아퀴나스가 즐거움이 직능의 특징을 나타내고 사람들을 분류하는 데에 쓰일 수 있다고 말할 수 있었다면, 그는 분명 즐거움도 소명을 드러낼 수 있다고 결론 내렸을 것이다. 우리가 할 일은 우리의 선호와 자연스러운 충동이, 신이 준 재능 그리고 신의 섭리와 연결되어 있는지를 깊이 탐구하는 것뿐이다.

지적 소명을 탐구하는 사람은 자신의 완전한 모습을 깨닫는 데에 지대한 관심을 기울이는 것은 물론 아무도 경시할 수 없는 더욱 보편적인 것에도 관심을 쏟는다.

당신이 빛을 운반하는 사람으로 지명된다면, 신께서 당신이 운반하기를 기대하는 그 어슴푸레한 빛이나 불꽃을 감추면서 가지 마라. 당신 자신과 다른 사람들을 위해서, 진리를 사랑하고 진리가 가져오는 삶의 열매를 사랑하라. 공부에, 그리고 공부를 유익하게 쓰는 데에 당신이 가진 시간과 마음 중에서 가장 좋은 부분을 바쳐라.

한 가지 길을 제외한 다른 모든 길은 당신에게 해로운 길이다. 당신이 걸어가기를 기대하고 요구하는 방향과는 다른 방향으로 향하는 길이기 때문이다. 신성한 부름을 거부함으로써 신과 형제들과 당신 자신에 대한 믿음이 없음을 입증하지 마라.

그 부름은 야망이나 어리석은 허영심이 아니라 이기적이지 않은 동기에 따라 당신이 지적인 삶에 들어서는 것을 전제로 한다. 경솔한 사람만이 세상에 널리 이름을 떨치라는 꼬임에 넘어간다. 야망은 진리를 자기 아래에 둠으로써 영원한 진리를 거스른다. 문학이나 철학에서 명성을 얻기 위해——진리를 훼손해가면서, 진리와는 무관하게——삶과 죽음을 지배하는 물음, 신비로운 자연과 신을 가지고 장난치는 것은 신성모독이 아닐까? 그러한 목표를 추구하는 사람, 특히 야망을 추구하는 사람은 노력을 지속할 수 없을 것이다. 현실에 아랑곳하지 않는 꿋꿋한 노력은 눈에 띄게 사그라질 것이고, 그의 허영심은 공허한 만족에 의지할 것이다.

또한 그 소명은 당신이 목표뿐 아니라 그 목표를 달성하는 데에 필요한 수단 역시 받아들이는 것을 전제로 한다. 그렇지 않다면 진정으로 소명에 순종하는 것이 아니다. 많은 사람들이 지식을 소유하고 싶어 한다! 모호한 열망이 대중의 눈길을 지평선으로 돌려놓는 바람에, 통풍이나 천식 환자가 만년설을 바라보는 것처럼 아주 많은 사람들이 아득히 멀리 떨어진 것을 동경한다. 대가를 치르지 않고 무언가를 얻으려는 것은 일반적인 욕구다. 그러나 그것은 비겁한 심장과 나약한 두뇌의 욕구다. 투덜거리는 요구에 곧바로 우주가 응답하는 경우는 없으며, 끈질기게 노력하지 않는데도, 공부하려고 켜놓은 등불 아래로 신이 빛을 비추는 일은 없다.

당신은 스스로의 소명에 따라 은총을 입는다. 진리가 명하는 것을 추구하라. 진리가 당신을 고무할 수 있도록, 진리 고유의 영역에 당신의 안식처를 마련할 수 있도록, 당신의 삶을 구성할 수 있도록, 당신이 경험이 없음을 깨닫고 다른 사람들의 경험에서 배울 수 있도록 진리에 동의하라.

"젊었을 때 알았더라면!" 젊은이들에게는 무엇보다 이 충고가 필요하다. '사이언스'science보다 의미가 넓은 라틴어 '스키엔티아'scientia는 원인들에 대한 앎을 말한다. 그러나 적극적으로 규정하자면 스키엔티아는 원인들에 의한 창조물이다. 우리는 지식의 원인들을 알아야 하고, 그런 뒤에는 그 원인들을 제시해야 하며, 지붕을 얹는 순간까지 건축물의 토대에만 주의를 집중해야 한다.

공부 초기의 자유로운 몇 년 동안 지성의 땅을 새롭게 가꾸고 씨를 뿌린다면 얼마나 눈부신 수확을 얻을 수 있겠는가! 그것은 다시 오지 않을 시기이므로 제때에 뿌리를 내려야 한다. 뿌리를 새롭게 내리기는 아주 어렵다. 미래는 언제나 과거의 상속자다. 제때에 해야 할 준비를 소홀히 하면 현실의 표피에서 살아가야 한다. 지식이 어디에 쓸모 있을지를 생각하는 동안에도 한편으로는 이것을 염두에 두어야 한다.

얼마나 많은 젊은이들이 공부하는 사람이 되겠다는 핑계를 대면서 소중한 시간과 힘, 지성의 활력과 이상을 애석하게 낭비하는가! 그들은 공부를 하지 않거나(그렇다면 시간은 충분하다!) 공부를 하더라도 자신이 누구인지, 어디로 가고 싶은지, 어떻게 갈 수 있는지도 모른 채 형편없고 변덕스럽게 한다. 수강, 읽기, 학우 선택, 노동과 휴식·고독과 활동·일반교양과 전공의 적절한 분배, 획득한 자료를 선택하고 활용하는 기술, 미래의 공부가 어떻게 될지 짐작하게 해주는 중간 결과물, 터득하고 함양해야 하는 덕목, 공부하는 정신, 이 가운데 어느 하나에 대해서도 면밀히 사유하지 못할 것이고, 당연히 만족스럽게 이루지도 못할 것이다.

가진 자원이 같다고 가정한다면, 이해하고 앞을 내다보는 사람과 아무렇게나 나아가는 사람의 차이는 얼마나 크겠는가! '천재성이란 오랜 인내'라고 할 때 그 인내는 조직적이고 총명한 인내여야 한다. 어떤 공부를 해내는 데에 비범한 재능이 필요한 것은 아니다. 평균 정도의 자질만 있어도 충분하다. 나머지는 에너지와 그 에너지를 현명하게 사용하는 데에 달려 있다. 정성을 들이며 착실히 일하는 노동자처럼 에너지를 써야 한다. 그 노동자가 어딘가에 도달하는 동안 독창적인 천재는 대개 쓰라린 낙오자로 남는다.

  방금 말한 것은 누구에게나 참이다. 그렇지만 나는 이것을 특히 스스로를 정신 노동에 바친다는 이유로 삶의 가장 작은 부분만을 본인 뜻대로 할 수 있는 사람들에게 적용한다. 그들은 다른 이들보다 각자의 소명으로 성별聖別되는 사람이어야만 한다. 그들이 평생에 걸쳐 이 소명을 수행할 수 없는 처지라면, 적은 시간에 집중해서 수행해야 한다. 지적인 일을 하는 이의 특별한 금욕주의와 영웅적 덕목이 그들 일상의 일부가 되어야 한다. 그들이 이 두 가지 자기 봉헌에 동의한다면 나는 그들이 용기를 잃지 않도록 신의 이름으로 진리를 알려줄 것이다.

  무엇을 생산하는 데에 천재성이 필수적인 것이 아니라면, 완전한 자유는 훨씬 더 그러하다. 게다가 자유는 의무를 엄격히 지킨다면 피할 수 있을 위험에 빠지게 한다. 좁은 둑 사이에 갇힌 냇물은 맹렬히 흘러갈 것이다. 가령 직업의 규율은 훌륭한 학교 같은 것이다. 여가 시간에 공부하면서 규율을 따른다면 열매를 맺을 것이다. 우리는 속박이 있을 때 더욱 집중하고 시간의 가치를 배울 것이다. 우리는 생계를 꾸려가기 위해 불가피하게 해야만 하는 노동을 끝낸 뒤, 이상에 집중하고 스스로 선택한 활동을 편안한 마음으로 즐길 수 있는 귀중한 시간에 안식이 될 만한 것을 갈망할 것이다.

새로운 노력을 하면서 과거에 기울인 노력의 보상을 발견하는 사람, 구두쇠가 자신의 저축을 높이 평가하듯이 과거의 노력을 높이 평가하는 사람은 대체로 자신의 이상에 열정적으로 헌신한다. 그는 자신을 바침으로써 성스러워지며 그 목표에서 어긋나지 않게 된다. 설령 느릿느릿 가는 듯이 보이더라도 그는 더 멀리까지 갈 수 있다. 느리지만 꾸준히 걸음을 옮기는 거북이처럼 그는 빈둥거리지 않고 인내하며, 우직하게 걸어가면서 재빠른 몸놀림으로 부러움을 사던 나태한 토끼를 몇 년 내에 앞지를 것이다.

이것은 고립된 사람에게도 적용된다. 지적 자원도 없고 자극을 주는 사회와도 동떨어진 채 작은 촌구석에 묻혀서 썩어가는 처지를 한탄하고, 훌륭한 도서관과 탁월한 강의, 열광적으로 반응하는 대중과 격리되어 의지할 것이라곤 자기 자신밖에 없는 사람이라 할지라도 그렇다.

그렇더라도 용기를 잃어서는 안 된다. 모든 것이 불리할지라도 자신을 지킨다는 것에 만족하라. 대도시에 살면서 기회를 남용하는, 머리가 꽉 찬 사람보다는 가슴에 열정을 품은 사람이 무언가를 성취할 가능성이 더 크다. 이 경우에도 힘은 역경에서 솟아난다. 가파른 산을 지날 때 정신을 집중하고 긴장하는 법이다. 평탄한 길을 걸으면 마음이 풀어지고, 무절제하게 늘어져 있으면 머지않아 파멸로 치닫는다.

가장 소중한 것은 의지, 깊게 뿌리박은 의지다. 누군가가 되고 무언가를 성취하겠다는 의지다. 지금 이 순간에도 고유한 이상을 지향하는 그 누군가가 되기를 간절히 바라는 의지다. 그 밖에 다른 모든 것은 언제나 부차적이다. 어디에나 책이 있지만 그중 필요한 책은 소수다. 사회와 자극은 자신의 고독한 정신 안에서도 발견할 수 있다. 위대한 것은 그 정신 안에 있고 그것을 구하는 사람에게 주어지며, 열정적으로 사유하는 이가 앞으로 나아가도록 재촉한다. 강의에 관해서 말하자면, 운 좋게 강의라는 도움을 받는다 해도 스스로 하려는 의지가 없다면 강의를 충실히 받아들이지 않거나 잘못 받아들이기 마련이다. 대중에 관해 말하자면, 때로는 대중이 자극을 주기도 하지만 대개는 정신을 방해하고 주의를 흐트러뜨린다. 거리에서 몇 푼 주우려다가는 자신을 망치고 말 것이다. 이런 것들보다 더 필요한 것은 열정적인 고독이다. 그 고독 안에서는 하나의 씨앗이 백 개의 낟알을 맺고, 충만한 태양빛이 모든 땅을 황금빛으로 물들이기 때문이다.

아퀴나스는 공부하러 파리로 가는 길에 멀리 그 대도시가 보이자 동행하던 수도자에게 이렇게 말했다. "형제여, 나는 파리에서 크리소스토무스의 「마태오의 복음서」 강해에 전념하겠네." 누군가 그렇게 느낄 때, 그가 어디에 있고 어떤 자원을 가지고 있는지는 중요하지 않다. 그는 신의 증표가 찍힌 사람,

신이 선택한 사람이다. 신이 우리를 주관하므로 그가 할 일은 인내하고 삶을 믿는 것뿐이다.

이 언어를 이해하고 정신의 영웅들로부터 은밀히 부름을 받지만 필요한 수단이 없음을 두려워하는 이는 내 말에 귀를 기울이길 바란다. 하루에 두 시간을 공부에 할애할 수 있는가? 그 두 시간을 온전히 열정적으로 사용할 수 있는가? 그리하여 신의 왕국에서 권위를 가진 사람이 되어 이 책이 바라는 대로 성배를 들이켜 그 강렬하고 씁쓸한 맛을 음미할 수 있겠는가? 그럴 수 있다면 자신감을 가져라. 아니, 고요한 확실성 안에서 편히 쉬어라.

생계를 꾸리기 위해 일을 해야 할 경우라도, 많은 사람들이 그렇듯이 영혼의 자유를 희생하지 않고도 밥벌이를 할 수 있다. 당신이 혼자라면 더욱더 고귀한 목적에 전념할 것이 요구될 것이다. 위대한 인물들은 대부분 어떤 소명을 따랐다. 나는 많은 이들이 지적인 삶을 살아가는 데에 매일 두 시간이면 충분하다고 단언했다. 제한된 시간을 최대로 활용하는 법을 배워라. 갈증을 씻어주는 동시에 다시 목마르게 하는 샘에 매일매일을 쏟아부어라.

인간이 쌓아온 지혜를 영원히 보존하는 일, 시대의 유산을 모으는 일, 오늘날을 위해 정신의 규칙을 체계화하는 일, 실재와 원인을 발견하는 일, 사람들의 방황하는 눈길을 제1원인으로 향하게 하고 그들의 마음을 지고한 목적으로 향하게 하는 일, 필요하다면 꺼져가는 불길을 되살리는 일, 진리와 선을 선전하는 일에 소박하게나마 동참하고 싶은가? 그것이 당신을 위해 남겨진 몫이다. 분명 그것은 작은 희생을 추가로 감수할 만큼 가치 있는 일이다. 열정적으로 꾸준히 추구해볼 만한 일이다.

그라트리 신부가 '살아 있는 논리'라고 부른 것을 공부하고 실천하는 일, 다시 말해 우리의 정신과 인간세계를 고양하는 일, 이것을 진지하게 공부하고 끈기 있게 실천한다면 놀라운 성역으로 들어갈 수 있을 것이다. 당신은 스스로를 가꾸고 성장하는 자, 숭고한 선물의 수혜자가 될 것이며, 언젠가 고귀한 정신들 가운데 한 자리를 차지할 것이다.

2
지성인은 혼자가 아니다

공부를 하도록 소명을 받아 성스러워진 지성인은 결코 고립되어서는 안 된다. 지위가 무엇이든, 혼자 있든 은둔해 있든 지성인은 개인주의의 유혹에 굴복해서는 안 된다. 고독은 활력을 불어넣지만, 고립은 우리를 무기력하고 메마르게 만들기 때문이다.

빅토르 위고는 영혼만 가진 사람은 더 이상 사람이 아니라고 말했다. 고립은 비인간적이다. 인간적인 방식으로 공부하는 것은 인간에 대한 연민, 자신의 위대함 그리고 일상생활에서 우리를 하나로 묶어주는 연대감을 느끼면서 공부하는 것이기 때문이다.

공부하는 지성인은 언제나 보편자 안에서, 역사 안에서 살아가야 한다. 그의 실생활은 박애를 계율로 삼는 공동생활, 어마어마하게 큰 가족생활이다. 공부가 예술을 위한 예술이나 추상에 대한 이해에 그치는 것이 아니라 삶의 활동이라면, 이 정신의 단일성이라는 계율에 복종해야 한다.

진정한 지성인은 빈자들이 정처 없이 돌아다니며 고통을 받는 이 지구의 이미지를 언제나 눈앞에 떠올릴 것이다. 그가 가진 빛이 그에게 성직을 수여한다. 그가 얻으려 애쓰는 빛은 그가 그 빛을 나눌 것이라는 암묵적 약속을 가정한다. 가장 추상적이고 고매한 것이야말로 가장 실제적이다. 모든 진리는 생명, 계시, 인간의 최후에 이르는 길이다.

그러므로 공부는 언제나 어떤 실용성을 염두에 둔다. 인류가 당신에게 중얼거리는 소리를 주의 깊게 들어라. 무엇을 필요로 하는지 알 수 있는 특정한 집단의 특정한 개인들을 골라서, 그들을 어둠에서 빼내고 고귀하게 만들어줄 만한 것을 찾아라. 신성한 진리는 오직 구원의 진리뿐이다. 다른 모든 것과 더불어 그 진리 역시 공부에서 찾을 수 있다.

3

지성인은 자신의 시대에 속한다

신에게는 모든 시대가 똑같고, 시간의 원주 위의 점들은 그 중심에 놓인 신의 영원성에서 모두 같은 거리만큼 떨어져 있을지라도, 그 시대들과 시간의 원주 위에 거주하는 우리가 모두 같은 것은 아니다. 우리는 거대한 바퀴 위의 한 점인 바로 여기에 있다. 우리가 여기에 있는 이유는 신이 우리를 여기에 놓았기 때문이다.

20세기 사람인 나는 바로 여기에서 영원한 드라마의 한순간을 살아가면서, 산이 솟아오르고 협곡 사이로 바닷물이 들어찬 이래로 일찍이 전례가 없었던 지구의 격변을 목격하고 있다. 이처럼 심장이 고동치고 숨이 가쁜 세기에 나는 무엇을 해야 할까? 지금이야말로 과거 어느 시대보다 사유가 인간을 기다리고 인간은 사유를 기다리는 시기이다. 오늘날 세계는 생명을 불어넣는 격언이 부족해 위기에 처해 있다. 우리는 아무런 신호도 없이 전속력으로 질주하는 기차에 올라탄 꼴이다. 지구는 목적지를 모른 채 가고 있고, 계율은 효력을 상실했다. 과연 누가 이 지구에 다시 태양을 비출 것인가?

지적 탐구의 영역을 좁히고 전적으로 종교적 탐구에 한정하기 위해 이렇게 말하는 것이 아니다. 그럴 필요가 없다는 것을 차차 밝힐 것이다. 나는 앞에서 모든 진리는 실제적이고, 모든 진리에는 구원하는 힘이 있다고 말했다. 그러나 나는 지금 어떤 정신을 가리키고 있으며, 이 정신은 보편적이면서도 오늘날의 상황에 특히 적합하다는 이유 때문에 단순한 딜레탕티슴을 배제한다.

이 정신은 특정한 고고학적 성향, 즉 현재의 고통에서 눈을 돌리게 하는 향수와 신의 보편적 현존을 인식하지 못하는 듯한 과거 숭배를 배제한다. 모든 시대가 서로 같은 것은 아니지만 모든 시대는 종교의 시대이며, 우리에게는 다른 모든 시대를 넘어서는 시대, 바로 우리가 살아가는 시대가 있다. 이 관점에서 보면 중요한 것은 우리에게 주어진 자원, 오늘과 내일 우리가 맞이하는 영광 그리고 이 영광에 부합하기 위해 우리가 기울여야 하는 노력이다.

과거를 위한 장례식에서 시신을 운구하는 사람처럼 굴지는 말자. 오히려 죽은 이들의 좋은 점을 활용하자. 진리는 언제나 새롭다. 반짝이는 이슬을 머금은 이른 아침의 잔디처럼 오래된 덕목은 모두 새롭게 싹트기를 기다리고 있다. 신은 나이를 먹지 않는다. 우리는 신이 사라진 세계의 연대기가 아니라 지상의 영원한 얼굴로 일신할 수 있도록 도와야 한다.

이런 것이 지성인의 정신이자 소명이다. 어떤 종류의 공부가 자신에게 적합한지 발견하여 이러한 일반적인 관념을 정확히 인식하는 일은 빠를수록 좋다.

이제 신이 지성인에게 요구하는 덕목에 귀를 기울이자.

II

지성인의 덕목

1 인격적 자질
2 면학과 절제
3 기도하는 정신
4 신체에 관한 규율

1
인격적 자질

나는 지적 능력이 도덕적 덕목에 잠재적으로 포함된다고 생각한다. 덕목은 우리를 지성인으로 인도하는 최고의 앎이나 마찬가지이기 때문이다.

덕목으로부터 많은 것을, 실은 모든 것을 이끌어낼 수 있다. 도덕적 질서의 최상위에 있는 덕목은 도덕적 진리, 아름다움, 조화, 통일성과 관련되어 있고, 그런 까닭에 모든 것의 제1원리와 연결되기 때문이다.

그러나 나는 겸손한 길을 더 좋아한다. 인격적 자질이야말로 다른 모든 것에 앞선다. 지적 능력은 도구에 지나지 않으며 지적 능력을 어떻게 다루느냐에 따라 그 효과의 본질이 결정된다. 지성을 올바로 규제하려면 당연히 지성과는 다른 자질이 필요하지 않겠는가? 본성적으로 모든 우수성에는 정신적 우수성이 어느 정도 포함된다. 참되게 판단하려면 위대한 단계까지 올라서야 하는 것이다.

파렴치한 악한이 대단한 발견을 하는 것을 보면 혐오스럽지 않을까? 소박한 인간의 오염되지 않은 본성은 그 발견으로 쓰라린 상처를 입을 것이다. 인간의 조화를 깨뜨리는 분열에는 무언가 불쾌한 면이 있다. 진주를 파는 보석상이 정작 자신은 진주를 하나도 걸치지 않는다면 신뢰를 얻지 못한다. 마찬가지로 만물의 위대한 원천과 긴밀히 맞닿아 있으면서도 그 원천의 도덕적 본질을 조금도 획득하지 않는다는 것은 역설로 보인다. 지성의 기능을 누리면서도 그 지성을 고립된 힘으로 이용한다면, 위험한 놀이를 한다는 의심을 받을 것이다. 균형 잡힌 전체 안에서 고립된 힘은 환경의 희생양이 되기 때문이다.

그러므로 인격이 난파된다면 틀림없이 위대한 진리를 인식하는 데에 어려움을 겪을 것이다. 더 이상 통제받지 않고 더 이상 제자리를 찾지 못하는 정신은 위험한 비탈을 굴러 내려가기 시작할 것이다. 출발점의 작은 실수가 마지막에는 거대한 파국이 되는 법이다. 논리의 힘은 정신에서 안전장치를 찾지 못하는 분별력 없는 인간을 깎아지른 듯한 절벽 아래로 밀어버릴지도 모른다. 바로 이것이 삶의 방향을 잃어버린 대가들이 천재성의 불꽃을 반짝이며 그토록 많은 감상적 착오와 실수를 저지르는 원인이다.

삶은 통일체이기 때문에, 우리는 삶의 다른 기능들을 무시한 채 한 가지 기능에만 전념하거나 다른 기능들을 인식하지 못한 채 살아갈 수 없다.

이 삶의 통일성의 원천은 무엇인가? 바로 사랑이다. 사랑은 우리 안에 있는 모든 것의 시작이다. 상호의존적인 앎과 실천 모두 이 사랑을 출발점으로 삼는다면 올바른 길에서 벗어나지 않을 수 있다.

진리는 진리를 사랑하는 사람들, 진리에 복종하는 사람들을 찾아가는데, 덕이 없는 사람에게는 이런 사랑과 복종이 없다. 그런 까닭에 천재는 잠재적인 단점이 있더라도 이미 덕이 높은 사람이다.

참된 것과 선한 것은 같은 토양에서 자란다. 이 둘의 뿌리는 서로 통한다. 공통의 뿌리에서 동떨어져 그 토양과 덜 접촉하게 되면 참된 것이나 선한 것이 고통받는다. 영혼이 빈혈에 걸리거나 정신이 시드는 것이다. 이와 반대로 정신에 참된 것을 먹이면 양심이 밝아지고, 선한 것을 보살피면 앎을 얻는다.

우리는 우리가 아는 진리를 실천함으로써, 우리가 아직 모르는 진리를 얻을 수 있다. 우리는 신이 지켜보는 가운데 진리를 얻는다. 그렇게 진리를 얻는 것은 그 자체로 다른 보상을 가져온다. 모든 진리는 서로 연결되어 있으며, 우리가 삶의 진리대로 살아감으로써 가장 결정적인 경의를 표할 때 지고한 빛과 그 빛에서 흘러나오는 모든 것에 가까이 다가갈 수 있기 때문이다. 작은 지류에서 승선했을지라도 강으로, 더 멀리 바다로 나아가는 것이다.

대단히 중요한 이 교설을 좀 더 면밀히 살펴보자. 이 교설은 너무나 중요하기 때문에 단순히 상기하는 것만으로도 큰 도움이 된다.

덕이 영혼의 건강이 아니라면 무엇일까? 그리고 누가 건강이 시력에 영향을 미치지 않는다고 말할 수 있을까? 안과의사에게 물어보라. 지적인 의사라면 수정체의 곡선을 측정하고 안경을 고르는 것, 혹은 단순히 연고와 약을 권하는 것으로 자신의 역할을 한정하지 않는다. 그는 당신의 치아, 섭생, 내부 장기 등 당신의 건강 일반을 궁금해한다. 그러니 어떤 장기에 관한 전문가가 당신의 도덕적 행위에 관해 묻더라도 놀라지 마라.

신의 눈은 전문가의 눈보다 훨씬 까다롭다.

우리가 지성만으로 사유한다고 믿는가? 플라톤은 우리가 "우리의 모든 영혼을 다해서" 사유한다고 단언했다. 머지않아 우리는 플라톤에서 더 나아가 '우리의 모든 존재를 다해서 사유한다'고 말할 것이다. 지성에는 생명의 원리부터 가장 작은 세포의 화학적 조성에 이르기까지 우리 안의 모든 것이 포함된다. 망상, 환각, 무력증, 긴장 과다증 그리고 갖가지 현실 부적응 증상 등 모든 종류의 정신질환은 정신만으로 사유하는 것이 아니라 존재 전체로 사유한다는 것을 입증한다.

어떻게 악덕에 의해 피폐해지고 정념에 휘둘리고 난폭하고 떳떳치 못한 사랑에 빠져 타락한, 그런 병든 영혼과 심장을 가지고 올바로 사유할 수 있겠는가? 그라트리 신부는 시력은 좋지만 눈이 먼 영혼, 건전하고 똑똑하지만 어리석은 영혼이 있다고 말했다. 또 아퀴나스는 "도덕적 덕목을 행하는 것, 정념을 억제하는 덕목을 행하는 것은 앎을 얻는 데에 아주 중요하다"라고 말한다.

정말로 그렇다! 곰곰이 생각해보라. 공부에 쏟는 그 모든 노력은 특히 무엇에 달려 있는가? 먼저 집중력을 들 수 있다. 집중력은 탐구 영역의 경계를 설정하고 우리가 가진 모든 힘을 그 영역에 쏟도록 이끈다. 그리고 판단력을 들 수 있다. 판단력은 탐구의 열매를 수확한다. 그런데 정념과 악덕은 집중력을 떨어뜨리고 흩뜨려서 정도에서 벗어나게 하고, 동시에 간접적인 방식으로 판단력도 해친다. 아리스토텔레스와 이후의 많은 이들이 그러한 흐트러짐을 면밀히 검토했다.

현대 심리학자들은 모두 여기에 동의한다. 이것은 일말의 의심도 없이 명백한 사실이다. '감정의 심리학'은 실천을 지배할 뿐 아니라 그보다 더 크게 사유를 지배한다. 지성은 우리의 정념이 내리는 명령과 우리의 도덕적 습관에 의존한다. 정념을 가라앉히는 것은 곧 우리 안에서 보편적인 것에 대한 감각을 깨우는 것이다. 우리 자신을 바로잡는 것은 곧 참된 것에 대한 감각을 이끌어내는 것이다.

이 분석을 더 밀고 나아가자. 앎의 적으로는 무엇이 있는가? 말할 것도 없이 지성의 부족이야말로 앎의 적이다. 그러므로 악덕과 미덕 그리고 앎을 추구할 때 악덕과 미덕이 행하는 역할을 논할 경우 우리는 지성 외에 다른 면에서는 모두 같은 사람들을 가정한다. 그러나 어리석음을 논외로 하면 당신이 두려워하는 앎의 적은 무엇인가? 가장 뛰어난 재능의 무덤인 게으름은 어떤가? 신체를 무기력하게 만들고, 상상력을 안개로 뒤덮고, 지성을 무디게 하고, 기억력을 떨어뜨리는 육욕은 어떤가? 때로는 눈앞을 환하게 비추고 때로는 어둠을 내려서 우리가 고집하는 방향으로 나아가도록 떠밀고, 그럼으로써 보편적인 감각에서 벗어나게 하는 자만은 또 어떤가? 자신의 빛이 아닌 다른 빛은 고집스레 인정하지 않는 시기심은 어떤가? 비판을 쫓아버려 거대한 오류를 초래하는 짜증은 어떤가?

이런 장애물들이 없다면 공부하는 사람은 정도의 차이는 있겠지만 자신이 가진 자원과 환경에 어울리는 높이까지 올라갈 것이다. 그는 자신의 재능과 운명의 높이에 도달할 것이다.

우리는 방금 말한 결점들이 다른 결점들을 줄줄이 수반한다는 것에 주의해야 한다. 그 결점들은 상호작용하며 여기저기로 가지를 친다. 수원水源에서 흘러나온 물줄기들이 서로 교차하듯이, 그 결점들은 선한 것에 대한 사랑이나 선한 것에 대한 경멸과 교차한다. 사유가 순수하려면 영혼이 순수해야 한다. 이것은 보편적이고 부정할 수 없는 진리다. 앎의 초심자는 이것을 마음속 깊이 새겨두어야 한다.

더 높은 곳으로 올라가자. 가장 확실한 형이상학에 따르면, 세상의 정점에서는 참된 것과 선한 것이 단순히 연결되어 있기만 한 것이 아니라 서로 일치한다.

이제까지 말해온 선한 것이 정확히 **도덕적** 선을 말하는 것은 아님을 지적해야겠다. 여기서 선한 것이란 **바람직한** 선을 말한다. 그러나 조금만 에둘러 생각하면 바람직한 선이 도덕적 선을 상기시킨다는 것을 알 수 있다.

도덕적 선은 다른 것이 아니라 이성으로 판단한 바람직한 선, 의지 앞에 목표로 제시된 선이다. 목표들은 서로 연결되어 있다. 목표들은 모두 하나의 궁극적 목적에 의존한다. 참된 것과 연합하는 것, 참된 것과 하나인 것도 이 궁극적 목적이다. 이 명제들을 결부해 생각하면 도덕적 선이 모든 면에서 참된 것과 동일하지는 않을지라도, 의지가 겨냥하는 목표들을 통해 참된 것에 의존한다는 것을 발견할 것이다. 그러므로 도덕적 선과 바람직한 선 사이에는 어느 정도 헐겁거나 긴밀한, 그러나 깨뜨릴 수 없는 결속이 존재한다.

우리는 우리 안의 개별성을 통해 진리에 접근하는 것이 아니다. 우리는 보편적인 것에 참여함으로써 진리에 접근한다. 보편적인 것은 참된 것이자 선한 것이다. 우리가 이 보편적인 것을 선한 것과 똑같이 인정하고 섬기지 않으면, 보편적인 것을 참된 것으로 찬미할 수 없다. 다시 말해 우리는 참된 것과 친밀한 화합을 이룰 수 없고, 참된 것의 자취를 발견할 수 없고, 참된 것의 위대한 영향력에 굴복할 수도 없다.

큰 걸음으로 거대한 피라미드를 오르는 것은 참된 것을 향해 올라가는 것과 조금도 다르지 않다. 피라미드의 북쪽 모서리를 따라 올라간다고 할 때 남쪽 모서리에 점점 더 가까워지지 않으면서 정상에 오르는 방법이 있겠는가? 남쪽 모서리와 거리를 유지하려면 낮은 위치에 머물러 있을 수밖에 없다. 남쪽 모서리에서 멀어지려면 옆이나 아래로 가야 한다. 마찬가지로 참된 것은 선한 것과 결합하려는 자연스러운 성질이 있다. 참된 것은 정상으로 향하는 힘을 포기해야만 선한 것에서 멀어질 수 있다.

아퀴나스는 제자에게 이렇게 말했다. "양심의 순수함을 간직하고, 성인들과 선한 이들의 행위를 본받는 것을 게을리하지 마라." 형언할 수 없는 원천에 민감하게 반응하는 영혼, 인간으로서의 본분을 다하는 충성스러운 기질을 가진 영혼은 자신을 활짝 열어 빛을 쉼 없이 받아들이고 열정과 강직함을 키운다. 진리를 사랑하고 진리를 생명으로서 실감한 이에게 진리는 그 자체로 제1원리임을 드러낸다. 우리는 우리의 존재 근거인 신과 함께함으로써 진리에 동참한다. 특별한 재능이 없는 사람의 탁월한 직관과 꿰뚫어보는 식견은 도덕적 진전의 성과이며 자아와 일상의 평범한 것들에 초연한 결과다. 또한 겸손함과 간소함의 결과이자 감각과 상상력을 규율한 결과이며, 위대한 목표를 열정적으로 추구한 결과다.

보석이 광채를 뿜내듯이 우리가 자신의 솜씨를 입증하고 능력을 드러내는 이유가 이제 분명해졌을 것이다. 우리는 빛의 중심과 교감하길 바란다. 우리는 그 중심과 교감하면서 빛의 중심에 접근한다. 우리는 그 중심을 숭배하고, 그 중심의 영광으로 흘러넘치기 위해 그것과 상충하는 것은 포기한다. 이 모든 것은 "위대한 사유는 심장에서 나온다"●라는 유명한 말과 비슷한 의미가 아닐까?

● 파스칼의 『팡세』에 나오는 문장. 파스칼의 용법에서 '심장'은 경험, 지각, 직관을 포함하는 총체적 인간을 의미한다.

2
면학과 절제

이제 도덕적으로 강직할수록 더 많은 공부 성과를 거둘 수 있음을 알았을 것이다. 그중에도 지성인에게 적합한 덕목이 있다. 간혹 지금까지의 내용을 반복하는 것일 수도 있겠지만 여기서는 그런 덕목에 관해 자세히 설명하겠다.

공부하는 사람에게 적합한 덕목은 분명 '면학'이다. 이것이 순진한 주장이라고 미리부터 결론짓지 마라. 교설의 대가들은 그 덕목에 많은 것을 포함시켰고, 또 그 덕목과 다른 많은 것을 구별했다.

아퀴나스는 면학을 절제의 덕목 아래에 두었다. 이는 앎이란 분명 그 자체로 언제나 환영할 만한 것이지만, 인생은 우리가 성미를 누그러뜨릴 것을, 즉 환경에 적응할 것과 쉽게 도를 넘는 앎에 대한 갈망을 다른 의무들과 조화시킬 것을 요구한다는 사실을 지적하기 위해서였다.

지나침에 관해 말할 때 나는 두 가지 의미로 말한다. 면학의 경우 두 가지 악덕이 훼방을 놓는다. 태만이 하나요, 헛된 호기심이 다른 하나다. 여기서 태만에 관해서는 말하지 않겠다. 이 작은 책을 다 읽은 뒤에도 태만을 증오하지 않는 독자가 있다면, 읽다가 점차 넌더리가 났거나 내가 아주 형편없이 안내했기 때문이리라. 태만은 호기심과는 다르다. 태만은 우리의 가장 좋은 본성들에 은밀히 스며들어, 그 본성들을 채워주는 척하면서 오염시킨다.

우리는 이미 지적 소명을 타락시키는 야심만만한 관념들을 살펴보았다. 그렇게 극단적으로 흐르지 않더라도 야심은 면학을 해치고, 공부를 통해 유익한 성과물을 내놓는 것을 가로막는다. 앎에 대해 야심을 품는 순간 그것은 더 이상 앎의 추구가 아니며, 그 야심에 빠져든 사람은 지성인이라 불릴 자격이 없다. 다른 모든 그릇된 목적도 이와 같은 평결을 받을 것이다.

다른 한편, 누군가 사심 없고 올바르게 공부할지라도 그 공부가 언제나 시의적절한 것은 아니다. 시기가 적합하지 않은데도 앎을 추구한다면 그는 인간으로서 자신의 의무를 잊은 셈인데 그에게 무슨 말을 하겠는가?

공부 외에 다른 의무란 인간적 의무다. 절대적인 관점에서 보면 앎은 의심할 여지없이 최고선이지만, 지금 우리에게 주어진 일말의 앎은 대개 장점을 따져보면, 앎과 별다른 차이가 없는 다른 가치들 아래에 놓인다.

교구민에게 헌신하는 시골 성직자, 공부에서 손을 떼고 위급한 환자를 치료하는 의사, 훌륭한 가문에서 태어나 소명을 받들어 가문을 돕기 위해 인문학에 등을 돌린 젊은이는 재능을 더럽히는 것이 아니라 선한 것과 동일한 존재인 참된 것에 경의를 표하는 것이다. 만일 그들이 다르게 행동했다면, 살아 있는 진리를 모순에 빠뜨림으로써 덕목뿐 아니라 진리까지 간접적으로 더럽히는 꼴이 되었을 것이다.

지식을 탐하여 가장 엄격한 의무마저 망설임 없이 저버리는 사람들을 흔히 볼 수 있다. 그들은 공부하는 사람이 아니라 딜레탕트다. 그들은 의무로 해야 하는 공부를 그만두고 자신의 선호에 맞는 다른 공부를 하는데, 이 또한 재능을 잃는 일이다.

능력을 넘어서는 목표를 잡아서 실패할 위험을 무릅쓰는 사람, 가상의 역량을 얻기 위해 실제 역량을 낭비하는 사람도 옛날 관점에서 보면 딜레탕트에 지나지 않는다. 아퀴나스가 공부에 관해 제시한 16가지 조언 가운데 2가지는 이런 사람들에게 중요하다.

"너의 손이 닿지 않는 것을 구하지 마라."

"곧장 바다로 뛰어들지 말고 먼저 개울에 몸을 적셔라."

평정을 찾도록 도와주어 덕목뿐 아니라 앎에도 기여하는 귀중한 조언이다.

토대 위에 너무 많은 자재를 올려놓지 마라. 기반이 버틸 수 있는 수준 이상으로 건물을 높게 올리지 마라. 기반이 단단해지기 전에는 아무것도 세우지 마라. 그렇지 않으면 전체 구조물이 무너질 것이다.

당신은 어떤가? 당신은 어디까지 도달했는가? 당신은 어떤 토대를 쌓아야 하는가? 시작할 때에는 반드시 이런 질문들에 현명하게 답해야 한다. 삼림 감독관은 이렇게 말한다. "크게 자라는 식물을 보고 싶으면 작을 때 심어라." 이것은 아퀴나스의 조언이기도 하다. 현명한 사람은 처음부터 시작하며, 첫째 단계를 단단히 다지기 전까지는 둘째 단계로 향하지 않는다. 독학한 사람이 수많은 약점을 가지게 되는 이유가 바로 이것이다. 혼자 힘으로 공부해서는 처음부터 시작할 수 없다. 일정한 단계에 도달한 집단에 합류할 경우, 독학한 사람은 그 집단의 다른 이들이 이미 지나온 단계들 중 하나에 자신이 놓여 있다는 것과 그 집단의 현재 단계에 이르는 길을 가르쳐줄 사람이 아무도 없다는 것을 알게 된다.

다른 한편으로, 각자 자신의 발달 단계를 냉정히 평가하고 다른 사람들과 비교해서라도 자신을 냉정히 평가해야 한다. 우리 스스로를 과대평가하지 않으면서 우리 자신의 역량을 판단해야 한다. 우리 자신을 있는 그대로 받아들이는 것은 신에게 복종하는 길이자 좋은 결과를 낳는 확실한 길이다. 자연이 능력을 넘어서는 일을 하던가? 자연의 모든 것은 헛된 노력이나 그릇된 어림짐작 없이 정확히 평가받는다. 모든 생명체는 고유한 양과 질, 본성과 힘에 따라 행동하며, 따라서 평화롭다. 오직 인간만이 가식과 불만 속에서 살아간다.

스스로를 정직하게 판단하고 자신 안에 머무는 것에는 얼마나 큰 지혜와 덕목이 있는가! 당신에게는 당신만이 할 수 있는 역할이 있다. 당신의 과업은 운명을 강요하는 것이 아니라 당신의 역할을 완벽하게 해내는 것이다. 우리는 서로 삶을 바꿀 수 없다. 그럼에도 누군가는 까마득히 높은 곳을 겨냥하고 돌이킬 수 없을 만큼 타락하여 목표에 이르는 길을 잃곤 한다. 신의 안내를 받으며 당신만의 길을 똑바로 걸어가라.

아퀴나스는 이렇게 신중하게 처신하는 것에 더해, 호기심에 세속적인 목표들을 즐기면서 꾸물거리다가 지고한 목표를 놓치지 않는 것이 중요하다고 조언한다. 뒤에서 우리는 공부를 구성하는 데에 중요한 결론을 호기심에서 이끌어낼 것이다. 그러나 공부하는 이는 무엇보다 신의 창조물에 대한 숭배와 기도, 명상을 위한 여지를 남겨두어야 한다. 공부는 그 자체로 성스러운 의무다. 공부하는 이는 자연이나 인류를 탐구하면서 창조주 혹은 그 이미지의 흔적을 샅샅이 찾고 찬미한다. 그러나 알맞은 때에는 공부를 멈추고 신과 직접 교통해야 한다. 우리가 이렇게 크나큰 임무를 경시하거나 잊어버린다면 신의 이미지는 우리와 신 사이를 갈라놓을 것이고, 신의 흔적은 우리를 지켜보는 신을 향해서가 아니라 정반대 방향으로 우리를 이끌고 갈 것이다.

공부가 그 지경에 이르러 우리가 기도와 묵상을 포기하고, 성인들과 위대한 영혼들의 말씀 읽기를 멈추고, 우리 자신을 까맣게 잊고, 우리 안에 머무는 성스러운 존재를 경시한 채 목표에 몰두한다면 그것은 폐단이자 광대놀음이다. 그렇게 해서 우리가 전진하고 성과물의 질을 높일 수 있다고 생각하는 것은 샘이 마르면 개울이 더 잘 흐를 것이라고 말하는 꼴이다.

정신의 질서는 만물의 질서와 조화를 이루어야 한다. 현실세계에서 만물은 신성한 것을 향해 올라가고 신성한 것에 의존한다. 만물은 신성한 것에서 생겨나기 때문이다. 우리가 만물 사이의 참된 관계를 엉망진창으로 만들지 않는다면, 우리 안에 있는 현실세계의 모형에서 이와 동일한 의존성을 알아챌 수 있다.

3
기도하는 정신

 공부에 선행하는 경건함은 별도로 치더라도, 우리가 공부 자체에서 기도하는 정신을 함양한다면 경건함은 더욱 확고해질 것이다.

 아퀴나스는 열정적인 지식 탐구자에게 "결코 기도를 포기하지 마라"라고 말하며, 판 헬몬트는 "모든 공부는 영원에 대한 공부다"라는 숭고한 문장으로 이 조언을 설명한다.

 우리는 학문(스키엔티아)이 근원들에 대한 앎이라는 것을 끊임없이 되풀이해 경험한다. 사소한 사실들은 아무것도 아니다. 중요한 것은 자연의 삶을 이루는 것들, 즉 의존성, 영향의 전파, 연결고리, 교환이다. 그리고 이 모든 의존성의 이면에는 태고의 의존성이 있다. 모든 연결이 수렴되는 곳에는 지고한 유대가 있다. 모든 전파의 최정점에는 본원本源이 있다. 모든 교환의 이면에는 신의 은혜가 있다. 세계의 수축과 확장 이면에는 신의 무한한 심장이 있다. 그러므로 끊임없이 신에게 되돌아가고, 단 한순간이라도 만물의 모든 것, 그리하여 모든 앎의 모든 것인 존재와 떨어지지 않아야 하지 않을까?

지성은 종교적 기능을 수행할 때에만, 즉 작고 쪼개진 형태로 나타난 지고한 진리를 숭배할 때에만 제 역할을 다할 수 있다. 각각의 진리는 고립된 것이 아니라 사방과 연결되어 있음을 드러내는 하나의 조각이다. 진리는 그 자체로 하나이며, 그 진리란 바로 신이다.

모든 진리는 반사체이며, 이면에서 진리에 가치를 부여하는 것은 신의 빛이다. 모든 존재는 증거이고, 모든 실제적인 것은 신성한 비밀이다. 그리고 모든 존재와 실제적인 것 너머에는 계시되고 목격되는 주인공이 있다. 모든 참된 것은 무대에서 두드러지듯이 신의 무한성을 배경으로 두드러지고, 그 무한성과 관련이 있으며, 그 무한성에 속한다. 특정한 진리가 무대를 차지할지 모르지만, 그 너머에는 무한한 공간이 있다. 누군가는 특정한 진리란 하나의 상징에 지나지 않는다고 말할지 모르지만, 그 상징은 절대적인 것의 성체聖體다. 특정한 진리는 하나의 징후다. 특정한 진리는 존재하지만 홀로 존재하는 것도 아니고 홀로 서 있는 것도 아니다. 특정한 진리는 신에 의존하며, 홀로 남겨지면 사라지고 만다.

그러므로 완전히 각성한 영혼에게 모든 진리는 만남의 장이다. 신의 사유는 우리의 사유를 지고한 만남으로 초대한다. 우리가 그 만남을 놓쳐서야 되겠는가?

실제적인 것은 우리가 보는 영역에서만, 우리가 앎으로 분석할 수 있는 영역에서만 살아가는 것이 아니다. 예수와 마찬가지로 실제적인 것에는 숨겨진 삶, 곧 신 안에서의 삶이 있다. 요컨대 그것은 신의 삶이다. 계율에 담긴 신의 지혜, 성과에 담긴 신의 힘, 사물들의 유용성에 담긴 신의 선함, 교환과 성장을 통해 스스로를 퍼뜨리려는 신의 의도를 드러내는 것이다. 스스로를 구현하는 신과 끊임없이 맞닿은 채 우리가 섬기고 사랑해야 하는 일종의 현현이다.

존재에 담긴 신의 현현과 모든 개별 진리에 담긴 영원한 진리는 우리를 공허한 탐구와 진부한 감탄이 아니라 천상의 무아지경으로 이끌 것이다.

우리를 보호해주는 위대한 계율의 날개와 지고한 계율 아래에서 공부할 결심을 하자. 앎도, 그 어떤 삶의 발현도 영혼과 실재——내면에 자리 잡은 신과 하늘의 신이 드러나고 둘이 아니라 하나인 곳——에 박힌 뿌리에서 분리되어서는 안 된다. 우리의 행위(배우는 행위를 포함해)와 사유, 근원적 실재 사이에는 반드시 통일성이 확립되어야 한다. 그리하여 무엇을 하든 우리의 본성과 삶의 전부인 영혼과 우리 안의 신성이 그 행위에 깃들어 있어야 한다.

공부를 하면서 이 기도하는 정신을 획득하기 위해 비밀스러운 주문에 골몰할 필요는 없다는 것을 꼭 덧붙여야겠다. 별도의 노력이 필요한 것이 아니다. 신의 이름을 부르고 신의 특별한 개입을 기원할 장소는 바로 여기다. 아퀴나스는 구술하거나 설교하기 전에 언제나 기도를 했다. 그는 이 목적을 위해 경탄할 만한 기도문을 작성했다. 앎의 초보자는 표현하는 데 서툴러 더듬거리고, 으레 필요한 단어를 찾기 위해 신을 흘끔거린다. 그러나 앎을 추구할 때 우리에게는 신을 향해 조금이나마 발돋움하도록 돕는 의자가 있고, 우리는 그 도움을 받아 교화된 영혼과 예언자의 선물을 가지고 다시 공부로 돌아온다.

우리에게 가르침을 주는 모든 것은 숨겨진 샛길을 통해 우리를 신에게로 이끈다. 모든 참된 진리는 그 자체로 영원한 까닭에 우리를 계시라는 영원성으로 향하게 한다. 자연과 영혼을 통해 이 둘의 근원으로 향하는 것 외에 우리가 달리 어디로 갈 수 있겠는가? 우리가 그 근원에 도달하지 못하는 이유는 길에서 벗어나기 때문이다. 영감을 받은 올바른 정신은 중간 단계들을 단숨에 뛰어넘으며, 정신 안에서 생겨나는 모든 물음에 대해 스스로 어떤 구체적인 답변을 내놓든 간에 은밀한 속삭임을 듣는다. 답은 바로 신이라는 속삭임을!

그러므로 우리가 해야 할 일은 한편으로는 정신이 날아오르도록 놓아두고, 다른 한편으로는 정신이 관심 대상에 집중하도록 놓아두는 것뿐이다. 그렇게 하면 특정한 공부의 대상과 종교적 묵상의 대상 사이를 오가면서 양쪽 모두에 이득을 주는 움직임이 생겨날 것이다. 대개 우리는 의식하지 못하는 자극을 받으면서 흔적 혹은 이미지를 지나 신에게로 가며, 그런 다음에는 새로운 활력과 힘을 얻고 다시 거룩한 신의 발자취를 따라간다. 이제 우리는 세상에 더 깊고 중요한 의미가 있음을 발견하고, 어마어마한 정신적 사건을 보게 된다. 어떤 사소한 일을 하느라 바쁠 때에도 우리는 오래된 산조차 덧없어 보이게 하는 진리에 의존하고 있음을 느끼게 된다. 무한한 존재와 무한한 시간에 둘러싸인 공부는 참으로 '영원성에 대한 공부'가 된다.

4
신체에 관한 규율

　인간의 복합적 본성 때문에, 순수한 사유와 가장 관련이 적은 육체적 기능까지도 정신적 기능과 분리할 수 없다는 것을 앞에서 언급했다. 아퀴나스는 아리스토텔레스의 이 아이러니한 생각에 동의한다. 아리스토텔레스는 영혼 혼자서 이해한다고 말하는 것은 영혼 혼자서 건물을 짓거나 천을 짠다고 말하는 것만큼 터무니없는 소리라고 지적한다. 아리스토텔레스는 유물론적으로 보이는 다음 명제들을 내놓는다. "영혼의 활동을 위한 사람들의 서로 다른 기질은 그들 신체의 서로 다른 기질에 의존한다." "훌륭한 신체에 고결한 영혼이 깃든다."

　이 명제에 놀랄 필요는 없다. 사유는 신체 기관 전체를 움직이는 오랜 준비 과정을 거친 후에야 태어난다. 세포의 화학

작용은 모든 것의 기초이고, 가장 눈에 띄지 않는 감각 기능이야말로 경험의 토대다. 이 경험은 습득한 것을 천천히 가다듬고 기억을 통해 고정하는 감각 작용의 산물이다. 지적 작용은 생리 현상 한가운데서 일어나며, 더구나 생리 현상의 연속선상에서 생리 현상에 의존하여 일어난다. 획득한 관념을 단순히 활용하는 경우라 할지라도 관념의 배양기, 즉 이미지, 감정, 감각의 총체적 복합체를 떠올리지 않고서는 그 누구도 사유할 수 없다.

누군가에게 어떤 생각을 일깨우려 할 때 우리가 사용할 수 있는 방법은 무엇인가? 딱 한 가지 방법이 있는데, 말과 기호로써 그 사람 안에 감수성과 상상력, 감정, 기억의 상태가 생겨나게 하는 것이다. 그 상태에서 그는 우리의 관념을 발견하고 자기 것으로 만든다. 정신은 신체를 통해서만 서로 소통할 수 있다. 마찬가지로 우리 각자의 정신은 신체를 통해서만 진리 및 정신 그 자체와 소통할 수 있다. 그러므로 아퀴나스에 따르면, 우리가 무지에서 앎으로 이행한다면 그 변화는 직접적으로는 신체 덕분이며 우리의 지적인 부분은 우연히 기여할 뿐이다.

본질적으로나 섭리적으로나 현대적인 이 교의는, 우리가 사유하려면 특히 평생에 걸쳐 활기차고 현명하게 사유하려면 영혼과 영혼의 다양한 능력뿐 아니라 신체와 신체의 유기적 기능의 총체적 복합체도 필연적으로 사유의 필요조건에 복종해야 한다는 확신을 심어주는 것이 아닐까? 신체와 정신의 복합체인 실체적 인간은 어떤 측면에서는 인간적인 삶이라고 보기 어려운 특별한 삶에 봉사한다. 그 삶이 가로막히도록 내버려두지 마라! 우리 자신이 조화를 이루면 참된 것을 정복할 수 있을 것이다.

이제 어떠한 인간적 고려도 없이 고찰해야 할 두 가지가 있다. 정신적이지만 확고한 판단력을 결여한 사람들은 대개 첫째 사항을 고찰하면서 깜짝 놀랄 것이다.

첫째, 잘 살려는 노력을 부끄러워하지 마라.

천재들 가운데 일부는 비참할 만큼 건강이 나빴다. 만일 신의 뜻에 따라 당신의 건강이 나빠진다면 그에 대해서는 더 이상 할 말이 없을 것이다. 그러나 당신의 잘못으로 건강이 나빠진다면 그것은 신을 시험하는 아주 큰 죄다. 천재들의 선례를 따라서, 허약한 육체에 맞선 영혼의 끊임없는 투쟁에서 승리하는 천재만큼의 활력을 당신이 갖게 될 것이라고 단언코 확신할 수 있는가? 그 위대한 인물들이 재능을 잘못 사용하거나 썩힌 것이 생리적 결함 때문이 아니라는 증거는 없다. 가장 뛰어난 재능을 타고난 사람들 다수가 지적으로 기이한 이유를 생리적 결함으로 설명할 수 있으며, 그들 가운데 일부가 제한된 결과물만을 내놓는 이유 역시 그러하다.

재능은 동일하더라도 병이 있는 사람들은 분명 심각한 결점을 가진 것이다. 병이 있으면 생산량이 줄어든다. 병은 영혼이 섬세하게 활동하는 바로 그 순간에 영혼의 자유를 방해한다. 병은 집중력을 떨어뜨린다. 또 상상력에 영향을 주고 통증에 신경질적으로 반응하게 함으로써 판단력을 흐린다. 위가 병들면 그 사람의 성격이 변하고, 성격이 변하면 사유가 변한다. 레오파르디Giacomo Leopardi●가 병약하거나 불구가 되지 않았더라도 과연 염세론자가 되었을까?

그러므로 높은 차원으로 살겠다고 결심했더라도, 사유 그 자체의 활동과 더불어 사유의 유기적 하부구조를 신중하게 낱낱이 살펴라. "건강한 신체에 건강한 정신이 깃든다"는 것은 사유하는 이에게도 진리이다. 사유하는 이는 그 생체 리듬이 특별하다. 사유하는 이는 자신의 생체 리듬에 주의해야 하며 주저하지 말고 전문가에게 조언을 들어야 한다.

어떤 경우든 일반적인 현행 위생 규칙을 반드시 지켜야 한다. 건강한 위생은 당신에게 지적인 덕목이나 마찬가지다. 우리 현대인은 때로는 너무나 빈곤한 철학을 드러낼지언정 위생에 대한 정보는 풍부하다. 위생을 지킨다면 당신의 철학이 비옥해질 것이다.

되도록 신선한 공기 속에서 지내라. 공부의 중추인 집중력

● 이탈리아의 염세 시인으로 어려서부터 지나치게 공부를 하다가 곱추가 되었고, 줄곧 구루병, 결핵, 눈병 등 병마에 시달렸다.

이 호흡과 밀접한 관련이 있다는 것은 공인받은 사실이며, 일반적인 건강의 제1조건이 충분한 산소라는 것을 우리는 알고 있다. 낮이나 밤이나 신경 써서 창문을 활짝 혹은 일부 열어두는 것, 자주 숨을 깊게 들이마시는 것, 공부하기 전후에 걷거나 희랍 전통에 따라 걸으면서 공부하는 것, 이런 습관은 모두 건강에 무척 좋다.

폐가 자유롭게 움직일 수 있고 다른 장기들을 압박하지 않는 자세로 공부하는 것이 중요하다. 집중해서 공부하다가도 이따금 깊이 숨쉬기 위해 멈추고 몸을 이완하고, 주름이 생기는 것도 예방하기 위해 몇 가지 동작으로 팔다리를 쭉 펴면 도움이 된다. 창문을 열어둔 상태에서 발가락 끝으로 선 채 느리고 깊게 숨을 쉬면 훨씬 더 효과가 좋다. 건강과 관련된 것이라면 어떤 것도 간과하지 마라.

매일 운동해야 한다. 잉글랜드 의사의 격언을 기억하라. "운동할 시간이 없다는 사람은 반드시 아픈 시간이 있을 것이다." 야외에서 운동할 수 없는 처지라면 훌륭한 대안 운동도 있다. 그중에서는 뮐러J. P. Muller ●●의 방법이 가장 지적이며, 다른 방법들도 있다.

기분 전환을 위해서는 몸으로 가볍게 노동하는 것이 정신과 신체에 좋다. 이전 세대들은 그것을 알고 있었지만, 우리

●● 덴마크 출신의 만능 아마추어 운동선수로 1904년에 쓴 『나의 체계』(My System)가 세계적 베스트셀러가 되었다.

시대는 자연을 조롱하는 미친 시대이며 자연은 그런 우리에게 앙갚음을 한다. 매년 진짜 휴가를 위한 시간을 따로 챙겨두어라. 내가 말하는 휴가는 아무런 공부도 하지 않는 것——과하게 쉬면 이미 크게 불안정한 정신 기능이 더욱 악화될 것이다——이 아니라 충분히 휴식을 취하고, 신선한 공기를 마시고, 야외에서 운동하는 것을 의미한다.

식사에 신경을 써라. 손쉬운 방법으로 조리한 담백하고 가벼운 식사를 적당량 먹으면 자유롭고 기민하게 공부할 수 있다. 사유하는 이는 소화하느라 인생을 낭비하지 않는다.

수면에는 더욱 신경을 써라. 너무 많이 자지도 말고 너무 적게 자지도 마라. 너무 많이 자면 살이 찌고 멍청해지고 둔해지고 생각하는 힘이 약해질 것이다. 너무 적게 자면 공부하면서 받았던 자극이 지나치게 오랫동안 남고 피로가 겹쳐 위험할 것이다. 당신 자신을 주의 깊게 살펴라. 음식의 경우와 마찬가지로 수면의 경우에도, 자신에게 수면이 얼마나 필요한지 알아내고 수면 시간을 지키겠다고 굳게 다짐하라. 수면에 관한 일반적인 규칙은 없다.

요약하자면, 지성인에게는 영혼의 도구인 신체를 돌보는 것이 덕이요 지혜임을 반드시 이해해야 한다. 아퀴나스는 분명 신체에 이런 특성이 있다고 생각했으며, 신체에 대한 이런 지혜를 일시적인 지복에 기여하는 요소 가운데 하나로, 다른 지복에 이르는 첫 단계로 보았다. 시들시들하고 성장이 멈춘 사람, 머리가 둔하고 제 나이보다 빨리 늙는 사람, 신이 준 재능을 지키지 못한 어리석은 관리인이 되지 마라.

신체라는 파트너를 돌보는 일에는 다른 요소도 포함된다. 앞에서 정념과 악덕이 정신의 무서운 적이라고 말했다. 그런 다음에는 정념과 악덕의 심리적 효과와 판단력을 저해하는 작용에 관해, 그리고 정신의 습관적 성향에 따라 정념과 악덕이 특정한 단계에 도달하면 어둠의 힘으로 변하는 것에 관해 생각해보았다. 이제는 정념과 악덕이 신체에 미치는 영향——간접적으로는 다시 영혼의 질병이 되는——을 고찰할 차례다.

누군가 게으른 대식가로 머물거나 베개와 탁자의 노예로 머무른다면, 와인과 술과 담배를 남용한다면, 자제력을 잃고 해로운 자극에 빠져 여념이 없다면, 건강을 해치고 신경을 갉아먹는 습관에서 헤어나지 못한다면, 어떻게 앞에서 말한 꼭 필요한 위생을 실천할 수 있겠는가?

쾌락에 탐닉하는 사람은 자기 신체의 적이기에, 머지않아 자기 영혼의 적이 된다. 금욕은 공부에 꼭 필요하며, 그 자체만으로도 그라트리 신부가 말한 '선명한 시야의 상태'에 우리를 이르게 할 수 있다. 육욕에 복종한다면, 정신이 되어야만 하는 당신은 육체가 되는 길 위에 서는 것이다.

아퀴나스는 왜 '천사 박사'라는 별명으로 불렸을까? 단지 그의 고결한 천재성 때문이었을까? 그렇지 않다. 그의 모든 것이 그의 총명하고 성스러운 정신에 복종했기 때문에, 이탈리아 티레니아 해 출신인 그의 육신이 카르멜 산과 헤르몬 산의 설백색을 닮았기 때문에, 그의 영혼이 순결하고 절제하고 떠오르는 영감을 망설임 없이 따르며 모든 과도함과는 거리를 두는 온전한 영혼이었기 때문에, 유명한 정의에 따라 "육체의 섬김을 받는 지성"이었기 때문에 그렇게 불린 것이다.

신체를 규율하고 금욕하는 것은 신체를 돌보는 것과 더불어 그 자체로 이로울 뿐 아니라, 당신의 미래를 지켜줄 가장 소중한 보호 장치 가운데 하나다.

III
삶의 구성

1 일상을 단순하게 만들어라

2 고요하게 묵상하라

3 동료들과 협동하라

4 현실 감각을 유지하라

5 꼭 필요한 활동 요소는 지켜라

6 내면의 고요함을 유지하라

1
일상을 단순하게 만들어라

소명을 굳건히 다지고 능력을 현명하게 사용하기 위해 모든 것을 공부에 쏟으려면, 내면을 구성하는 것만으로는 부족하다. 거기에 더해 외적 생활, 즉 삶의 뼈대와 의무, 교제, 환경을 정돈해야 한다.

다른 어떤 낱말보다 한 낱말을 유념해야 한다. 반드시 삶을 '단순화'해야 한다. 당신 앞에는 험난한 여행이 기다리고 있으니 너무 많은 짐을 짊어지고 떠나지 마라. 짐의 양을 마음대로 정할 수 있는 것이 아니기 때문에 규칙을 정해도 소용이 없다고 생각할지 모르겠다. 그것은 착각이다. 외적 환경이 동일하다면 단순화하려는 마음속의 바람은 큰 변화를 가져올 수 있으며, 외부에 있기 때문에 제거할 수 없는 것일지라도 영혼에서는 몰아낼 수 있다.

"소와 나귀를 한 멍에에 메워 밭을 갈지 마라"(「신명기」 22장 10절)라고 『성서』는 말한다. 인생의 요란하고 발작적인 사건들에 얽혀 현명하고 평화로운 공부가 방해받지 않아야 한다. 이렇게 처신하려면 특정한 금욕주의를 의무로 삼아야 한다. 묵상——종교적이든 세속적이든, 학문적이든 예술적이든 혹은 문학적이든——은 지나치게 안락한 삶에 뒤따르기 마련인 부담이나 귀찮은 문제와는 양립할 수 없다. "큰 사람은 작은 침대를 쓴다"고 라브당Henri Lavedan●은 지적한다. 지적 위대함에는 사치세가 붙는다. 우리가 누리는 특권의 대가로 재능의 10퍼센트를 쓴다고 해서 우리의 재능이 훼손되지는 않을 것이다. 오히려 우리가 저지르는 잘못과 우리가 빠지는 유혹을 세금으로 내는 것이니 우리에게는 두 배로 이익인 셈이다.

앎을 대접하는 데에는 희귀한 가구도 수많은 하인도 필요 없다. 넉넉한 평화로움과 약간의 아름다움, 시간을 절약해주는 적절한 편의시설이면 충분하다.

삶의 속도를 늦추어라. 연회, 새로운 의무를 부과하는 방문, 이웃과의 형식적인 교제, 아주 많은 이들이 남몰래 질색하는 인위적 삶의 온갖 복잡한 의식들은 공부하는 이를 위한 것이 아니다. 사교활동은 공부에 치명적이다. 과시욕과 방탕한 정

● 프랑스의 소설가이자 극작가이며, 주로 파리의 풍속을 묘사한 작품을 썼다.

신은 사유를 파멸시키는 적이다. 누군가 천재를 떠올릴 때 만찬에 참석한 천재의 모습을 상상하지는 않을 것이다.

시간과 사유, 자원, 역량을 야금야금 갉아먹는 일과의 그물에 뒤엉키지 마라. 관습을 고분고분 따라서는 안 된다. 스스로의 안내자가 되어 관습이 아니라 자신의 신념에 따라 행동하라. 지성인의 신념은 그가 달성하려는 목표와 일치해야 한다.

소명은 집중을 뜻한다. 지성인은 성별된 존재이므로 헛된 일을 하느라 자신을 낭비해서는 안 된다. 팔리시Bernard Palissy●●가 가구마저 땔감으로 쓴 것처럼, 지성인은 모든 자원을 영감의 불꽃을 지피는 데에 써야 한다. 공부와 공부를 돕는 환경 이외에 사소한 일을 하느라 돈과 집중력을 낭비하기보다는 장서를 모으고 유익한 여행이나 평온한 휴가를 준비하고 영감을 되살리는 음악을 듣는 편이 훨씬 낫다.

무엇이든 공부를 돕는 것은 어느 때고 받아들이는 것이 좋다. 무엇이든 공부를 방해하고 당신을 옭아매는 것들은 멀리해야 한다. 그것들은 당장 공부에 장애가 될 뿐만 아니라, 이익에 따라 공부하거나 노력을 게을리하도록 충동질하기 때문이다. 사제는 제단으로 먹고살 권리가 있고 공부하는 사람은 공부로 먹고살 권리가 있다. 그러나 돈을 위해 올리는 미사가 없듯이 결코 돈을 위해 사유하거나 글을 써서는 안 된다.

●● 프랑스의 도공. 우연히 본 매혹적인 도자기의 기법을 재현하는 일에 16년 동안 매진하면서, 궁핍한 시기에는 가구, 심지어 마루 널빤지까지 땔감으로 썼다고 한다.

공부가 아닌 다른 일로 생계를 꾸려야 하는 사람일 경우, 그의 생활이 차고 넘친다면 어떻게 얼마 안 되는 시간이나마 마음대로 사용할 수 있겠는가? 정신을 가볍고 자유롭게 하려면 물질을 최소한으로 줄여야 한다.

이 점에서 지성인의 아내에게는 한 가지 임무가 있음을 지적해야겠다. 지성인의 아내들은 너무나 자주 이 임무를 잊어버리고, 베아트리체가 되는 대신 씀씀이가 헤픈 여성이나 수다스러운 여성이 되고 만다.

모든 여성은 남편의 소명을 지원해야 한다. 아버지의 고된 노동은 언제나 가정에서 중력의 중심이다. 그 중력 안에는 생산적인 삶이 있고 본질적인 의무도 있다. 이것은 아버지의 소명이 고결하고 고될수록 그만큼 더 참이다. 그런 경우에 중력의 공통 무게중심에서의 삶은 까마득히 높은 어떤 것 주위를 공전하게 된다. 아내는 남편의 사유를 그 높은 곳에서 끌어내리는 대신 숭고한 것 편에 서야 한다. 남편의 염원과 아무런 관계가 없는 하찮은 것으로 남편을 끌어들이는 행위는, 이 양립 불가능한 두 가지 삶 모두에 대한 혐오를 그의 내면에서 불러일으키는 꼴이다. 아내가 이것에 관해 생각하게 놓아두되, 사도 바울이 말한 "마음이 갈라진다"(divisus est) 외에 다른 이유는 제시하지 마라. 결혼한 남성이 어떤 의미에서 갈라져 있다면 그 또한 갑절로 그러도록 내버려두어라. 신은 남편에게 그와 닮은 배우자를 주었으니, 남편은 아내가 자신과 달라지게 놔둬서는 안 된다. 영혼에 대한 아내의 몰이해에서 비롯된 불화는 생산에 치명적이다. 그 불화는 끊임없는 불안으로 정신을 좀먹고 정신의 원대한 열의와 기쁨을 모조리 파괴한다. 새가 날개 없이 어떻게 날겠는가? 새 또는 영혼이 노래 없이 어떻게 날겠는가?

가정의 수호신은 악령이 아니라 뮤즈여야 한다. 남편에게 소명이 있다면 아내도 그 소명을 공유하라. 아내가 직접 무언가를 달성하든 남편을 통해 달성하든 그것이 무슨 상관인가? 아내는 스스로 달성하지 않더라도 남편과 한 몸이기 때문에 분명히 달성하는 것이다. 아내는 스스로 지성인이 되지 않고도, 하물며 학자나 문학가가 되지 않고도 남편의 생산을 도움으로써 많은 것을 생산할 수 있다. 아내는 남편이 스스로를 감시하여 모든 역량을 발휘하도록 채찍질하고, 불가피하게 일탈했을 때 원래 자리로 돌아오도록 돕고, 용기를 잃었을 때 기운을 북돋고, 낙담했을 때 과하지 않게 위로하고, 슬픔을 어루만져주고, 노동을 마친 뒤에 달콤한 보상이 되어줌으로써 남편의 생산을 도울 수 있다.

고된 공부를 마친 남성은 부상당한 병사와 같다. 그에게는 보살핌과 고요가 필요하다. 그를 다그치지 말고 편히 쉬게 하고, 용기를 북돋워주고, 그가 하는 일에 관심을 보여라. 그가 스스로를 과소비하여 고갈되었을 때 힘을 주어라. 요컨대 그의 어머니가 되어주어라. 그러면 이 여리면서도 강한 남성은 스스로를 다잡고 새로운 마음가짐으로 또 다른 투쟁을 시작할 수 있을 것이다.

아이들은 삶을 헝클어뜨리지만 아주 달콤하게 헝클어뜨리기 때문에 아버지의 자원을 줄이기보다는 오히려 새로운 용기를 준다. 시간을 잡아먹는 그 작은 존재들이 시시때때로 졸라대고 귀찮게 굴지 않는다면 얼마나 좋을까? 그러나 아이들은 귀찮게 하는 것만큼이나 혹은 그 이상으로 기운을 북돋운다. 아이들은 당신의 영감을 기쁨으로 물들여 고무하고, 자연과 인간을 사랑스럽게 반영하여 당신이 추상으로 빠지는 것을 막는다. 당신이 정확한 답변을 해주길 기다리는 아이들의 호기심 어린 눈빛은 당신을 다시 현실로 데려온다. 아이들의 순수한 얼굴은 앎의 자매인 통합성을 설교한다. 기꺼이 믿고 기꺼이 소망하고 기꺼이 원대한 꿈을 꾸고, 안내자인 아버지에게서 기꺼이 모든 것을 기대하는 아이들은, 사유하는 당신을 고양시키고 당신에게 소망할 동기를 제공하지 않겠는가? 당신은 이런 미래의 이미지에서 신의 이미지와 우리의 불멸하는 운명의 표지를 발견할 수 있다.

자신을 온전히 공부에, 그리고 공부를 고무하는 신에게 바치기 위해 가정생활을 단념한 이들은 그 희생으로 얻은 자유에 감사하면서 그 자유를 누릴 권리가 있다. 그들은 무거운 책임을 짊어진 교인을 생각할 것이고, 라코르데르Jean Baptiste Lacordaire●가 미소를 머금고 친구 오자낭Antoine-Frédéric Ozanam●●에 관해 했던 다음 말을 자신에게 되풀이할 것이다. "오자낭이 물리치지 못한 단 하나의 유혹이 바로 결혼이었지." 그러나 공부하는 이는 결혼생활이라는 구속에 얽매어 있더라도 그 구속에서 힘과 영감 그리고 자신의 이상적인 모습 가운데 하나를 이끌어낼 수 있고 이끌어내야만 한다.

● 프랑스 도미니크회를 재건한 수도사, 설교사.
●● 동료들과 함께 평신도 단체인 성 빈첸시오 아 바오로회를 설립한 학자.

2
고요하게 묵상하라

 삶을 구성하는 과정에서 다른 무엇보다 필요한 핵심적 보호장치는 우리가 안팎으로 고독해질 수 있도록 현명하게 준비하는 것이다. 아퀴나스는 이것을 아주 깊이 확신해서 지성인에게 전하는 16가지 조언 가운데 7가지를 교제와 은거생활에 할애했다.

 "천천히 말하고, 응접실에 갈 때는 천천히 가라."

 "다른 사람들의 행동은 일절 궁금해하지 마라."

 "모두에게 공손히 대하라."

 그러나 "누구와도 친밀하게 지내지 마라. 지나친 친밀함은 경멸을 낳고 정신을 흐트러뜨리는 원인이 된다."

 "세상 사람들의 언행에 분주히 참견하지 마라."

"무엇보다도 무익한 외출을 피하라."

"포도주 저장고에 들어가고 싶다면 너의 작은 방을 사랑하라."

여기서 언급된 포도주 저장고――〈솔로몬의 노래〉, 즉 「아가」雅歌와 성 베르나르의 주석을 암시한다――는 진리의 은밀한 거처로서 진리가 멀리까지 향기를 퍼뜨려 자신의 반려자, 즉 열정적인 영혼을 유혹하는 장소다. 그곳은 영감의 안식처이자 열정, 천재성, 발명, 열성적인 탐구가 퍼져나가는 중심이며, 정신의 활동과 그 현명한 기쁨의 무대다.

그 거처로 들어가려면 평범한 것들을 포기해야 하고, 수도원의 독방으로 상징되는 은거생활을 실천해야 한다. 프랑스의 소설가 아당Paul Adam은 이렇게 썼다. "그 독방에서, 길게 늘어선 회랑에서 고요는 하얀색 벽에 숨어 끊임없이 지켜보는 훌륭한 감시자와 같다." 고요가 감시하는 것이 기도와 공부 말고 무엇이겠는가?

그러므로 말을 천천히 하고 사람들이 이야기하는 장소에는 천천히 가라. 말을 많이 하면 물이 쏟아지듯이 정신이 쏟아지기 때문이다. 모두에게 온화하게 대함으로써 당신에게 이로운 소수의 사람들로 이루어진 모임에 자주 방문할 권리를 얻어라. 그렇지만 지나친 친밀함은 우리를 목표에서 벗어나게 하므로 그들과도 너무 가깝게 지내는 것은 삼가라. 정신을 헛되이 사로잡는 소식을 좇지 마라. 도덕 혹은 앎과 전혀 관련이 없는 세상의 언행 때문에 분주히 움직이지 마라. 시간을 잡아먹고, 정신을 종잡을 수 없는 생각들로 채우는 쓸데없는 외출을 삼가라. 이런 것들이 신성한 일, 즉 고요한 묵상의 조건이다. 오직 이런 방식으로만 신성한 행복이라 할 수 있는 장엄한 비밀에 접근할 수 있다. 오직 이런 생활양식으로만 정중한 자세로 진리를 마주할 수 있다.

은신처는 정신의 실험실이다. 내적 고독과 고요는 정신의 두 날개다. 세상의 구원을 포함한 모든 위업은 적막한 곳에서 준비되었다. 앎의 개척자, 영감을 받은 예술가, 평범한 사람, 신인神人, 이들 모두는 고독, 침묵의 삶, 밤에 찬사를 바쳤다.

태곳적의 밤과 장엄한 공허 한가운데서 창조주의 손이 우주를 빚어냈다. 창조의 기쁨을 바라는 이는 성급하게 "빛이 있으라"라고 말해서는 안 되며, 특히 세상의 모든 생물을 살펴볼 때 서둘러서는 안 된다. 상서로운 어둠 속에서 별들의 재료를 준비하는 일은 신처럼 시간을 들여 천천히 해야 한다.

가장 아름다운 자연의 노래는 밤에 들려온다. 나이팅게일, 귀뚜라미는 어둠 속에서 노래한다. 수탉은 아침이 밝았음을 알릴 뿐 아침을 기다리지는 않는다. 계시를 받은 사람, 시인, 탐구자, 진리를 찾으려는 사람은 모두 충만하고 방대한 공허 속에 깊이 침잠해야 한다.

위대한 인물들은 아무도 이 법칙에서 벗어나려 하지 않았다. 라코르데르는 방 안에서 자신의 영혼과 신 사이에 "세상보다 넓은 지평선"을 만들어서 "평온의 날개"를 얻었다고 말했다. 에머슨R. W. Emerson은 자신이 "야만인"이라고 선언했다. 데카르트는 자신을 "뜨거운 방"에 가두었다. 플라톤은 "잔에 부은 와인보다 등불에 넣은 기름"이 많다고 말했다. 보쉬에Jacques Bénigne Bossuet●는 고요와 영감이 주는 천재성을 얻기 위해 밤에 일어나곤 했다. 위대한 사유는 무의미한 소음과 잡념에서 멀리 벗어났을 때만 찾아왔다. 모든 시인은 자신의 시행이 고요의 신비로운 계시를 번역한 것, 단눈치오Gabriele d'Annunzio●●의 표현에 따르면 "무언의 찬가"를 들은 것에 지나지 않는다고 느끼지 않는가?

중요한 일과 그렇지 않은 일을 명확히 구별해야 한다. 평범한 삶과 성 아우구스티누스가 '놀이'(ludibria)라고 부른 것, 오락, 입맞춤으로 끝나는 아이들의 다툼은, 뮤즈의 입맞춤을 받을 때, 환희를 주고 마음을 안정시키는 진리의 애무를 받을 때 반드시 멈추어야 한다.

"무엇을 하려고 왔느냐?" 성 베르나르는 수도원 생활에 관해 스스로 이렇게 물었다. 그렇다면 사유하는 사람인 당신은 왜 평범함에서 벗어난 삶, 봉헌하고 집중하는 삶, 따라서 고독

● 왕권신수설을 강력히 주장한 프랑스의 주교, 신학자.
●● 이탈리아의 시인, 소설가, 극작가. 제1차 세계대전에 참전하여 큰 공을 세우기도 했다.

한 삶에 왔는가? 이 삶을 선택했기 때문이 아닌가? 당신은 하루하루가 거짓인 번잡한 삶보다, 심지어 귀족적이지만 대수롭지 않은 행실에 사로잡혀 사는 삶보다 진리를 선호하지 않았는가? 그럴진대 당신이 자유롭게 포기했던 것을 다시 움켜쥐는 방향으로 후퇴함으로써, 헌신하기로 결심한 대상에 충실하지 않을 작정인가?

은둔하지 않고서는 영감을 얻을 수 없다. 사유의 별들은 창공에 모여들듯 우리 머리 위에 걸린 등불의 동그란 빛 안으로 모여든다.

고요가 당신을 사로잡을 때, 소란스러운 인간의 길에서 멀리 떨어져 있을 때 성스러운 불꽃은 침묵 속에서 활활 타오른다. 평온한 질서, 즉 평화가 당신의 사유와 감정, 탐구를 정돈할 때 당신은 배움을 위한 최상의 상태에 있는 것이다. 그럴 때 당신은 재료들을 합칠 수 있고 창조할 수 있고 재능을 온전히 발휘할 수 있다. 그런 순간은 사소한 일을 하느라 머뭇거리거나 세월 속에 인생을 흘려보낼 순간이 아니며, 천국을 헐값에 팔아버릴 순간도 아니다.

고독 속에서 당신은 당신 자신을 만날 수 있고, 이것은 스스로를 이해하고 싶다면 꼭 필요한 일이다. 앵무새처럼 똑같은 말 몇 가지를 되풀이하는 대신 저마다 고유한 언어를 말하는 신의 선지자가 되어라.

이렇게 저마다 특별한 소질이 있다는 점과 영혼을 끌어내고 펼치는 교육, 즉 정신적 훈련에 대해서는 나중에 다시 길게 논할 것이다. 각자의 영혼은 유일무이하기에 과거든 미래든 어떤 시대에도 우리의 영혼과 비슷한 영혼은 존재하지 않는다. 신은 스스로를 반복하지 않기 때문이다. 그럴더라도 스스로를 펼치려면 무엇보다 고독 속에서 자기 자신과 친밀하게 지내야 한다는 것을 명심하라.

『그리스도를 본받아』의 저자 켐피스Thoma à Kempis는 이렇게 말했다. "나는 사람들을 만나고 나면 항상 더 왜소한 인간이 되어 돌아왔다." 이 생각을 더 밀고 나아가면, 더 왜소한 인간이 되지 않더라도 자아가 더 왜소해진다고 말할 수 있다. 스스로를 단단히 붙잡고 있는 사람이 아니라면 군중에 섞일 경우 정체성을 잃어버린다. 그러므로 반드시 그 전에 스스로를 붙잡아야 한다. 군중 속에서 개인은 다수의 이질적인 자아에 짓눌려 자기인식을 잃어버린다.

"그대의 이름이 무엇인가?" "군중입니다." 군중 속에서 뿔뿔이 흩어진 당신의 정신은 이렇게 답할 것이다.

위생학자들은 신체를 위해 세 가지——목욕, 공기욕, 몸 안의 노폐물 배출——을 추천한다. 운동선수가 그에게는 삶 자체인 내적 운동으로 근육을 느끼고 경기를 준비하듯이 정신의 조직에 활력을 불어넣고 인성을 강화하고 적극적인 의식을 만들어내기 위해, 나는 여기에 고요로 씻어내는 영혼의 목욕을 덧붙이고 싶다.

프랑스의 예수회 설교사 라비냥Gustave Delarcroix de Ravignan은 "고독은 강한 자들의 고향이요, 고요는 그들의 기도다"라고 말했다. 고독과 고요란 얼마나 강력한 기도이며, 기나긴 묵상──지속적이고 친밀한 공동체 생활이 될 만남처럼, 특정한 시각에 반복해서 하는──을 돕는 강력한 힘인가! 아퀴나스는 그 누구도 끊임없이 관조할 수는 없다고 말했다. 그러나 오직 관조를 위해서 사는 사람은 다른 모든 것을 관조로 향하게 하고, 가능할 때면 언제나 관조를 하고, 살아 있는 한 계속 관조한다.

관조하면 기쁨을 느낄 텐데, '독방은 그 안에 머무르면 점점 달콤'해지기 때문이다. 그때부터 관조의 기쁨은 관조가 가져오는 효능의 일부가 된다. 기쁨은 영혼을 목표에 단단히 붙들어 매고, 주의력을 목표에 고정하고, 슬픔이나 지루함에 속박당하기 마련인 탐욕에서 벗어나게 해준다고 아퀴나스는 설명한다. 진리가 당신을 사로잡을 때, 진리의 날개가 살며시 당신의 영혼을 받치고 서서히 조화롭게 날아오를 때, 그때가 당신이 진리와 함께 올라가 하늘 높은 곳을 떠다닐 순간이다.

그렇게 하면 앞에서 비판한 고립된 생활을 하지 않을 것이고, 교우들의 소음과 거리를 두기 때문에 오히려 그들과 떨어져 지내지도 않을 것이다. 그 소음은 당신과 교우들을 정신적으로 갈라놓아서 진정한 형제애를 방해한다.

착한 사마리아인의 이웃이 부상을 입고 길가에 쓰러져 있던 사람이었듯이, 지성인의 이웃은 진리가 필요한 사람이다. 진리를 나누어주기 전에 먼저 스스로 그것을 얻어라. 그리고 파종할 씨앗을 낭비하지 마라.

『그리스도를 본받아』의 내용이 참이라면, 당신은 이웃들과 멀리 떨어져 있을 때 더 나은 사람이 되고, 이웃과 더 많이 교감할 것이다. 인류를 알고 또 인류에 봉사하려면 우리 자신 안으로 들어가야 한다. 그 안에서 우리가 추구하는 모든 목표는 서로 맞닿아 있으면서 우리에게서 진리의 힘이나 사랑의 힘을 얻는다.

우리는 내적 자유를 통해서만 무언가와 합일할 수 있다. 사람이나 사물이 자신을 사로잡거나 이리저리 끌어당기도록 내버려두는 것은 분열을 재촉하는 일이다. 눈에서 멀어질수록 마음에는 가까워진다.

사실 신인神人과 성인 그리고 기꺼이 자신을 바치려는 진리 탐구자를 빼면, 신과 군중이 접촉하는 지점은 전혀 없을 것이다. 형제들과 합일하지 못한 채 신과 합일한다고 생각하는 사람은 거짓말쟁이라고 사도는 말한다. 그런 사람은 그릇된 신비주의자이고, 지적으로는 그릇된 사상가다. 그러나 신과 은밀히 합일하지 못한 채, 고요와 고독을 사랑하지 않으면서 사람들이나 자연과 합일하는 사람은 죽음의 왕국의 신민에 지나지 않는다.

3

동료들과 협동하라

　지금까지의 설명은 고독을 완성하고 활용하는 다른 가치들을 위해 우리가 찬미했던 고독을 일부 변경할 필요가 있다는 것을 분명히 보여준다. 우리는 무작정 고독을 옹호하는 것이 아니다. 우리는 형제들과의 교류와 공감을 포기하는 대신 다른 보상을 받는다. 우리의 권리인 은거생활은 반드시 빛나는 고독이어야 한다. 그리하여 현명하게 선택한 동료들과의 교제를 통해 우리가 은거생활에서 추구하는 더 고차원적인 접촉이 가능해진다면, 은거생활이 훨씬 더 풍성해지고 더 많은 성과를 거두지 않을까?

　지성인의 첫째 교제——그의 욕구와 인간적 의무 외에도 그가 어떤 사람인지까지 보여줄——는 동료와의 교제다. 나는 협력이라는 말을 더 선호하지만, 협력하지 않으면서 교제하는 것은 지적인 일이 아니기에 여기서는 교제라는 말을 사용하겠다. 그러나 개인주의와 사회적 무질서가 팽배한 이 시대에 동료의식은 얼마나 드문가! 그라트리 신부는 동료의식의 부재를 한탄했다. 그는 포르루아얄 수도원을 꿈꾸었고, 오라토리오회를 '분열되지 않는 포르루아얄'로 만들고자 했다. 그는 이렇게 말했다. "사람들이 뭉쳐서 서로 돕는다면 얼마나 많은 노동을 절약할 수 있겠는가! 예닐곱 명이 번갈아가며 스승과 제자가 되어 서로를 가르치는 방식으로 함께 공부한다면 또 얼마나 많은 노동을 절약할 수 있겠는가! 더 나아가 어떤 행복한 환경이 조성되어 그들이 함께 살아갈 수 있다면 얼마나 좋겠는가! 오후 강의와 그 후의 공부 시간 외에도 저녁 시간이나 저녁식사 자리에서 대화를 나누면서 이 모든 고결한 것에 관해 강의에서보다 더 많이 배울 수 있다면 얼마나 좋겠는가!"

과거의 작업장, 특히 예술가들의 작업장은 친구들의 모임의 장이자 하나의 가족 공동체였다. 오늘날의 작업장은 감옥 아니면 노동조합 집회다. 그러나 갈수록 절실해지는 필요에 부응해서, 동료들과 어울리던 예전 작업장이 다시 부활하고 확장하고 문을 열고 옛날 못지않게 긴밀하게 협동하는 것을 보게 되지 않을까? 그때는 지적 작업장이나 공동체를 구상하고 만들기에 적합한 시기일 것이다. 그 연합에서 공부하는 사람들은 모두 열정적이고 근면하고, 자유롭게 단결하고, 소박하고 평등하게 살아가고, 아무도 지배하려 들지 않을 것이고, 설령 누군가 우위를 인정받더라도 그것은 집단에 이익을 가져다줄 것이다. 자만심이나 경쟁심 없이 오직 진리만을 추구하기 위해 모인 친구들은 서로를 살찌울 것이고, 그들의 공동정신은 개개인의 정신만 들여다봐서는 결코 흡족하게 설명할 수 없는 풍요로움을 드러낼 것이다.

홀로 공부하려면 아주 강하게 단련된 영혼이 필요하다. 자기 혼자서 지성인 공동체가 되는 것, 홀로 자신을 격려하고 지원하는 것, 다수의 자극이나 불가피한 필요에서나 솟아날 법한 힘을 초라하고 고립된 개인의 의지에서 발견하는 것은 얼마나 드문 영웅적 자질인가! 열정적으로 시작하더라도 이내 어려움이 닥치고, 게으름이라는 악마가 "그게 다 무슨 소용이야"라고 속삭인다. 목표를 바라보는 우리의 시야는 점점 흐릿해진다. 노력의 열매는 너무 멀리 있거나 맛이 아주 고약할 것만 같다. 우리의 멍한 감각은 쉽게 현혹된다. 다른 이들의 도움을 받고 전례를 따르고 생각을 주고받는 것은 분명 이 우울한 기분을 떨치는 데에 놀라울 만큼 효과가 있을 것이다. 또 많은 이들의 경우 그렇게 하는 것은, 원대한 목표를 끈기 있게 추구하기 위해 꼭 필요하지만 소수만이 가진 상상력과 변하지 않는 덕목을 대신해줄 것이다.

우정은 산파술이다. 우정은 우리의 가장 풍부하고 깊은 자질을 이끌어낸다. 우정은 꿈의 날개를 펼치고, 숨겨진 사유를 드러내 보인다. 우정은 판단을 감독하고, 새로운 생각을 시험하고, 열의를 지탱하고, 열정에 불을 지핀다.

오늘날의 청년 집단들과 평론지들——분별력과 신념을 가진 사람들이 직무를 맡고 한 가지 관념에 헌신하는——에서 그런 예를 얼마든지 발견할 수 있다. 『카이에 드 라 켕잰』 Cahiers de la Quinzaine● 는 그런 바람에서 생겨났다. 아미티에 드 프랑스 Amitié de France, 르뷔 데 죈느 Revues des Jeunes, 르뷔 데 쥐비시 Revues de Juvisy, 뒤 솔슈아 du Saulchoir 같은 청년 집단에서 성원들은 언제나 함께 살아가는 것은 아닐지라도 공동정신을 가지고 공부한다. 그들은 함께 노력하고, 서로 비판하고, 창단정신이나 위대한 전통에 따라 본질적 성격이 결정되는 환경에서 보호와 자극을 받는다. 가능하다면 그런 집단에 참여하고, 필요하다면 그런 집단을 하나 만들어라.

어떤 경우든 설령 물리적으로 고립되어 있더라도, 정신 안에서 참된 관계를 유지하는 친구 모임을 찾아라. 육체는 혼자서는 아무 쓸모가 없다. 반면 정신은 혼자서도 무언가를 할 수 있다. 한 장소에 함께 있거나 어떤 이름표가 붙은 집단에 함께 속한다고 해서 만장일치를 이루고 성과를 달성할 수 있는 것

● 현대 프랑스 사상에 큰 영향을 미친 샤를 페기 Charles Péguy가 창간하여 1900년에서 1914년까지 발행된 정기간행물——영역자주.

이 아니다. 그것은 각자가 다른 이들도 노동하고 있다는 것을 느끼면서 노동하고, 각자가 다른 이들도 공부에 집중하고 있을 때 자신의 자리에서 공부에 집중함으로써 달성할 수 있는 것이다. 그럴 때 과업은 완수되고, 삶과 행위의 원칙은 우리를 인도하는 정신이 된다.

4
현실 감각을 유지하라

앞에서 의무를 경시하거나 필요를 등한시하는 것은 사상가의 고독에 포함되지 않는다고 말했다. 어떤 교제는 필수적이다. 그런 교제는 우리 삶의 일부다. 그리고 우리는 지성인을 보통 사람과 분리해서 생각하지 않으므로 그런 교제는 지성인의 삶의 일부이기도 하다. 그런 교제가 단순히 지적인 삶에 걸림돌이 되지 않도록 하는 데에 그칠 것이 아니라 지적인 삶에 기여하도록 해야 한다.

이는 언제나 가능하다. 의무와 필요를 고려하는 것은 소명의 일부다. 소명을 추상적으로만 생각해 의무와 필요를 소홀히 한다면, 섭리는 둘째로 치더라도 소명 그 자체가 가로막힐 것이다.

프랑스의 철학자 비랑Maine de Biran은 일기에 이렇게 썼다. "시간을 최고로 활용하는 유일한 방법이 규칙적으로, 끊임없이, 고요하게 정신노동을 하는 것이라고 생각해서는 안 된다. 현재 위치에서 편안한 마음으로 마땅히 제 역할을 수행할 때마다 우리는 삶을 선용하는 것이다."

당신도 공부가 당신 자신보다 중요하다고 생각하거나, 지적 가능성을 키우는 일이 진정한 자아를 성취하는 일에 우선한다고는 생각하지 않을 것이다. 마땅히, 그리고 반드시 해야 하는 일을 하라. 당신의 인격적 완성에 그 일이 필요하다면, 상이한 요구들은 그 자체로 균형을 맞출 것이다. 선한 것은 참된 것의 형제다. 선한 것은 자기 형제를 도울 것이다. 있어야 할 곳에 있고 해야 하는 일을 한다면 관조하고픈 마음이 생길 것이다. 성 베르나르에 따르면, 관조는 신을 위해 신을 남겨두는 것이다.

물론 우리의 이상과 별 상관이 없는 방문과 용무에 소중한 시간을 사용하는 것은 괴로운 일이다. 그러나 세상의 모든 과정은 덕과 양립하기 때문에 우리는 방문이나 용무 같은 일들이 덕——지적인 덕이든 도덕적인 덕이든——에 도움이 될 것이라고 결론 내려야 한다. 우리가 의무를 위해 지성을 양보하더라도 도덕적 진보가 이루어지는 경우처럼, 때로는 간접적으로 지성에 도움이 될 것이고 때로는 직접적으로 도움이 될 것이다.

그러므로 평범한 일상의 만남일지라도 다른 이들과의 교제에는 무언가 얻을 만한 것이 있음을 잊지 마라. 지나친 고독은 당신을 피폐하게 한다. 최근에 누군가 이렇게 썼다. "내가 보기에 오늘날 소설가들의 어려움은 이렇다. 소설가가 사회로 들어가지 않으면 그의 책은 읽히지 않고, 사회로 들어가면 글을 쓸 시간이 없다." 이것은 우리가 어디서나 마주치는 괴로운 문제다! 그러나 소설가든 아니든 당신은 스스로를 완전히 가둘 수 없다는 것을 느껴야 한다. 공부를 고려하면서 공동정신과 삶에 대한 감각을 유지해야 하는 당신이 꿈속에나 존재하는 인류를 떠올리면서 당신 스스로를 실제 인류와 분리한다면 어떻게 그 감각을 유지할 수 있겠는가?

지나치게 고립된 사람은 점점 소심해지고 추상적으로 변하고 약간 괴짜가 된다. 그는 막 배에서 내린 선원처럼 현실 한가운데서 비틀거린다. 그는 인간의 운명에 대한 감각을 잃어버린다. 그는 당신을 논리적 추론의 명제나 노트에 적을 사례처럼 여기게 된다.

현실의 무궁무진한 풍요 속에서도 많은 것을 배울 수 있다. 우리는 현실과 거리를 두기보다는 관조하는 정신을 지니고 현실로 들어가야 한다. 더구나 현실에서 우리에게 가장 중요한 것은 인간——만물의 중심, 만물이 이끌리는 목표, 만물의 거울이자 모든 분야에 능통한 사상가가 비교하는——이 아니던가?

우리는 가능한 한 준비를 철저히 해서 더 높은 정신들과 조화를 이루어야 한다. 지성인의 아내도 마찬가지다. 아내는 아무에게나 집을 개방하지 말고 사람을 가려야 한다. 아내는 상류사회 사람보다 고결한 정신을 존중해야 한다. 아내는 이른바 똑똑한 사람보다 진중하고 박식하고 소신이 뚜렷한 사람을 우선해야 하고, 사회에서 틀림없이 똑똑하다고 통하는 사람일수록 스스로 지성을 죽인다는 것을 깨달아야 한다. 무엇보다 아내는 경솔한 언동과 허영심, 중요하지 않은 질문으로 남편을 바보들 사이로 몰아넣지 말아야 한다.

물론 바보일지라도 우리를 도와주고 우리의 경험을 채워주는 역할을 한다. 그러나 구태여 바보를 찾지 마라. 바보는 어디에나 있다! 오히려 당신이 만나는 바보들을 일종의 나쁜 사례로서 지적으로 활용하는 법을 배워라. 또 바보들과 교제하는 데에 필요한 덕목을 실천함으로써 그들을 활용하는 법을 배워라.

사회는 비록 비망록일지라도 우리가 읽어야 할 책이다. 고독은 걸작이다. 그러나 얻을 것이 하나도 없을 만큼 나쁜 책은 없다고 말한 라이프니츠를 기억하라. 당신이 지성으로만 사유하지 않는 것과 마찬가지로 당신은 홀로 사유하지 않는다. 지성은 다른 기능과 협력한다. 영혼은 신체를 이용하고, 인성은 교제를 이용한다. 이것들이 모두 모여서 사유하는 존재인 당신을 이룬다. 당신을 구성하는 요소들을 힘닿는 데까지 조화시켜라. 영혼의 위대함을 독창적으로 이용해 질병 같은 약점까지도 가치 있는 요소로 바꾸어라.

다른 이들과 교제할 때는 언제나 정신과 마음을 다잡아야 한다. 그렇게 하면 환경이 열악하더라도 악영향을 받거나 타락하지 않을 것이다. 반대로 환경이 훌륭하다면 고독의 효과와 진리에 대한 애착이 강해질 것이고, 아낌없이 베푸는 진리의 가르침을 더 많이 받아들일 수 있을 것이다.

우리는 천사처럼 외부 세계와 접촉해야 한다. 천사는 다른 세계에 속하기 때문에 상대에게 손을 대지만 바라는 경우가 아니면 상대의 손이 닿지 않게 하며, 상대에게 무언가를 주지만 아무것도 가져가진 않는다.

말을 절제하면 끊임없이 묵상할 수 있고 현명하게 의견을 주고받을 수 있다. 이것은 매우 중요하다. 할 말만 하고 때에 맞는 감정이나 유용한 생각을 표현한 후에는 침묵해야 한다. 이렇게 침묵하는 것이야말로, 다른 이들의 횃불을 밝히다가 당신의 횃불을 꺼뜨리는 대신 남에게 무언가를 주면서도 당신 자신을 간직하는 비법이다.

또 그렇게 하는 것이야말로 말에 무게를 싣는 방법이다. 말하는 사람이 말 저변의 침묵을 인지할 때, 서두르거나 경박하게 흥분하지 않고 말 이면의 보물——알맞을 때에만 조금씩 드러나는——을 감추면서도 넌지시 암시할 때, 그 말은 무겁다. 침묵은 말 이면에 숨겨진 중요한 내용이다. 많은 것을 드러내지 않는 정신이 가치 있는 정신이다.

5

꼭 필요한 활동 요소는 지켜라

사회적 교제에 관해 말한 것은 활동에도 거의 그대로 적용된다. 활동할 때도 내적 생활과 외적 생활, 침묵과 말 사이에서 적절한 균형점을 찾는 것이 중요하다.

엄밀히 말하면 지적 소명과 활동은 대립한다. 사유에서 비롯하는 관조적 삶, 열망에서 비롯하는 활동적 삶은 줄곧 대비되어왔다. 관조는 안으로 거둬들이고, 활동은 밖으로 내보낸다. 관조하는 이는 빛을 찾고, 활동하는 이는 자기가 가진 것을 다른 이들에게 주려 한다.

일반적으로 말해서 우리는 이러한 구분을 순순히 받아들여 우리의 임무가 활동이 아니라 관조임을 기뻐해야 하고, 영혼의 교감을 통해 다른 이들에게서 관조의 열매를 맺는 것을 사랑하고 감사해야 한다. 그러나 현실은 그렇게 엄격한 구분을 허락하지 않는다.

앞에서 동료의 모임에 참여하는 것이 의무임을 살펴보았듯이, 활동하는 것 또한 의무다. 그리고 이 두 가지 의무에는 같은 원리가 적용된다. 의식의 규제를 받는 활동은 다시 의식으로 하여금 진리의 규칙을 따르게 하고, 적절한 때에 묵상하게 하고, 진리의 근원이기도 한 섭리와 하나가 되게 한다.

그러므로 설령 활동이 의무가 아니더라도 사유하는 이는 언제나 시간과 정신의 일부를 활동적 삶을 위해 떼어두어야 한다. 때로는 작은 부분만 떼어두면 되지만, 지혜로운 이는 항상 아주 조금이나마 남겨둔다. 수도자는 육체노동을 하거나 사도직을 맡는다. 예술가는 전시회를 열고 모임에 참여하고 여행을 가고 강연을 한다. 작가는 요청을 받아 외부 기획 일에 참여하기도 한다.

이런 활동들은 모두 좋다. 이 세상의 모든 것에 그 나름의 척도가 있다면, 내적인 삶에도 분명 그 나름의 척도가 있을 것이기 때문이다. 고요는 영혼을 차분히 가라앉히는 반면, 외적 활동은 영혼을 어지럽히기 때문에 내적인 삶의 척도에 따라 제한을 받고 고독에 자리를 내주게 된다. 그러나 고요도 지나치면 도리어 영혼을 어지럽힌다. 누군가 자신의 모든 힘을 사유에만 집중할 때, 그는 쉽게 균형을 잃고 나아갈 길을 놓치게 된다. 사유하는 생활에는 주의를 환기하는 것이 불가결하다. 우리에게는 신경을 가라앉히는 활동의 효과가 필요하다.

살아 있는 유기체는 고된 활동에 지칠 뿐 아니라 지나친 휴식에도 지친다. 사람마다 활동과 휴식의 무게중심이 다르긴 하지만 모든 신체에는 균형이 필요하다. 신체는 너무 오래 꼼짝 않고 있으면 위축되고 무기력해진다. 정신은 너무 오래 가만히 있으면 약해지고 쓸데없는 걱정을 하게 된다. 고요를 지나치게 예찬하는 사람은 죽음의 고요에 이르게 될 것이다.

이 문제를 다른 관점에서 볼 수도 있다. 지적인 삶에는 현실이 필요하다. 누군가는 책에서 현실을 찾는다. 그러나 모두가 알고 있듯이 순전히 책으로만 쌓은 앎은 쉽게 허물어진다. 그런 앎에는 추상적이라는 결함이 있다. 또 그런 앎은 현실과의 접점을 잃어버리고, 따라서 지나치게 정교해서 거의 환상처럼 보이는 판단 근거를 내놓는다. 스위스의 철학자 아미엘Henri-Frédéric Amiel은 스스로에게 이렇게 말했다. "너는 붙잡힌 풍선이다. 너를 땅에 묶어두는 줄은 삭지 않는다."

아퀴나스는 실제적인 것에 근거해서 판단해야 할 필요성을 입증하는 데에 『신학 대전』의 글 하나를 온전히 바쳤다. 아퀴나스에 따르면 실제적인 것은 판단의 궁극적 목표이기 때문이다. 이 목표는 틀림없이 우리가 길을 가는 내내 빛을 비출 것이다.

관념은 현실 안에 있는 것이지, 플라톤이 생각했듯이 관념 그 자체로 살아가는 것이 아니다. 이 형이상학적 견해는 실질적인 결과를 낳는다. 사유하는 사람인 당신은 반드시 세상과 맞닿아 있어야 한다. 그렇지 않으면 정신이 평정을 잃는다. 외부 세계와 단절된 사유, 의지를 멈춘 사유가 몽상이 아니면 무엇이겠는가? 비현실적인 몽상은 추상적 사유의 암초다. 무기력과 실패의 원인인 이 암초를 피해야 한다. 발이 땅을 딛듯이, 절름발이가 목발에 기대듯이, 사유는 현실에 근거해야 한다.

우리가 사유하는 이에게 추천하는 활동의 요소에는 그의 정신을 차분히 가라앉히는 이점은 물론 정신을 풍요롭게 하는 이점도 있다. 삶은 하루하루 우리에게 얼마나 많은 경험을 제공하는가! 우리는 경험을 흘려보내지만 깊이 있는 사상가는 경험을 모아서 자신의 보물로 만든다. 경험은 서서히 그의 사유의 틀을 채울 것이고, 그의 보편 관념은 실례를 토대로 검증되고 예증될 것이다.

경험적 요소들과 환영(phantasm)●을 결여한 우리 안의 관념은, 더 이상 감지할 수조차 없는 공허한 개념일 뿐이다. 환영이 풍부할 때 사유는 충만하고 강하다. 그럴 때 활동은 사유의 길 어디에서나 추상적 관념을 형성하고 구체화하는, 동화할 수 있는 요소들과 '삶의 단면들'을 발견할 것이다. 더 나아가 실제적인 것은 어떤 분석과 합리적인 추정으로도 완전히 규명

● 학적 언어에서 환영은 상상 속에 남은 사물의 이미지를 말한다.
——영역자주.

할 수 없는 일종의 무한이기 때문에, 활동은 그런 요소들을 무수히 발견할 것이다.

화가를 나무 앞에 데려다놓으면 자연이 표현하는 것을 완전히 묘사했다고는 상상조차 못한 채 끝없이 그 나무를 스케치할 것이다. 그를 나무 그림 앞에 데려다놓았을 경우, 설령 그것이 로랭Claude Lorrain이나 카미유 코로Jean Baptist Camille Corot의 그림일지라도, 그가 공들여 모사를 끝낸다면 그 그림을 완전히 규명한 것이다.

개체는 말로 표현할 수 없다고 옛 철학자들은 말했다. 정신의 주제들과는 대조적으로 개체는 실제적인 것이다. 우리는 활동을 통해 실제적인 것에 뛰어듦으로써, 우리가 관찰하는 대상에서 새로운 형태들을 발견할 수 있다.

마지막으로, 활동은 우리에게 경험만 제공하는 것이 아니라 유용한 교훈을 가르쳐주는 정력적인 교사이기도 하다. 활동은 권유와 저항, 역경과 성공, 지루함과 권태 등 활동이 수반할 수밖에 없는 모순을 이용해 우리로 하여금 어려움을 극복하게 한다. 또 새로운 필요를 만들어냄으로써 우리를 자극하고 우리의 능력을 다시금 담금질한다. 활동은 실제 결과보다 더 해로운 우리의 근본적인 게으름과 자기만족적 평온에서 빠져나오도록 우리를 흔들어 깨운다.

이처럼 외적 덕목은 내적 덕목을 도울 것이고, 활동적 탐구는 묵상에 이바지할 것이다. 꿀벌의 약탈은 꿀을 만들어낸다. 실제적인 것의 심연과 관념적인 것의 심연에 번갈아 내려가고, 단련된 의지에서 기운을 얻고, 활동이 끊임없이 수반하는 '심장의 이성'●에 따라 안내받고 계몽되는 그런 사유는, 포르피리오스의 나무●● 위에 있는 순수 이성보다 훨씬 나은 탐구 도구, 훨씬 나은 진리의 중재자가 될 것이다.

너무 부담스럽지 않은 계획을 세우고 일정한 시간 동안 그 계획을 꾸준히 추구하라. 계획을 추구할 때는 들뜨지 않으면서도 결과에 대해 진정한 관심을 보여야 하고, 그 결과는 사람들이 머리를 식히려고 톱질로 잘라내는 통나무 이상의 무엇이어야 한다. 스스로 하지 않는 활동은 인간의 활동이 아니며, 그런 활동에서는 진정한 휴식이나 교훈, 훈련을 찾아볼 수 없다. 그러므로 당신을 필요로 하는 활동이 아직 없다면, 가치가 있기에 당신에게 영감을 줄 대의를 찾아라. 그것은 계몽과 갱생, 보존, 진보에 이바지하는 운동일 수도 있고, 공공선을 위한 연맹일 수도 있고, 권리 보호와 사회활동을 위한 단체일 수도 있다. 이런 일들은 모두 참여자에게 그의 인생 전부는 아닐지라도 적어도 그의 자아 전부를 바칠 것을 요구한다. 영감이 당신에게 훗날 다시 영감에 이바지할 휴직을 허락할 때, 심

● 파스칼의 표현. 단순한 추상적 추론이 아니라 삶과 현실의 경험에 의존하는 확신의 요소들을 말한다. 이런 요소들은 대체로 본능과 직관으로 인식한다.——영역자주.
●● 서기 3세기의 철학자 포르피리오스가 아리스토텔레스의 방법에 따라 실체의 논리적 범주들을 나무 구조의 위계로 나타낸 것.

지어 휴직을 강요할 때 그런 일에 당신을 바쳐라. 그리고 나서 영감으로 돌아오면, 세상의 보물뿐 아니라 위험과 오물, 울퉁불퉁한 길까지 시험하고 돌아온 당신은 영감이 열어젖힌 천국을 훨씬 더 사랑스럽게 느낄 것이다.

6
내면의 고요함을 유지하라

 지금까지의 모든 논의로 미루어볼 때 사유하는 이에게 유익한 고요와 고독은 실천적 고려에 따라 바뀌지만 필연성에 대한 확신에서 영감을 얻는 현실로 보인다. 활동과 외적 교제는 은거와 고요, 내적 고독이 전제될 때만 허용될 수 있으며 이것들에 따라 규제되어야 한다.

 그러므로 고요의 정신은 삶 전체에 스며들어야 한다. 이것이 다른 무엇보다 중요하다. 흔히들 고독은 결실의 어머니라고 말한다. 그러나 결실의 어머니는 엄밀히 말해 고독이 아니라 고독한 상태다. 그렇기 때문에 우리는 하루 두 시간의 공부에 바탕을 둔 지적인 삶을 생각할 수 있었다. 그런데 누군가는 이 두 시간을 떼어두고 나면 마치 이 두 시간이 존재하지 않는 것처럼 행동해도 된다고 생각하지 않을까? 그렇다면 그것은 큰 오해다. 이 두 시간은 정신 집중을 위해 떼어두는 것이지만 정신 집중은 평생토록 필요하기 때문이다.

지성인은 어느 때고 지성인이라야 한다. 지성인에게 권하는 고독은 고독한 장소라기보다는 고독한 묵상이다. 고독은 사태에 거리를 두는 것이 아니라 사태에 초연하는 것을 의미한다. 무아지경으로 고차적인 것에 몰두하고, 경솔한 언동, 종잡을 수 없는 관념, 변덕, 난잡한 공상을 피함으로써 자신을 고양하는 것이 고독의 관건이다.

언제까지고 자신의 공부에 머무르는 것, 와자지껄한 내면, 애걸복걸하는 욕망, 의기양양한 자만심, 오감을 사로잡는 소란스러운 바깥세상에 대한 상념 등에 흠뻑 빠져드는 것, 과연 이런 것이 고독일까? 거짓 평화가 있듯이 거짓 고독도 있다. 오히려 밖으로 나가 의무나 지혜에 따라 활동하거나 휴식(뒤에서 휴식의 필요성을 옹호할 것이다)을 취하는 것이, 영혼을 우울하고 약하게 만드는 대신 영혼에 양분과 활기를 주는 더 고차적인 고독이다.

성 아우구스티누스가 '고독의 순수함'이라 부른 것은 어디서나 유지될 수 있다. 고독의 순수함을 파괴하는 것은 고독의 쉼터까지 더럽힐 것이다. 플라톤은 이렇게 썼다. "양치기가 언덕 꼭대기의 오두막에서 지내는 것처럼 너는 공동체에서 지낼 수 있다." 당신이 내적 영감과 신중함 그리고 스스로 기꺼이 헌신하는 사랑을 간직한다면, 진리인 신이 당신과 함께한다면, 당신은 우주 한가운데서도 혼자일 수 있다.

IV
공부를 위한 시간

1 공부는 연속적이어야 한다
2 밤의 원리를 받아들여라
3 아침과 저녁을 맞이하는 법
4 공부에 집중하는 시간

1
공부는 연속적이어야 한다

우리는 이미 여러 방식으로 지적인 일의 개념을 정의했다. 이제는 다른 조건을 더 면밀히 검토해야 하며, 무엇보다 사유하는 이가 공부에 쏟는 모든 시간을 살펴보아야 한다.

공부는 '진리에 대한 기도'라 불려왔다. 하루, 일주일, 어떤 긴 기간이든 신에게 고하지 않은 채 시간을 낭비하지 마라.

기도는 욕구의 표현이다. 기도의 가치는 내적 염원에서, 그 염원의 성격과 힘에서 생겨난다. 욕구를 없애면 기도는 멈춘다. 욕구를 바꾸면 기도는 변한다. 욕구의 세기를 키우거나 줄이면 기도는 날아오르거나 날개를 잃는다. 그러나 욕구는 남겨둔 채 표현을 없앤다 해도 기도는 여러 방식으로 고스란히 남는다. 아무 말 없이 유리창 너머로 상점 안에 있는 장난감을 간절히 바라보다가 엄마를 보고 미소 짓는 아이는 가장 감동적인 기도를 명확하게 표현하는 것이 아닐까? 아이가 가지고 태어나는 욕구인 뛰어놀려는 욕구는 부모 눈에는 자신들이 아이에게 허락한 간절한 기도로 보이지 않을까?

늘 기도해야 한다는 말은 언제나 영원한 것, 영원한 것에 이바지하는 일시적인 것, 온갖 필요를 채우기 위해 매일 먹는 모든 종류의 양식, 지상과 천국에서의 충만한 삶을 기원해야 한다는 말과 같다.

이 말을 활동적 기도, 즉 공부에 적용하면 가장 귀중한 고찰에 도달할 것이다. 사유하는 이는 성별된 사람이다. 그러나 사유하는 이는 아주 적은 시간 동안만 활동적으로 사유한다. 칼라일Thomas Carlyle은 인생의 5분의 1을 문학에 바쳤다고 말하는 문인을 결코 믿지 않는다고 말했다. 문인의 삶은 대부분 중간 수준과 낮은 수준에서 이루어지기 때문에 높은 수준에 있는 사람은 현실을 받아들이고 내려오는 수밖에 없다. 그가 이 보잘것없고 불가피한 일에 자신의 전부를 바치지 않아도 된다는 것만 해도 얼마나 큰 이득인가!

기도는 욕구이고 욕구는 끊임없이 생기기 때문에 시종일관 기도를 계속할 수 있듯이, 공부 또한 욕구이자 참된 것에 대한 기도이기에 공부도 시종일관 계속할 수 있지 않을까?

지식욕은 우리의 지성을 활력으로 규정한다. 우리는 빵을 구하듯이 본성적으로 앎을 구한다. 세속적인 갈망에 사로잡힌 상태에 머무르는 대다수 사람들과 달리 사유하는 이들은 알려는 욕구에 사로잡힌다는 것이다. 그렇다면 이 욕구를 공부하는 내내 유지할 수 있을까?

이에 대해 심리학과 경험은 그 욕구를 유지할 수 있다고 말한다. 뇌는 늘 일하고 있다. 전체 압력으로 작동하는 발전기가 불꽃을 튀기듯이, 뇌라는 터빈은 정교한 장치를 돌리고 움직여서 관념을 내놓는다. 신경 작용은 일련의 연쇄로 연결되어 있고, 심장의 운동이나 폐의 호흡 외에 다른 이유로는 멈추지 않는다. 진리를 섬기기 위해 이 영원한 삶을 활용하려면 무엇이 필요할까? 규율 하나면 충분하다. 발전기는 터빈에 연결되어 있어야 한다. 터빈은 물줄기를 맞으며 돌아가야 한다. 알고자 하는 욕구는 간헐적이 아니라 규칙적으로 뇌의 의식적 무의식적 활동을 촉발해야 한다.

우리의 신경 활동은 대부분 이용되지 않고 허비된다. 실제로 신경을 통제하는 우리의 힘은 상대적이기 때문에 우리는 신경을 남김없이 이용할 수 없으며, 억지로 결과물을 뽑아내려는 사람은 그 기계를 망가뜨리고 말 것이다. 그런데도 달성 가능한 목표를 설정하는 사람은 극소수에 지나지 않는다. 이 문제에서는 습관이 매우 중요하다. 습관은 현명한 규제를 받으면 제2의 본성과 같은 역할을 한다. 이제 이 습관에 대한 실천적인 조언이 필요하다.

아퀴나스는 공부하는 사람에게 "그릇을 채우려는 사람처럼 정신의 찬장에 무엇이든 채우려고 노력하라"라고 말했다. 잘못 이해할 여지가 있는 이 비유에 관해서는 나중에 다시 설명하겠다. 우선은 앎을 얻는 방법이 아니라 앎을 얻을 때 주의할 점에 관해 말하겠다. 진리를 추구하는 이에게 중요한 것은 진리란 어디에나 있다는 것과 끊임없는 흐름 속에서 그의 정신이 활동한다는 것을 이해하는 것이다.

지혜가 거리에서 큰 소리로 부른다고 『성서』는 말한다. "지혜가 거리에서 외치고 장터에서 목청을 돋우며 떠들썩한 네거리에서 소리치고 성문 어귀에서 말을 전한다. '철부지들아, 언제까지 철없는 짓을 즐기려느냐? 거만한 자들아, 언제까지 빈정대기를 즐기려느냐? 미련한 자들아, 언제까지 앎을 거절하려느냐? 내 훈계를 듣고 돌아서면 내 속마음을 부어주고 내 속말을 들려주련만, 불러도 너희는 들은 체도 않고 손을 내밀어도 아랑곳하지 않는구나'"(『잠언』 1장 20절~1장 24절). 이 절박한 진리의 외침은 우리가 듣기만 한다면 정신세계를 넓혀주고, 몇 시간 동안 힘들여 공부하는 것보다 정신을 풍요롭게 해줄 것이다. 부지런히 공부해야 가능한 일이지만, 공부하면서 응축된 빛은 점차 스스로 발산해 삶 구석구석까지 닿을 것이다. 일종의 순환이 생기는 셈인데, 발산한 사유의 결과가 공부하는 이의 등불 아래 모이고, 다시 그 결과가 사유에 방향과 습관을 부여하고, 결국에는 풍성한 열매를 맺는다.

당신이 집에 가구를 갖추려 할 때 어떤 일이 일어나는지 살펴보자. 당신이 이제까지 가구에 관해 전혀 생각해본 적이 없다면, 파리의 거리들을 돌아다녀도 수집가의 흥미를 끄는 가구점을 보지 못했을 것이다. 당신은 멈춰 서서 가구의 형태를 살펴보지 않았을 것이고, 유행의 추세나 좋은 가구를 발견할 확률, 각 지역에서 전문으로 취급하는 가구, 가격 등을 모를 것이다. 반대로 당신이 욕구에 눈을 뜬다면 모든 가구가 매력적으로 보일 것이고, 모든 가구가 당신을 붙잡을 것이다. 당신은 일생 동안 배우지 못한 것을 거대한 가게와 같은 파리에서 일주일 안에 배우게 될 것이다.

진리는 거리의 가구보다도 흔하다. 진리는 거리에서 외치며, 우리가 등을 돌릴 때도 우리에게서 등을 돌리지 않는다. 관념은 현실에서 나온다. 관념은 대화에서, 우연한 사건에서, 극장에서, 방문에서, 산책에서, 가장 평범한 책에서 나온다. 모든 것은 보물을 간직하고 있는데, 모든 것 안에는 모든 것이 있고 인생과 자연의 몇 안 되는 법칙들이 다른 모든 것을 지배하기 때문이다.

사과가 만물과 마찬가지로 떨어진다는 것을 관찰하고 인식할 만큼 뉴턴이 실제적인 것에 주의를 기울이지 않았다면 중력을 발견할 수 있었을까? 정신의 중력 법칙, 사회학, 철학, 도덕, 예술의 법칙은 만물의 중력 법칙만큼이나 보편적으로 적용된다. 모든 현실은 위대한 사유를 낳는다. 모든 관조에는, 심지어 파리나 지나가는 구름에 대한 관조에도 끝없는 성찰을 위한 적절한 계기가 있다. 한 대상에 내리쬐는 모든 빛은 태양에서 나오고, 우리에게 열린 모든 길은 신에 이르는 통로다.

정신을 바짝 차리고 있으면 그 모든 풍요로움을 이끌어낼 수 있다. 영감을 받은 정신으로 만물을 바라본다면 어디에서나 교훈——예언이나 확신, 징조, 진리의 결과——을 발견할 것이다. 그러나 우리는 너무나 자주 '있어야 할 자리'에 있지 않거나 주의를 기울이지 않는다. 라므네Félicité Lamennais●는 폭풍이 부는 해안에서 이렇게 말했다. "모두가 내가 바라보는 것을 바라보지만, 아무도 내가 보는 것을 보지 않는다."

그러므로 이 물질적이고 도덕적인 우주의 활동에 동참하는 습관을 들여라. 보는 법을 배워라. 눈앞에 있는 대상을 익숙하거나 은밀한 관념과 비교하라. 마을에서는 주택만 보지 말고 인간의 삶과 역사를 보아라. 화랑이나 미술관에서는 작품만이 아니라 예술과 삶의 양식, 운명과 자연의 개념, 기법과 영감과 감성이 계승되거나 바뀌는 추세를 보아라. 작업장에서는 철과 나무가 말하는 것만이 아니라 인간의 재산, 노동, 고대와 현대

● 프랑스의 종교철학자로 교회와 국가의 분리, 양심의 자유, 참정권 확대 따위를 공격적으로 주장하다가 교황 그레고리우스 16세에 의해 파문을 당했다.

의 사회경제와 계급 관계가 말하는 것을 들어라. 여행을 하면서는 인류에 관해 들어라. 풍경을 보면서 세상의 위대한 법칙을 떠올려라. 별들에게서 무한한 시간에 관해 들어라. 오솔길 위에서 조약돌을 보면 그것이 대지 형성 과정의 잔여물임을 떠올려라. 한 가족을 보면서 지난 세대들을 생각하라. 동료들과의 최소한의 교제를 통해 인간에 대한 최상의 개념에 빛을 비추어라. 그렇게 보지 못한다면, 당신은 평범한 정신을 지닌 사람이거나 그런 사람이 될 것이다. 사상가는 여과기와 같아서 진리는 그를 통과해 지나가면서 가장 좋은 알맹이만을 남긴다.

듣는 법을 배워라. 우선 누구의 말이든 들어라. 프랑스의 시인 말레르브Françoise de Malherbe가 단언했듯이 우리가 언어를 배우는 곳이 시장이라면, 정신의 언어를 배울 수 있는 곳 또한 시장, 곧 일상생활이다. 가장 단순한 대화에서도 수많은 진리를 얻을 수 있다. 주의해서 들으면 한 마디 말에도 신의 계시가 있을지 모른다. 어떤 순간에는 농민이 철학자보다 훨씬 현명하다. 가장 깊은 자아까지 내려가면 모든 인간은 서로 닮았다. 만일 본성이 촉발하는 어떤 심원한 인상이나 느낌 또는 최초의 단순함에 이르려는 고결한 노력이 평소에 우리를 제대로 보지 못하게 가리는 관습과 정념을 싹 쓸어버린다면, 누구의 입에서 나오는 말이든 신성한 울림을 지닐 것이다.

모든 인간 안에는 완전한 인간이 있고, 우리는 누구에게서나 심원한 원리를 배울 수 있다. 만일 당신이 소설가라면 그 원리에서 얻어낼 수 있는 것을 느끼지 않을까? 위대한 소설가는 문간에서 눈에 띈다. 하찮은 소설가는 소르본 대학이나 응접실에서 눈에 띈다. 그런 차이가 있기 때문에 그 위대한 관찰자는 사람들과 섞이지 않고 거리를 둔다. 그는 더 높은 수준에서 남들과 떨어져 산다. 그에게 가장 낮은 수준에서 이루어지는 짧은 생애는 연극에 지나지 않는다.

그 소설가가 찾는 것은 모든 사람에게 유용한 것일 수 있다. 그 심원한 경험은 우리 모두에게 필요하기 때문이다. 외부의 미약한 자극으로도 내면의 무한한 충동을 일으키는 계기를 발견하는 사상가만이 진정한 사상가라 할 수 있다. 그가 어린 시절의 호기심과 생생한 인상, 모든 대상에서 신비로운 측면을 발견하는 성향, 어디에서나 의미로 충만한 경이를 발견하는 복된 재능을 평생 동안 간직할 수 있는 것은 그의 인성 덕분이다.

그렇지만 지식인이나 사상가와 이야기하는 행운을 얻었을 때는 각별히 주의해야 한다. 그 뛰어난 인물들에게서 거의 아무것도 배우지 못한다면 얼마나 슬프겠는가! 실제로 그들은 바보로 간주되기 일쑤다. 사람들은 그들 고유의 드문 자질을 보는 것이 아니라, 그들이 다른 이들과 공유하는 자질을 본다. 구경꾼은 보물이 앞에 있어도 자물쇠를 열 생각은 않고 열쇠만 만지작거린다. 사람들은 그들의 어색한 행동과 조금은 얼빠진 듯한 기이한 행동을 비웃곤 하지만, 그런 행동은 조금도 해가 되지 않는다. 인간의 위대함을 망각하고 우월감에 젖는 것이야말로 바보 같은 짓이다.

가치 있는 인간은 아주 드물기 때문에 우리 모두가 무의식적으로 그들의 자원을 사용한다. 그러나 우리가 그 자원을 의식적으로 사용한다면, 인생의 행로를 결정할지도 모를 지혜와 자극을 거기에서 얻을 수 있다. 많은 성인, 위대한 선장, 탐험가, 학자, 예술가는 걸출한 인물을 만나 영혼의 울림을 들었기 때문에 그렇게 될 수 있었다. 그 고요한 외침의 메아리는 그들 안에서 생의 마지막 날까지 울려 퍼지면서 끊임없이 앞으로 나아가도록 재촉했다. 그들은 보이지 않는 파도를 타고 있었던 것이다. 이따금 위대한 인간의 말은 신의 말씀처럼 창조적이다.

그러나 위대한 인간들은 일반적으로 죽은 후에야 위대함을 인정받는다. 대다수 사람들은 그들을 알아보지 못한다. 당신 옆에 데카르트만큼이나 위대한 인물이 앉아 있더라도, 당신은 그의 말에 귀를 기울이지 않고, 그에게 질문하지 않고, 트집이나 잡으려는 마음으로 그와 논쟁을 하고, 시시한 말로 그의 말을 가로막는다. 설령 그가 아주 위대하지는 않더라도 뛰어난 정신을 지닌 사람이라면, 그가 자신의 재능을 침묵 속에 묵히는 것을 보고만 있어서야 되겠는가?

당신은 관찰하고 경청함으로써——읽기는 뒤에서 다시 다룰 것이기 때문에 여기서는 언급하지 않는다——성찰하는 법을 배울 것이고, 당신이 얻은 것을 흡수하여 당신 필요에 맞게 바꿀 것이다. 위대한 발견이란 보편적인 사실에 대한 성찰이다. 사람들은 어떤 길을 무수히 지나가지만 아무것도 보지 못한다. 그러던 어느 날, 한 천재가 우리가 모르는 것과 매 순간 우리 눈앞에 있는 것 사이의 연관성을 알아차린다. 앎이란 천천히 그리고 점진적으로 맹목성을 치유해가는 것이 아니겠는가? 관찰에 앞서 공부하고 해답을 찾는 것은 분명 필요한 일이다. 우리는 우리가 구하는 것을 발견한다. 구하는 자만이 원하는 것을 얻는다. 앞에서 내면의 빛과 외부의 빛 사이의 교환에 관해 말한 이유가 바로 이것이다. 정신은 끊임없이 성찰하고 끊임없이 보고 들을 준비가 되어 있어야 한다. 훌륭한 포수처럼 새가 날아갈 때 쏠 준비가 되어 있어야 하는 것이다.

더 정확히 말하자면, 그렇게 기민한 정신은 일반적인 교양을 쌓는 데에 이로울 뿐 아니라 전공과 현재의 공부, 당면한 일을 하는 데에도 이롭다. 항상 의문에 대해 생각하라. 경주마는 달리고 나서 마구간으로 돌아가지만, 자유로운 준마는 언제나 바람을 가르며 달린다.

어디에나 진리가 있고 모든 것이 서로 연결되어 있으므로,

각각의 의문을 서로 맞닿아 있는 일군의 의문과 함께 공부해야 한다. 모든 것은 우리의 전공에 기여해야 한다. 모든 것은 우리의 논제를 뒷받침하거나 반박해야 한다. 우주는 우리가 이용할 수 있는 것들로 가득하다. 화가는 어디에서나 형태와 색, 움직임과 표현을 본다. 건축가는 덩어리들의 균형을 맞춘다. 음악가는 리듬과 소리를 감지한다. 시인은 은유의 대상을 발견한다. 사상가는 활동에 담긴 관념을 본다.

나는 지금 어떤 좁은 특수주의를 옹호하는 것이 아니다. 그것은 방법론의 문제다. 모든 것을 철저히 추구할 수는 없다. 두루 관찰하기 위해 한쪽 눈을 열어두되 나머지 주의력은 특정한 탐구 과정에 쏟아야 하며, 뉴턴처럼 "언제나 그것을 생각함으로써" 나중에 내놓을 탐구의 요소들을 모아야 한다.

정신 한켠에서 결과물을 기대하는 것이야말로 그 결과물을 만들어내는 비결이다. 인간의 정신은 반추동물인 젖소와 같다. 젖소는 목초지 전체를 누비고 다니면서 먼 곳을 응시하고 느릿느릿 되새김질하고 여기서는 덤불을, 저기서는 잔가지를 물어뜯으며 우유를 만들고 야윈 몸을 살찌운다.

우리는 신의 현존 안에서 살아간다고 배웠다. 그렇다면 진리의 현존 안에서도 살아갈 수 있지 않을까? 진리란 이를테면 사유하는 이의 특별한 신성이다. 우리는 매 순간 어떤 특정한 진리나 공부의 대상을 선사받고 있는지도 모른다. 탐구하는 자신을 따로 떼어두는 것, 즉 공부하는 정신과 느긋하게 일상을 살아가는 정신으로 나누는 것이 과연 현명하고 정상적인 태도일까? 이런 식의 이원론은 자연스럽지 못하다. 그것은 진리 추구가 고결한 열정이 아니라 장사라는 생각에 굴복하는 것이다.

모든 것에는 때가 있으며, 우리는 시간을 분배해서 쓰지 않을 수 없다. 그러나 우리는 사실상 언제나 사유하고 있으므로 그 사유를 우리가 계획하는 일에 활용해야 한다.

누군가는 그렇게 긴장한 채 살아가는 것이 정신건강 및 생활조건과 양립할 수 없다고 지적할지도 모르겠다. 수긍할 만한 지적이다. 그렇다 해도 그런 긴장이나 실천의지라 부르는 것이 문제가 되는 것은 아니다. 나는 지금까지 습관에 관해 말했다. 같은 맥락에서 보면 관건은 잠재의식이다. 설령 우리가 정신의 작용을 위해 준비한 것이 거의 없더라도, 또 정신이 신비롭게 흘러갈 경로의 윤곽만을 간신히 추적할 수 있더라도, 정신은 스스로의 능력으로 작용할 수 있다.

당신 안에서 앎을 향한 욕구가 무사히 닻을 내리고 진리를 향한 열정이 안착했다면, 그 욕구를 채우고 그 열정에 불을 지피도록 계획된 현실에 자주 의식적으로 집중했다면, 당신의 정신은 목줄 풀린 그레이하운드로 탈바꿈했을 것이다. 그런 정신은 더 이상 애쓸 필요가 없다. 그 정신은 새로운 본성에 순종한다. 당신은 예전에 마구잡이로 생각했던 것만큼이나 쉽게 일정한 방향으로 생각할 수 있게 된다.

그 방향은 의심할 나위 없이 대략적인 방향일 뿐이며, 거기에 지나치게 매달리는 것은 어리석은 일이다. 그러나 불가능한 것을 이유로 가능한 것까지 거부해서야 되겠는가? 당신은 막대한 자원을 가지고 있으며, 뇌의 작용을 조금 규율하면 그 자원을 사용할 수 있다. 그러면 당신이 간섭하거나 통제하지 않아도 뇌는 언제나 자기 임무를 수행할 것이다. 그 작용을 규제해서 당신의 뇌 또한 지적인 일을 하게 하라.

실제로 당신은 이것이 조금도 피곤한 일이 아니고 오히려 피로를 크게 덜어주는 일임을 알게 될 것이다. 의식적으로 찾지 않고 그냥 바라보는 것만으로도, 맹목에서 벗어나기로 결심하고 훈련하는 것만으로도 획득하는 관념, 저절로 획득하기 때문에 대개 가장 큰 기쁨을 주는 그런 관념은 탐구자의 용기를 크게 북돋운다. 그런 관념은 그를 깨어 있게 하고 즐겁게 한다. 그는 새로 획득한 관념을 단단히 정립하고 전개할 조용한 시간을 기쁜 마음으로 기다린다.

탐구자는 대개 그런 식으로, 전에는 발견하기 어려웠던 전환을 발견한다. 탐구자는 그 전환을 경험하면서 벗어나려 애썼지만 그럴 수 없었던 관점에서 완전히 벗어난다. 공부와는 전혀 직접적인 관련이 없었던 것이 이제 공부의 기본이 된다.

그럴 때면 공부에 쏟은 노고가 환하게 빛을 발한다. 탐구자는 자신이 어디로 향하는지 알게 되고, 그런 뜻밖의 행운이 머지않아 다시 찾아오기를 바라게 된다.

자원과 불순물을 가려내는 이 과정은 뇌의 예측할 수 없는 작용, 관념 연합의 은밀한 작용에 상응한다. 많은 법칙이 이 과정에 적용되지만, 특정한 경우와 시간에 그 법칙을 적용하는 것을 규제하는 법칙은 없다. 그리고 전체 과정은 우리의 간섭 없이 이루어지기 때문에——놀이가 아이를 특징짓고 사랑이 여성을 특징짓듯이, 사유하는 이의 정신을 특징짓는 욕구의 영향만을 받으면서 의도적인 행위와 무관하게 이루어진다는 뜻이다——흔히들 생각하는 것과는 달리 긴장을 수반하는 과정이 아니다.

산책하는 여성이 지나가는 사람들을 관찰하며 감탄하는 일을 피곤해하는가? 웃음 많은 소녀나 소년이 장난치는 것을 피곤해하는가? 망루 위에서 강제가 아니라 사랑을 통해——처음에는 본능적이지만 그 후에는 사랑을 가지고 열정적으로 함양하는 성향을 통해——진리를 찾는 정신은 방금 말한 이들과 마찬가지로 피곤해하지 않을 것이다. 그런 정신은 즐기고 있는 것이다. 사냥꾼이 총을 가지고 놀듯이 유용한 스포츠를 즐기고 있는 것이다. 정신은 그런 활동을 아주 좋아하며, 몇 시간 동안이나 꽉 짜인 계획에 따라 애써 집중하는 것만큼 그런 활동과 거리가 먼 것도 없다.

그러므로 현명한 사람의 정신은 언제 어디서나 보통사람들이 간과하는 것도 습득할 준비가 되어 있다. 그에게 가장 소박한 일은 가장 고결한 일을 계속하는 것이다. 그에게 의례적인 방문은 탐구를 위한 좋은 기회다. 그에게 산책은 발견하러 떠나는 여행이다. 그가 조용히 듣는 것과 대답하는 것은 그의 내면에서 진리와 나누는 대화다. 그가 어디에 있든 그의 내적 우주는 스스로를 다른 무엇과, 이를테면 자신의 생명을 신의 생명과 비교하거나 자신의 움직임을 만물의 끊임없는 움직임과 비교한다. 그리고 집중해서 공부하는 좁은 공간에서 나올 때, 그는 진리를 뒤에 남겨두고 나오는 것이 아니라 문을 활짝 열어서 세상의 장대한 활동이 발산하는 진리를 자신에게 불러들인다.

2
밤의 원리를 받아들여라

그라트리 신부는 수면과 어둠을 배제한 채 쉬지 않고 공부하지 말라고 부단히 충고한다. 그는 밤의 원리를 받아들이라고 권한다. 이 충고는 심리학과 경험에 근거한다.

수면은 긴장을 이완하는 과정이다. 자는 동안 자각적 의지는 기능을 멈추고, 생활을 고민하지 않고, 어떤 목표도 겨냥하지 않으며, 그리하여 대체로 자연의 일반적인 조건을 따른다. 잠자는 사람의 자세는 결코 공허한 상징이 아니다. 그는 땅에 더 가까이 누워 자연에게 이렇게 말하는 듯하다. "나를 다시 데려가십시오. 너무 오래 당신의 힘에 저항하고 당신의 결정론에 맞서 싸웠습니다. 모든 힘을 균일화하는, 이 소멸하기 마련인 지구의 법칙에 강하게 반발했습니다. 이제 나는 다시 새롭게 투쟁을 시작하는 그 순간까지 당신에게 항복합니다."

잠자는 동안 강렬한 삶은 활동을 멈추고, 개인의 자유의지는 우주적 힘의 자유로운 활동으로 바뀐다. 그 결과 새로운 작용이 나타나는데, 고유한 법칙을 가진 이 작용은 명료한 의식으로는 알 수 없는 경로를 따르며, 우리의 의지나 깨어 있는 동안의 변덕에게는 생소한 조합을 만들어낸다. 우리 내면의 힘들은 새로운 방식으로 무리를 짓고, 우리의 생각들은 서로 가로지르면서 정렬한다. 활동을 중단함으로써 자유롭게 풀려난 에너지는 의식적으로 노력하지 않아도 유용하게 사용된다. 리듬을 흐트러뜨리지 않고 활용할 수만 있다면, 수면은 사유하는 이에게 신선한 자원이다.

자지 않고 깨어 있는 것은 문제가 아니다. 반면에 밤에 돌아다니는 것은 몸에 해롭다. 앞에서 건강에 관한 한 일반적인 위생 규칙을 따라야 한다고 말했는데, 공부하는 사람은 이것을 훨씬 더 철저하게 따라야 한다. 우리는 수면의 힘이나 법칙을 활용할 수 있고, 불순물을 걸러내는 밤의 정화 과정에서 이득을 얻을 수 있다.

약간의 정신노동을 거쳐 이제 막 생겨난 관념, 어떤 내적 외적 사건 때문에 충분히 형성되지 못했거나 자연스러운 자리를 찾지 못한 관념은 밤 동안 전개되고 다른 관념들과 연결된다. 무언가를 얻을 수 있는 그 기회를 놓치지 마라. 당신을 도울 그 빛이 정신의 밤 속으로 사라지기 전에 단단히 붙들어두어라.

어떻게 그 일을 시작할까? 때로는 어떤 특별한 재주도 필요하지 않다. 그냥 잠에서 깨어나면 모든 임무와 기록을 끝마친 수면과의 공동 작업을 발견할 것이다. 전날의 공부가 더 명료하게 보이고, 새로운 길과 아무도 손대지 않은 영역이 눈앞에 펼쳐질 것이다. 어떤 관념들, 사실들, 표현들 사이의 관계, 어떤 행복한 대조나 빛나는 이미지, 현실화하기 쉬운 명확한 과정이나 계획이 의식 안으로 밀려올 것이다. 당신은 적절한 순간에 수면의 신 히프노스가 당신에게 베푸는 것을 이용하면 그만이다.

그러나 보통은 그렇게 쉽지가 않다. 자연은 우리 뜻대로 움직이지 않는다. 자연은 자신의 길을 간다. 자연의 강은 금을 품고 흘러가지만, 우리는 거세게 밀려오는 강물에 휩쓸리지 않고 버티면서 그 귀중한 침전물을 발견해야 한다.

흔히 그 빛은 잠을 못 이루는 몇 분 동안, 어쩌면 몇 초 동안 어슴푸레 깜빡거린다. 그 빛을 붙잡아서 고정해야 한다. 나른한 뇌로 그 일을 하는 것은 물 위에 글씨를 쓰는 것이나 마찬가지다. 이튿날 아침에 어떤 일이 일어났다는 흔적을 조금도 발견하지 못할 가능성도 충분히 있다.

그보다는 잘해야 한다. 손이 닿는 곳에 공책이나 메모 상자를 두어라. 가능하다면 불을 켜지 말고, 잠에서 완전히 깨어나지 않은 상태로 메모를 한 다음 다시 잠으로 돌아가라. 그렇게 사유를 적어두는 것은 수면을 어지럽히지 않고 오히려 촉진할 것이다. '기억할 거야, 기억하고 말 거야'라고 결심하는 것보다는 재빨리 메모하는 것이 휴식을 방해하지 않는다. 수면은 '의지'를 쉬게 하는 것임을 잊지 마라.

아침에 잠에서 깨자마자 섬광이 번쩍일 때도 있다. 내면의 눈이 함께 열리기라도 하듯이 눈을 뜨는 순간 새로운 세계의 빛이 들어온다. 지구가 공전하는 동안 지성의 하늘이 형상을 바꾼 것이다. 이제 전과는 다른 별자리들이 빛난다. 완전히 새로운 이 장관을 면밀히 살펴보고 대강의 윤곽을 마음에 새겨두라. 다음에 다시 떠올려볼 때 세세한 부분까지 정확히 알 수 있도록 그 장관의 두드러진 특징과 전환점을 적어두어라.

사유하는 이는 누구나 이른 아침의 그 번쩍이는 경이로운 빛을 종종 경험한다. 탁 트인 공간이라곤 없는 숲에서 길을 헤매는 것처럼 오랫동안 힘들여 탐구한 끝에 내놓은 논문은 그 경험 덕분에 훨씬 명확해진다.

발견은 그렇게 이루어진다. 정신 안에 뿔뿔이 흩어져 있는 요소들, 전혀 중요해 보이지 않는 과거의 실험이나 정보 조각이 한데 모이고, 문제 해결이라는 관념을 표상하는 정신의 이미지들이 자연적으로 분류됨으로써 문제가 해결된다.

그런 한 조각의 행운이 찾아오면 재빨리 공책을 펴라. 관념이 당신에게 오는 동안은 끊임없이 추적하라. 관념을 전개하되 당신 자신의 것은 아무것도 덧붙이지 마라. 정신을 어지럽히는 어떤 일도 하지 말고 당신에게 작용하고 있는 본질에만 고분고분히 주의를 집중한 채로, 새로 형성된 사슬을 부드럽게 잡아당겨서 사슬의 고리에 걸려 있는 부속 사슬을 꺼내라. 그런 다음 어떤 형태인지 숙고하지 말고 큰 사슬과 작은 사슬의 비율과 의존 관계를 기록하라. 이렇게만 해도 형태의 귀중한 요소가 드러날 것이므로 일부러 형태를 고찰하지 않아도 된다.

새로운 사유의 사슬을 완전히 꺼내서 서랍이 텅 빈 것처럼 생각될 때 기록을 멈추어라. 그리고 잠시 동안 당신의 산물을 주의 깊게 관찰하라. 그 산물은 계속 불어날 것이고, 사유의 사슬은 계속 새로운 고리들을 덧붙이며 성장할 것이고, 부속 사슬은 계속 세분되면서 셀 수 없을 만큼 많아질 것이다. 그 모든 것은 더없이 소중하기 때문에 작은 조각 하나도 잃어버려선 안 된다. 그 과정은 낮에 해야 할 많은 노동을 대신하는 것이다. 성실한 협력자인 밤은 당신이 법석을 떨지 않아도 24시간이라는 온전한 하루를 선사한다. 당신에게 주어진 그 빛나는 보석을 애써 노력해서 얻으려면 몇 주가 걸릴지도 모른다.

그러나 결실을 거두는 데에 주의하는 것만으로는 부족하다. 수면은 스스로 역할을 수행하지만 현존하는 소재에만 작용한다. 수면은 아무것도 창조하지 않는다. 수면은 대상을 결합하고 단순화하고 머릿속으로 가져오는 일에는 능숙하지만, 경험으로 발견한 것과 낮 동안의 노동에만 작용할 수 있다. 수면이 작용하려면 먼저 준비가 되어 있어야 한다. 수면에 의지한다는 것은 다른 무엇보다 자기 자신에게 의지한다는 의미다.

수도자들에게는 경건한 삶만큼이나 오래된 관습이 있다. 밤의 고랑에 놓인 씨앗처럼 매일 저녁 명상에 잠기는 것이다. 수도자는 씨앗이 땅의 습기를 흡수해 말랑말랑해졌기를, 어쩌면 싹까지 틔웠기를 바라면서 명상에서 깨어난다. 그 씨앗은 성찰과 은총의 햇빛 속에서 훨씬 더 빨리 자랄 것이다.

우리는 밤의 밭에 공부의 씨앗을 뿌릴 수 있다. 잠에 빠져들면서——신과 당신 자신의 영혼에 이 일을 맡겨라——당신을 사로잡고 있는 문제와 서서히 형태를 갖추어가고 있거나 도무지 파악하기 어려운 관념을 마음에 떠올려라. 수면을 늦출 어떤 노력도 하지 마라. 반대로 우주가 나를 위해 일하고 있다고 생각하면서 평온하게 쉬어라. 결정론은 자유의지의 노예이며, 의지는 우리가 자는 동안 자신의 맷돌을 돌린다. 우리는 잠시 노력을 멈출 수 있다. 그동안 우주는 공전을 하고, 그렇게 공전하면서 우리가 고장 낼지도 모르는 정교한 기계를 우리 뇌 안에서 작동시킨다. 우리가 자는 동안에도 자연은 감시를 늦추지 않는다. 신도 끊임없이 감시한다. 우리는 이튿날 일어나서 자연과 신이 일궈놓은 열매를 조금 수확할 것이다.

도움을 받을 수 없는 이튿날 아침을 걱정하기보다는, 특히 낮에 하던 걱정——반#무의식에 의해 과장되며, 밤에 악영향을 미치고 이튿날 아침에도 씁쓸한 뒷맛을 남기는——을 밤에 되새기기보다는, 이 고요한 정신 안에서 모든 걱정을 떨치고 편히 쉬어라.

적당한 노동을 규칙적으로 하면 낮에 조화롭게 생활할 수 있듯이 밤 동안의 무의식적 노동은 평화를 가져온다. 종잡을 수 없는 상상, 심신의 진을 빼는 터무니없는 공상과 악몽을 궁지로 몰아넣는다. 손을 부드럽게 잡아주면 아이는 소란을 멈추고 잠잠해진다.

이는 결코 과도한 긴장을 권하는 것이 아니며, 밤을 낮으로 바꾸라는 말은 더더욱 아니다. 수면은 본성을 새롭게 하는 필수적인 과정이기에 우리는 꼭 자야 한다. 내가 말하려는 바는, 밤은 그 자체로 고유한 작용을 하고 조언을 해준다는 것, 수면은 그 자체로 친절한 장인이라는 것, 휴식은 그 자체로 힘을 더해준다는 것이다. 우리가 밤의 수면과 휴식에서 도움을 얻으려면 그 고유한 기능을 파괴할 것이 아니라 그 본성에 전적으로 따라야 한다. 휴식은 죽음이 아니라 삶이며, 모든 삶은 열매를 맺는다. 수면의 열매를 거둘 수 있는 동안은 그 열매를 밤의 새들에게 남겨두지 마라.

3
아침과 저녁을 맞이하는 법

　수도자는 물론이고 공부하는 이에게도 아침과 저녁은 극히 중요하다. 수면 바로 앞과 뒤에 놓인 시간을 우연에 맡겨둔다면, 집중해서 휴식을 준비하고 감시하고 마무리할 수 없다.

　아침은 신성하다. 아침에 기운을 회복한 영혼은 전환점에서 되돌아보듯이 삶을 바라본다. 우리 앞에는 운명이 넓게 펼쳐져 있다. 우리는 각자의 과업을 재개한다. 우리가 하나의 인간이자 지성인으로서의 소명을 새롭게 받아들이고 굳건히 다질 순간은 바로 아침이다.

　"필리포스시여, 당신도 한 인간이라는 것을 잊지 마십시오." 마케도니아의 노예가 주인에게 했다는 이 말은 햇빛을 통해 우리에게 들려오며, 그 빛은 우리 눈에 닿는 순간 정신의 능력을 일깨운다. 내가 말하는 '하나의 인간'은 일반적 의미의 인간이 아니라 구체적이고 특정한 인간, 신 앞에 선 인간, 유일무이한 인간을 말한다. 아무리 보잘것없는 인간일지라도 그는 혼자서 자신의 고유한 역할을 수행할 수 있다.

무의식의 시간을 거쳐 새로운 모습으로 나타난 이 인간, 말하자면 새로 태어난 이 인간은 자신의 삶 전체를 빠르게 훑어보고 지금 도달한 지점을 표시하고 미래를 설계한 뒤 여행의 새로운 단계를 맑은 정신과 힘찬 걸음으로 내딛지 않을까?

하나의 인간이 그렇게 변하는 것은 잠에서 깨는 순간과 아침 명상의 순간이다. 잠에서 깨는 순간 일정한 기도를 반복하는 것은 훌륭한 습관이다. 큰 소리로 기도하면 더 좋다. 심리학자들이 말하듯이, 목소리는 자기암시 작용을 할 뿐만 아니라 우리의 대역도 맡기 때문이다. 그 대역은 우리가 무시하지 못할 '충복'이다. 그는 우리가 부여한 권위를 가지고 있고, 바로 우리이며, 우리와 같으면서도 다른 사람인 그의 목소리는 기묘한 방식으로 우리를 지배한다.

아이들은 '신을 사랑하라'고 배운다. 그런 측면에서 보면 아이 같은 존재인 지성인은 거기에 더해 진리를 사랑해야 한다. 지성인은 자신이 진리의 충복이라는 것을 잊지 말아야 하고, 진리의 적이 다시 진리로 되돌아갈 수 있게끔 자신 안에 있는 진리의 적은 물리치고 밖에 있는 적은 사랑해야 하며, 가까운 미래에 진리가 요구할 노력을 기꺼이 감수해야 한다.

그다음은 기도할 차례다. 그라트리 신부는 지성인에게 성무일도에서 짝을 이루는 아침 기도와 저녁 기도를 하라고 조언한다. 아침 기도와 저녁 기도보다 아름답고 효과적이고 감동적인 기도는 없다. 예를 갖춘 기도에는 모든 참된 삶과 본질이 담겨 있으며, 기도를 하면서 공부를 준비하는 것은 햇빛이 쏟아지는 문을 지나 여행을 떠나는 것과 같다.

어떤 기도를 하든, 지성인의 기도는 한동안 그에게 특히 어울리는 것을 강조해야 하고, 결실을 얻어야 하며, 바른 결심을 이끌어내야 한다.

앎의 토대인 고결한 진리를 믿는 행위, 신이 우리를 덕목뿐 아니라 빛으로도 인도할 것을 소망하는 행위, 신을 사랑하는 행위, 공부를 통해 신에게로 더 가까이 이끌려는 사람들을 사랑하는 행위. 이런 활동에서 지성인은 자신의 필요가 표현된 것을 발견하고 자신의 과업을 떠올린다. 그리고 공동의 보물 가운데 섭리에 따라 그에게 할당된 몫을 얻을 수 있다.

명상은 사유하는 이에게 아주 본질적이기 때문에 새삼스레 역설할 필요는 없을 것이다. 나는 앞에서 기도의 정신을 권했다. 충분히 쉬었고 아직 낮의 근심에 다시 사로잡히지 않은 정신이 아침에 관조를 하면서 기도의 날개에 올라타고, 공부를 통해서 한 걸음씩 고되게 다가가야 하는 진리의 샘을 향해 편안하게 날아오를 때, 바로 그때가 기도의 정신이 가장 많은 양식을 얻는 때가 아니겠는가?

그러므로 정신의 산들바람을 맞으며 생기를 회복한 아침 시간은 결실을 맺지 않을 리 없다. 당신은 믿음을 가지고 아침을 시작할 것이다. 당신은 용기를 가지고 아침을 보낼 것이다. 아침 기도는 온종일 빛을 내뿜을 것이다. 내년을 대비해 연말에 종자 일부를 헛간에 남겨두듯이, 그 빛이 다하기 전에 저녁이 올 것이다.

저녁! 저녁을 성스럽고 조용하게 보내는 법, 원기를 회복하는 수면을 준비하기 위해 저녁을 활용하는 법을 아는 사람은 얼마나 드문가! 저녁은 얼마나 낭비되고 오염되고 오용되고 있는가!

쾌락을 쫓는 사람들이 저녁을 어떻게 보내는가에 관해 길게 얘기하진 않겠다. 우리에게 그들의 환경은 도무지 맞지 않기 때문이다. 그보다는 사업가, 기업가, 공무원, 도매상인 같은 진지한 사람들을 살펴보자. 저녁이 오면 그들은 긴장을 풀고 생각을 내던진다. 그러고는 만찬을 열고, 담배를 피우고, 카드놀이를 하고, 요란하게 떠들고, 극장과 연주회장에 뻔질나게 드나들고, 넋을 읽고 영화를 보는 등 방탕에 정신을 내맡겼다가 '흐트러진' 마음으로 잠자리에 든다.

그렇게 그들은 축 늘어진 바이올린 현들처럼 정신을 풀어버린다. 이튿날 그 현들을 모두 조율하려면 얼마나 고생해야 하는가!

나는 파스칼, 몽테뉴, 롱사르, 라신의 작품을 읽으며 긴장을 푸는 기업가들을 알고 있다. 그들은 난롯가에 놓인 안락의자에 몸을 누이고 적절한 조명 속에서 가족과 함께 조용히 책을 읽거나 유쾌한 활동에 빠져든다. 온종일 고생스럽게 일하고 잠시나마 '사는 듯이 사는' 것이다. 그때가 전문가인 그들이 이성과 감성으로 수많은 난관에 대처한 뒤 쉬는 때다.

지성인에게는 이런 정신적 보상은 필요 없을지 몰라도 평온은 무척 필요하다. 지성인에게 저녁은 고요한 시간이어야 하고, 저녁식사는 가벼운 성찰이어야 하며, 놀이는 하루의 일과를 정돈하고 내일을 준비하는 단순한 활동이어야 한다. 지성인에게는 마무리와 시작을 위한 저녁 기도——이번에는 비유적 의미로 말하는 것이다——가 필요하다. 우리가 전제하는 연속적인 공부의 완결은 종착점인 동시에 출발점이기 때문이다. 우리는 다시 열기 위해서만 닫는다. 저녁은 생의 나날을 연결하는 중간 다리 같은 시간이다. 아침이 되면 우리는 당장 삶을 다시 시작해야 한다. 우리는 저녁에 고유한 방식으로 의식적인 노고의 시간을 연결하는 밤을 준비해야 하고, 아침을 준비해야 한다.

육욕과 사욕에 빠져 쾌락을 위해 삶의 일부를 떼어두어야 한다고 고집하는 이들도 있지만, 방탕한 생활은 휴식이 아니라 소진이다. 휴식이란 모든 노력을 그만두고 삶의 원천으로 물러나는 것을 뜻한다. 휴식이란 어리석게 힘을 다 써버리는 것이 아니라 힘을 회복하는 것을 뜻한다.

때로는 얻기 위해 소진해야 한다는 것을 나는 알고 있다. 스포츠와 오락의 경우가 그러하며, 우리에게는 그런 활동적 휴식도 필요하다. 그러나 그런 활동은 저녁 시간을 정상적으로 활용하는 것이 아니다. 저녁에는 정신과 신체 둘 다 쉬어야 한다. 정신은 신 안에서 쉬고, 신체는 자연 안에서 쉰다. 정신의 휴식은 기도에서 비롯된다. 신체의 휴식은 더 완전한 밤의 휴식으로 이어져야 한다.

저녁에는 조용히 규칙적인 활동에 몰두해야 한다. 저녁에는 본성이 성향을 드러내도록 내버려두고, 주도적 행동을 습관으로 대체하고, 격렬한 활동 대신 단순하고 익숙한 일과를 따르는 것, 요컨대 밤 동안의 금욕을 시작할 수 있도록 어느 정도 기꺼이 활동을 멈추는 것이 지혜롭다. 이렇듯 덜 활동적이고 평화로운 생활에서 지혜가 생겨날 것이다. 가족은 그 지혜를 나눌 것이고, 조용히 대화하면서 영혼을 단결시키고, 낮 동안 받은 인상과 이튿날 계획을 교환할 것이다. 가족의 견해와 목표는 단단해질 것이고, 저무는 하루는 위안을 얻을 것이며, 조화로운 분위기가 가정을 감쌀 것이다. 그리하여 매일 저녁은 가치 있는 축일 전야가 될 것이다.

   사람은 흔히 오래전 어머니의 자궁에 있었을 때의 자세로 잔다. 그것은 상징이다. 휴식은 우리의 근원, 곧 생명의 근원, 힘의 근원, 영감의 근원으로 되돌아가는 것이다. 휴식은 단련이다. 단련은 세상으로부터 벗어나 우리 자신에게로 물러나면서 진행된다. 단련은 요란스러운 활동으로는 달성할 수 없다. 단련은 평화롭게 집중함으로써 안식처를 찾고 인간 정신의 활력을 쇄신하는 것에 가깝다. 단련은 기도와 침묵과 수면을 통해 행복하게 긴장을 늦춤으로써 유기적 삶과 성스러운 삶을 회복하는 것이다.

4
공부에 집중하는 시간

지금까지 우리는 공부를 준비하고, 필요한 경우 공부를 중단하면서 공부를 위한 휴식을 취하는 것에 대해 살펴보았다. 이제 마침내 공부 자체와 공부에 모든 정신을 집중하는 시간에 대해 살펴볼 차례다. 이렇게 지적인 삶에서 최고조에 달하는 시간을 우리는 충만한 순간이라 부를 것이다.

이 책은 공부하는 시간을 어떻게 사용할 것인지에 대해 많은 부분을 할애하고 있다. 여기서는 공부하는 시간을 확보하고, 안정적인 토대 위에 올려놓고, 유지하고, 온갖 위협에 맞서 '내면의 방'을 지키는 방법에 대해서만 말할 것이다.

삶에서 매 순간의 가치가 서로 크게 다르다는 것과 사람마다 그 가치를 서로 다른 계율로 조정한다는 것을 감안하면, 우리는 어떤 절대적인 규칙을 단언할 수 없다. 그러나 이 한 가지만은 역설해야 한다. 당신은 당신 자신을 공부해야 하고, 당신 삶이 어떤지, 삶에서 무엇을 할 수 있는지, 삶이 무엇을 촉진하고 배제하는지, 열정적으로 활동하는 시간을 위해 삶이 무엇을 제안하는지 고찰해야 한다.

그렇게 활동할 시간은 아침일까 저녁일까, 아니면 아침 일부, 저녁 일부일까? 앞으로의 계획은 당신만이 아는 당신의 의무와 인성에 달려 있기 때문에 그 시간은 당신만이 결정할 수 있다.

자유 시간이 몇 시간밖에 없고 그 시간을 정할 수 있다면 당신은 아침을 선호할 것이다. 아침에, 당신은 자면서 힘을 회복했고, 기도를 하면서 날개를 달았고, 평화로 충만하고, 산만한 일을 아직 시작하지 않았기 때문이다. 그러나 어떤 사람들은 아침이 적합하지 않을 것이다. 잠을 설친 사람이라면 아침에 머리가 혼란스럽고 둔할 것이다. 또 아침에 혼자 있을 수 없는 사람이라면 그런 시간을 기다려야 한다.

어떻게 결정을 내리든 주의해서 시간을 확보해야 하고, 확보한 시간을 완전히 사용하기 위해 온갖 위험을 경계해야 한다. 그 소중한 시간이 낭비되거나 간섭받지 않도록 사전에 위험을 알아채야 한다. 그 시간이 충만하길 바란다면 쓸데없는 준비를 하지 말고, 필요한 모든 준비를 사전에 마치고, 무엇을 하고 싶고 얼마나 하고 싶은지 의식하고, 자료와 메모, 책을 챙기고, 사소한 일로 공부를 중단하지 않아야 한다.

더 나아가, 그 시간을 공부를 위해 떼어두고 정말로 자유롭게 사용하려면 정해진 시간에 단숨에 일어나고, 아침식사를 가볍게 하고, 쓸데없는 대화와 무익한 초대를 피하고, 꼭 필요한 서신 왕래만 하고 신문은 보지 마라. 공부하는 삶을 위한 일반적인 안전책으로 제시한 이 규칙들은 무엇보다 집중해서 공부하는 시간에 적용된다.

모든 것이 정돈되었다면 곧바로 공부를 시작할 수 있다. 당신은 공부에 열중하면서 앎을 쌓아나갈 수 있을 것이다. 당신의 주의력과 노력은 흔들리거나 흩어지지 않을 것이다. 무엇보다 반쪽짜리 공부를 삼가라. 책상에는 오래 앉아 있지만 잡생각이나 하고 있지 마라. 공부하는 시간의 가치를 높이려면 차라리 그 시간을 줄여서라도 집중해서 사용하는 편이 나으며, 그것이 공부의 핵심이다.

무언가를 하거나 아니면 아예 하지 마라. 하기로 결정한 것은 전력을 다하고, 계속 새롭게 시작하는 것처럼 정력적으로 하라. 반쪽짜리 공부와 반쪽짜리 휴식은 공부를 위해서도 휴식을 위해서도 이롭지 않다.

그렇게 공부에 열중하면 영감이 찾아온다. 영감은, 언제나 진실한 노력에 순종하는 것은 아닐지라도 언제나 그런 노력을 알아챈다. 지나치게 무리해서는 안 되지만, 당신은 방향을 찾아야 하고, 목표를 겨냥해야 하고, 명사수처럼 과녁에만 집중해야 한다. '기도의 정신'을 쇄신하고, 계속 영원의 상태에 머무르고, 진리에 복종하고, 정신의 위대한 법칙을 따르고, 날개를 펴듯 상상력을 활짝 펴고, 온 마음을 다해 저 높은 곳에서 충실하게 빛나는 고요한 별들을 줄곧 의식하라. 당신의 발아래 저 낮은 곳에서는 생명의 소리가 울릴 것이다. 당신은 그 소리를 알아채지 못할 것이고, 키케로의 「스키피오의 꿈」에서 창조력의 조화를 상징하는 천체의 음악만 들을 것이다.

이처럼 참된 공부란 진리를 향해 자신의 존재를 활짝 여는 것, 진리 외에 다른 모든 것을 멀리하는 것, 다른 세상으로 들어가는 입장권을 구하는 것이다. 참된 공부란 우리가 하루에 두 시간이면 손에 잡히는 가치 있는 결과를 산출하기에 충분한 시간이라고 말할 때의 그런 공부다. 분명 두 시간이 많지는 않다. 그러나 모든 조건이 충족된다면 두 시간으로도 충분하다. 너무나 많은 이들이 메아리가 울릴 만큼 요란한 목소리로 허풍을 떨면서 흘려보내는 하루의 열다섯 시간보다는 그 두 시간이 차라리 낫다.

공부에 비범한 재능이 있는 이들은 믿기 어렵게도 하루에 열다섯 시간씩 공부하곤 했다. 공부하는 과정이 정말 터무니없이 어리석지만 않다면, 그들은 운 좋은 괴물이라 불릴 만한 이들이다. 평범한 이들은 꾸준히 공부하면서 결실을 맺을 수 있는 시간이 두 시간에서 여섯 시간이라고 어림한다. 핵심은 시간이 얼마냐가 아니라 어떤 정신으로 그 시간을 어떻게 사용하느냐다.

시간의 가치를 아는 사람에게는 언제나 시간이 충분하다. 그는 시간을 늘리지는 못하지만 시간의 가치를 높일 수는 있다. 무엇보다 그는 시간을 갉아먹는 일은 하지 않는다. 금과 마찬가지로 시간에는 두께가 있다. 잘 주조되고 결이 깨끗한 순금 메달은 얇게 펴낸 금박보다 가치가 높다. 많은 이들이 겉모습 또는 모호하고 혼란스러운 의도에 쉽게 현혹되며, 이러쿵저러쿵 떠들기에 바빠 공부는 전혀 하지 않는다.

집중해서 공부하는 시간이 지적인 삶 전체보다 균일한 것은 아님을 꼭 지적해야겠다. 공부하는 시간도 지적인 삶과 같은 단계를 거친다. 서서히 집중력을 높이다가 때로는 큰 난관에 부딪치면서 최고조에 이른 뒤 점차 지쳐가는 것이다. 상쾌한 아침, 뜨거운 한낮, 저무는 저녁은 완전한 순환이다.

이렇게 공부하는 시간을 신중하게 절약하는 데에 필요한 조건에 대해서는 뒤에서 다시 말하겠다. 여기서는 한 가지만 지적하겠다. 고독을 방해하는 것은 그게 무엇이든 치열하게 맞서서 고독을 지켜내야 한다. 의무가 있다면 평상시에 이행하라. 친구가 있다면 적절한 때에 만나라. 반갑지 않은 손님이 찾아와 방해한다면 정중하게 문을 닫아라.

공부하는 시간 동안 방해받지 않는 것뿐 아니라 방해받지 않을 것임을 확신하는 것도 중요하다. 그 시간을 완벽하게 지켜야 공부에 열중하고 결실을 맺을 수 있다. 이 점에 관한 한 아무리 철저하게 경계해도 지나치지 않다. 외부의 요구는 그게 무엇이든 내면의 힘을 갉아먹으며, 어쩌면 귀중한 발견을 가로막을지도 모른다. 에머슨의 말처럼 "반쪽짜리 신들이 가면 진짜 신들이 온다."

그러나 이 완전한 고독―― 유일하게 공부에 적합한 환경――을 물리적 의미로만 이해할 필요는 없다. 누군가의 존재는 고요를 방해하기는커녕 배가할 수도 있다. 당신 곁에서 당신과 똑같이 공부에 열중하는 사람, 당신과 비슷한 사유나 일과에 몰두하는 친구, 당신의 공부를 이해하고 동참하는 사람, 당신에게 자극받아 조용한 애정과 관심으로 당신의 노력을 지지하는 사람, 이들은 당신을 방해하지 않고 도울 것이다.

이따금 공공도서관에서 당신은 집중하는 분위기를 느낄 것이다. 그것은 힘을 북돋는 공기와 같다. 당신은 일종의 종교적 감명에 젖어서 감히 집중력을 잃거나 딴생각을 하지 못할 것이다. 참된 것을 숭배하는 이들에게 더 많이 둘러싸일수록 홀로 참된 것을 대면하는 횟수도 늘어날 것이고, 더 쉽고 즐겁게 관조하게 될 것이다.

아내의 작업대와 바구니가 놓인 공간, 고요한 사랑이 지배하는 공간, 영감과 고결한 꿈을 향해 날개를 활짝 펼친 공간에서 함께 공부하는 젊은 부부, 이것은 그림 같은 광경이다. 결혼식을 통해 하나가 된 부부의 삶에는 사유의 하나 됨을 위한 고요한 공간이 있다. 두 사람의 영혼이 하나가 될수록 외부 세계로부터 그 공간을 더 안전하게 지킬 수 있다.

그렇더라도 일단 고독을 이해하고 준비를 마쳤다면 그것을 단호히 지켜야 한다. 분별없는 친구, 몰지각한 친척, 뜨내기손님 등 누구에게도 귀 기울이지 말아야 하며, 자선 자체도 신경 쓰지 말아야 한다. 당신은 한 번에 사면팔방으로 자선을 베풀 수 없다. 당신은 진리에 속한 사람이니만큼 다른 무엇보다 진리에 복종해야 한다. 불가피한 경우를 빼고는 다른 무엇보다 소명을 우선하라.

사유하는 이가 정말 시간을 사유하는 데에 사용한다면, 그 시간은 실제로 모든 이에게 자선이다. 그렇게 보아야만 사유하는 이의 시간을 제대로 이해할 수 있다. 진리를 추구하는 이는 인류와 진리 그 자체에 속해 있다. 누군가 인류의 숭고하고 보편적인 은인인 진리를 섬기기 위해 자신을 철저히 고립시킨다 해도 그것은 이기심 때문이 아니다.

그러나 당신이 공부하느라 등을 돌리고 때로는 상처를 입힌 이들에게는 진심으로 애정 어린 용서를 구해야 한다. 고독을 얻어라. 그리고 사려 깊은 관심과 친절한 봉사로 자유의 대가를 치러라. 당신이 은거하는 것이 교제하는 것보다 다른 이들에게 이로워야 바람직하다. 어떤 경우든 되도록 다른 이들에게 부담을 적게 주어라. 다시 의무를 수행할 시간이 오면, 상대적 독립성과 절대적 의존성이 균형을 이룰 수 있도록 본분을 다하라.

V
공부의 영역

1 비교탐구를 수행하라

2 토마스주의, 앎을 위한 이상적 얼개

3 전공을 정하라

4 필연적으로 희생해야 하는 것들

1
비교탐구를 수행하라

무엇을 공부할 것인가라는 물음에 딱 들어맞는 조언을 제시하는 것은 불가능하며, 공부 계획에 여러 요소를 어떤 비율로 포함할 것인가라는 물음에 정확히 답하기는 더더욱 불가능하다. 아퀴나스는 '16가지 조언'에서 이런 물음에 대해서는 한마디도 하지 않는다. 실제로 이것은 장기적 목표에 크게 의존하는 개인 소명의 문제다. 그렇지만 일정한 지침을 제시하는 것은 가능하며, 그 지침은 유익한 성찰을 위한 출발점이 될 것이다.

나는 초심자에게 이런 문제를 고민하라고 말하는 것이 아니다. 나는 지금 학창시절을 마치고 공부 계획을 세우려 하거나 더 깊은 공부를 완성하려는 사람에게 말하는 것이다. 그라트리 신부는 이런 관점에서 '비교탐구'에 관한 흥미로운 관찰을 내놓았다. 그가 『근원』에서 전개한 이 주제는 다소 시대에 뒤진 것처럼 보인다. 그러나 책의 요지는 여전히 중요하며 젊은 지성인들이 진지하게 고찰할 가치가 있다.

여기서 '비교탐구'라는 말이 의미하는 것은 자신의 전문 탐구를 같은 갈래에 속하는 학문 전체와 접목함으로써 탐구 범위를 넓히고, 그 일군의 학문을 일반적인 철학 및 신학과 연결하는 것이다.

아주 명확하게 한정된 전문적 주제를 탐구하는 사람일지라도 처음부터 자신의 탐구에만 틀어박히는 것은 지혜롭지 못한 태도이며, 그래서는 풍성한 결실을 맺을 수 없다. 그것은 눈가리개를 쓰는 꼴이다. 지식의 어떤 갈래도 자급자족할 수 없으며, 어떤 학문도 혼자서는 앞길을 밝게 비출 수 없다. 고립된 학문은 점점 좁아지고, 움츠러들고, 시들고, 시도 때도 없이 엇나가기 마련이다.

한쪽으로 치우친 교양은 늘 빈약하고 위태롭다. 정신은 시종일관 자신의 결함을 느낀다. 일정한 활동의 자유를 보장받지 못하거나 전망이 불확실하면 정신은 무기력해진다. '메마른 과일'은 아무것도 모르는 사람을 가리키지만, 동시에 때 이르게 한 분야의 공부에만 자신을 한정함으로써 정신이 움츠러들고 무기력해진 사람을 뜻하기도 한다.

어떤 갈래의 학문이든 다른 학문으로, 예컨대 과학에서 시로, 시와 과학에서 윤리학으로, 윤리학에서 정치학으로, 더 나아가 종교학으로 이어질 것이라고 조금의 모순도 없이 단언할 수 있다.

만물 안에는 만물이 있기 때문에 구획 짓는 것은 추상으로만 가능하다. "추상은 거짓이 아니다"라는 격언이 있듯이, 추상하는 것은 거짓말하는 것이 아니다. 그러나 구분을 짓고 방법론적으로 단절하고 한 점에만 집중하는 추상 과정에서는 공부하는 대상을 그 대상에 어느 정도 직접적으로 속해 있는 다른 대상들과 분리하지 않아야 한다. 한 대상과 다른 대상들의 연결을 끊으면 그 대상이 그릇되게 나타나는데, 연결고리 자체가 그 대상의 일부이기 때문이다.

연결부품을 생각하지 않으면서 시계를 탐구할 수 있을까? 신체를 고려하지 않으면서 장기를 탐구할 수 있을까? 수학을 빼고 물리학이나 화학을 탐구하는 것, 수학과 지질학을 빼고 천문학을, 심리학을 빼고 윤리학을, 자연과학을 빼고 심리학을, 역사를 빼고 무엇이든 탐구하는 것은 불가능하다. 모든 학문은 서로 연결되어 있고, 한 주제는 다른 주제를 밝혀주며, 지적인 논문은 어떤 학문에 관한 것이든 어느 정도 다른 모든 학문을 암시한다.

그러므로 열려 있으면서 진정으로 강하고 맑은 정신을 갖고 싶다면 시작 단계에서 자신의 전공을 굳게 신뢰해서는 안 된다. 닿고자 하는 높이에 맞추어 토대를 놓고, 닿고자 하는 깊이에 맞추어 입구를 넓혀라. 그러면서도 지식은 탑도 우물도 아닌 인간의 거주지임을 이해해야 한다. 전문가이기 이전에 인간이 되지 못한 사람은 펜 가지고 장난치는 사람에 지나지 않는다. 지독하게 무지한 그는 사람들 사이를 떠도는 방랑자처럼 되고 만다. 그는 사회에 적응하지 못한 채 기이하게 살아가는 바보다. 소명에 따라 인류에 봉사할 운명인 지성인이라면 무엇보다 인간으로서 인류에 속하기를 바랄 것이다. 그는 발끝으로 살금살금 걸을 것이 아니라 균형 잡힌 자세로 대범하게 걸음을 내디뎌야 한다.

지식 탐구자들은 모든 방면에서 어두운 심연의 깊이를 재려고 노력해왔고, 학자들은 별을 향해 팔을 뻗어왔다. 고귀한 노력을 기울이는 진정한 사상가라면 다른 사상가들에게 무관심하지 않다. 일정한 지점까지는 다른 이들의 탐구를 따라가는 것이 당신의 의무이며, 그 의무를 다하면 당신 자신의 탐구를 수행할 때 열 배의 역량을 발휘할 수 있을 것이다. 그렇게 다른 영역들을 둘러보며 시야를 넓히고 근원적인 연관성을 의식한 뒤 전문 탐구로 돌아올 때, 당신은 좁은 학문 하나에만 갇혀 있던 과거와는 전혀 다른 사람이 되어 있을 것이다.

어떤 갈래의 앎이든 동떨어져 경작된 앎은 그 자체로 불충분하거니와 지각 있는 사람이라면 누구나 알아챌 위험을 야기한다. 수학은 비현실적인 엄격함에 익숙해질 것을 요구해 판단력을 왜곡한다. 물리학과 화학은 그 복잡성에 집착하게 함으로써 마음의 여유를 앗아간다. 생리학은 유물론으로, 천문학은 모호한 추측으로 이끈다. 지질학은 당신을 사방팔방으로 돌아다니는 사냥개로 바꾸어놓는다. 문학은 허울을 좋게 하고, 철학은 허영을 부채질한다. 신학은 거짓 숭고함과 고압적인 자만으로 이끈다. 당신은 반드시 한 정신에서 다른 정신으로 나아가면서 한 정신으로 다른 정신을 바로잡아야 한다. 경작지를 망치지 않으려면 여러 작물을 교배해야 한다.

이렇게 **일정한 지점까지** 비교탐구를 수행하는 것이 스스로에게 너무 많은 짐을 지우고 전공 공부에 착수할 시간을 늦추는 것이라고 생각하지 마라. 한 주제가 다른 주제를 밝혀줄 것이므로 당신은 너무 많은 짐을 지기는커녕 오히려 모든 주제를 더 쉽게 배울 것이다. 정신을 넓혀감에 따라 당신은 더 쉽게 배우고 더 쉽게 짐을 덜어낼 것이다.

모든 관념의 중심에 다가갈수록 모든 것이 간단해진다. 그렇다면 그 중심에 다가가는 방법 가운데 한 원의 반지름들처럼 하나의 집결점으로 수렴하고 있다고 느끼게 해주는 여러 경로들을 걸어가보는 것보다 더 나은 방법이 있을까?

나는 두 주 만에 새로운 언어 하나를 배우는 언어학자를 알고 있다. 어떻게 그럴 수 있을까? 그가 다른 언어들을 많이 알기 때문이다. 그는 척 보면 새로운 언어의 정신과 근본적 특징, 전체 구조를 파악한다. 여러 갈래의 지식은, 우리가 더듬거리며 말하려 애쓰지만 말로는 그 본성을 표현할 수 없는 여러 언어와 같다. 언어들은 근본적으로는 하나이기 때문에 몇 가지 언어를 해독하면 각각의 언어를 해독하는 데에 도움이 된다.

더욱이 좋은 재능을 지닌 사람이 차례로 노르웨이의 피오르, 터키의 골든혼, 이집트의 파라오 묘실, 아메리카의 대초원, 중국의 황궁을 방문하는 것처럼 지식의 여러 분야를 돌아다니고 눈부신 영역들을 탐구할 때, 그의 내면에서는 정력적인 본성과 열정이 눈을 뜬다. 그런 장대한 열의가 정신의 경이와 맞닿아 있는 강한 지성에 불을 붙이면 놀랄 만큼 활기차고 수월하게 공부할 수 있다.

한 랍비는 율법으로 부담을 더한다는 비난을 받자, "어떤 통이 견과로 가득 차더라도 여전히 그 통에 많은 양의 기름을 부을 수 있네"라고 답했다. 열이 나면 신체가 팽창하듯이, 열의가 있으면 정신의 역량이 커진다. 음지에 놓인 유리잔보다 양지에 놓인 유리잔에 물을 더 많이 담을 수 있다. 하나의 전공에 갇혀 따분해진 정신은 지식 때문에 지쳐가겠지만, 하늘을 가로지르는 무지개처럼 넓게 펼쳐져 밝게 빛나는 진리의 장관을 사랑하는 정신은 피곤한 줄도 모르고 즐겁게 지식을 흡수하며 점차 역량을 키워갈 것이다.

위대한 인물들은 늘 자신이 어느 정도 만능이라는 것을 드러낸다. 한 갈래에서 탁월한 그들은 흔히 다른 갈래들에도 지적으로 관심을 기울여 능력을 보이고, 때로는 그 갈래들을 전공한다. 아리스토텔레스, 베이컨, 레오나르도 다 빈치, 라이프니츠, 괴테 같은 인물들의 사상은 한 분야로 한정할 수 없다. 푸앵카레는 프랑스 학술원에서 독창적인 견해로 모든 분야의 동료들을 놀래키곤 했다. 그와 의논하는 것은 학문들이 별개로 존재하지 않는 지식 세계의 중심으로 들어가는 것이나 마찬가지였다.

그러고픈 열망이 전혀 없는가? 그렇더라도 우리 각자에게는 위대한 인물들이 해낸 것을 달성할 가능성이 공평하게 열려 있다. 스스로 폭넓은 계획을 세워라. 2차 탐구에 시간을 쏟을수록 그 계획은 점차 좁아지겠지만 넓은 시야와 공부의 정신은 결코 좁아지지 않을 것이다.

조언자를 신중하게 선택하라. 천 명 가운데 공부 전체에 관해 조언해줄 한 명을 선택하고, 필요할 경우 각 부분을 조언해줄 사람을 선택하라. 시간을 분배하고 공부할 주제의 순서를 조정하라. 이런 일들을 계획 없이 아무렇게나 해서는 안 된다.

무엇을 공부하든 사소한 문제로 꾸물거리지 말고 곧장 본질적인 것으로 나아가라. 학문들은 사소한 문제로 서로 연결되어 있는 것이 아니다. 당신은 대개 세부적인 것을 통해 본질로 되돌아올 테지만, 그때의 세부적인 것은 본질의 특징을 나타내는 것이다.

그러나 내가 아직 말하지 않은 것을 받아들이지 않고는 이 모든 문제에서 자신의 길을 발견할 수 없다. 지식의 어떤 갈래도 자급자족할 수 없는 것과 마찬가지로, 지식의 여왕인 철학 없이는 어떤 학문도 자급자족할 수 없고,● 신성한 학문인 신학에서 비롯되는 지혜 없이는 인간의 지식 전체가 자급자족할 수 없다.

그라트리 신부는 이 점에 관한 중대한 진리를 일부 표현했고, 아퀴나스는 철학과 신학의 위치를 한층 심원하게 드러냈다. 철학과 신학이 없으면 학문들은 돌이킬 수 없을 만큼 빗나가는데, 하늘이 없는 땅은 자기 궤도를 발견할 수 없거니와 결실을 맺도록 돕는 영향도 받을 수 없기 때문이다.

철학이 본분을 다하지 못하면 학문들은 낮은 수준으로 떨어지고 노력을 헛되이 낭비하게 된다. 신학을 모르는 철학은 결실을 맺지 못하고, 결론을 내지 못하며, 비판의 기준과 역사

● 인과관계, 결정론, 확률, 연속성과 불연속성, 공간, 시간 등 지금까지 철학의 배타적 영역에 있던 문제들을 오늘날 과학자에게 바로 과학으로 명료하게 밝히라고 요구하는 것은 주목할 만한 일이다. 논리적으로 볼 때 과학자는 철학자에게서 개념들을 빌려올 수밖에 없다. 그러나 오래된 범주들에 만족해하는 철학자는 십중팔구 과학자를 가르치는 과제를 거절한다. 그래서 과학자는 혼자 힘으로 자신을 철학화해야 하는데, 경험이 없기 때문에 대개 실패하고 만다.——저자주.

탐구를 위한 토대를 전혀 갖추지 못한다. 그런 철학은 흔히 편향적이고 파괴적이며, 때로는 포괄적이고 절충적이다. 그런 철학은 결코 위안을 주거나 진정으로 계몽하거나 가르침을 주지 못한다. 무지할 뿐 아니라 자신이 무지하다는 것에도 무지한, 이중으로 불행한 대가들이 보기에 신학은 다른 세상의 일이다.

그렇다. 분명 신학의 대상은 다른 세상에 속한다. 그러나 그 다른 세상은 이 세상을 지탱하고 앞, 뒤, 위 등 모든 방향에서 이 세상을 존속시킨다. 그 다른 세상이 이 세상을 밝혀준다고 해도 놀랄 일은 아니다.

지성인이 그의 시대에 속한다면, 그가 할 수 있는 최선의 일은 우리가 결여한 질서를 복원하는 것이다. 교리의 관점에서 볼 때, 우리 시대의 지식에 필요한 것은 실증적 내용이 아니라 제1원리들에 대한 호소를 통해서만 달성할 수 있는 조화다.

정신의 질서는 반드시 사물들의 질서에 대응해야 한다. 또 정신은 원인과 결과의 관계를 밝히지 않고는 진정으로 배울 수 없기 때문에 정신의 질서는 반드시 원인들의 질서에 대응해야 한다. 그렇기에 제1존재와 제1원인이 있다면, 그곳이 궁극적인 앎과 빛을 얻을 수 있는 곳이다. 첫째로는 이성을 사용하는 철학자로서, 둘째로는 높은 곳에서 내려오는 빛을 사용하는 신학자로서, 진리를 추구하는 이는 출발점이자 원칙인 동시에 지고

한 궁극적 목표인 것, 모든 사물과 모든 인간에게 전부인 것을 탐구의 중심으로 삼아야 한다.

어떤 대상이나 학문을 탐구하든, 가장 높은 제1원리부터 그 중요성에 따라 위계가 정해지는 원리들이, 원리와 우두머리로서——군대나 질서 잡힌 가문, 국가의 우두머리처럼——제 역할을 다할 때에만 질서를 확립할 수 있다. 그러나 요즈음 우리는 제1원리를 거부하며 지식을 혼란에 빠뜨리고 있다.

옛날 백과사전은 지식의 경전이었다. 지금 우리에게는 백과사전이 하나도 없고, 우리 가운데 누구도 백과사전을 쓰지 못한다. 모든 것이 혼란스럽다. 그러나 공동의 백과사전을 쓰는 것은 시기상조일지라도, 사유하고 진정으로 **알고자 하는** 사람이라면 누구나 자신의 백과사전을 쓰려고 시도하는 것, 즉 질서의 원리에 호소함으로써 지식의 질서를 세우려고 시도하는 것은 가능하다. 요컨대 지식을 철학화함으로써, 간결하지만 심원한 신학으로 철학에 왕관을 씌움으로써 지식의 질서를 세울 수 있다.

역사 시대가 시작할 무렵부터 17세기까지 학자와 과학자는 모두 신학자였다. 그리고 19세기까지, 기독교도든 아니든 학자는 모두 철학자였다. 그 이후로 지식은 낮은 수준으로 떨어졌다. 지식은 표면에만 머물 뿐 고양되지 못했으며 그 결과 깊어지지도 못했다. 이 셋째 차원은 서로 상응하는 두 방향으로 뻗어나가기 때문이다. 이런 일탈과 그 결과를 의식하는 지성인이라면 일탈의 희생양이 되어서는 안 된다. 그가 지성인이거나 지성인이 되고자 한다면 반드시 완전한 지성을 목표로 삼아야 한다. 모든 차원을 획득해야 하는 것이다.

신학은 지식의 나무에 성스러운 가지를 접붙이고, 그 덕에 지식의 나무는 자기 것이 아닌 열매를 맺을 수 있다고 그라트리 신부는 말했다. 신학 덕에 나무의 수액은 조금도 줄어들지 않고 오히려 눈부시게 순환한다. 이 새롭고 강력한 자극을 지식에 덧붙임으로써, 이렇게 인간이 하늘과 협력해 이루어낸 성과에 호소함으로써, 지식의 모든 갈래에 생기를 불어넣고 모든 분과를 넓힐 수 있다. 서로 신앙이 같으면 폭넓게 협동하면서 지적인 일을 수행할 수 있다. 그때의 탐구는 신 안에서 단결한 인간들의 공동 작업이다.

진리를 추구하는 이가 그런 보물을 계속 모르는 것은 불가능하다. 나는 과거의 지식보다 명백히 앞선 오늘날의 지식을 탐구할 세대가 진지한 자세로 학문 중의 학문, 영감의 원천이자 결정적 확실성의 유일한 토대인 신학에 몰두하기를 바란다. 신학 안에서 다음 세대는 원숙한 사유와 열망, 정신의 완전한 삶 그 자체인 장대하고 평화롭고 초월적인 기쁨을 발견할 것이다.

흔히들 생각하는 것과 달리 신학을 학문으로 파악하는 것은 아주 어려운 일이 아니며, 우리가 염두에 두는 신학의 수준까지 도달하기 위해 아주 오래 공부해야 하는 것도 아니다. 신학을 전공으로 선택하는 것은 다른 문제다. 신학적 정신을 형성하는 데에는 5~6년 동안 일주일에 네 시간씩 공부하는 것으로도 충분하다. 그 후로는 당신이 아는 것을 유지하기만 하면 된다.

다른 무엇보다 거짓 선생들을 신뢰하지 않도록 주의하라. 곧장 성 토마스 아퀴나스로 나아가라. 『신학 대전』을 공부하면서 신앙의 요지를 정확히 아는 일에 유념하라. 신학의 탁월한 본보기인 『트렌트 공의회 교리문답』을 곁에 두어라.● 이 안내서를 충분히 이해하고, 날마다 『신학 대전』을 읽으면서 신성한 학문의 이성적 전개를 파악하라. 처음에 『신학 대전』은 건조하고 난해한 텍스트로 보일 것이다. 그러다 차츰 이 모범적 텍스트는 빛을 낼 것이다. 초기의 어려움을 극복하면 당신은 새로운 승리로 보상받을 것이다. 당신은 『신학 대전』이라는 나라의 언어를 배울 것이고, 얼마간 시간이 흐르면 이 나라에서 마음 편히 돌아다닐 것이다.

물론 라틴어로 공부해야 한다. 『신학 대전』의 번역본들은 아퀴나스의 사유를 잘못 옮기곤 한다. 번역본은 늘 불충분하다. 평범한 머리로도 두 달이면 숙달할 수 있는 언어를 익히지 않아 지체하는 사람은 정신적 훈련에 노력을 기울인다고 말할

● 나는 기독교의 교리와 토대에 대한 오늘날 독자들의 이해를 돕기 위해 『무신론자의 교리문답』(Catéchisme des Incroyants)을 썼다.——저자주.

자격이 없다.●●

아퀴나스의 기본 사상과 내용을 맛보게 해주는 몇몇 입문서들은 유용할 것이다. 입문서를 출발점으로 삼되 거기서 꾸물거리지는 마라.

다른 길도 있는데, 열린 마음을 가진 박식한 선생이 있으면 초기에 어마어마한 도움이 될 것이다. 나는 방금 없어서는 안 될 도움이라고 말하려다 말았다. 그런 선생은 단계별로 토마스주의의 특수한 어휘를 가르쳐주고, 의심과 오해에서 빼내주고, 한 텍스트를 다른 텍스트로 설명해주고, 올바른 길에서 엇나가지 않도록 붙잡아줄 것이다. 그러나 나는 미숙한 친구가 가할 수 있는 해악, 어리석은 주석에서 비롯되는 악영향과 일종의 추문을 확신하기 때문에, 결함이 있는 도움을 받느니 차라리 혼자 공부하라고 조언하겠다. 혼자서 호두를 깨보아라. 손은 다치겠지만 호두는 깨질 것이고, 아퀴나스는 직접 자신의 제자를 가르칠 것이다.

이 목표를 위해 각각의 항목을 읽을 때 판본마다 다른 구절을 주의 깊게 살펴보고, 불완전한 보물이지만 그래도 보물인 「인덱스 테르티우스」Index Tertius를 참고하고, 텍스트와 텍스트

●● 이 문장을 읽은 이들 가운데 일부는 저자가 라틴어를 두 달 만에 가르치는 비법을 아나보다고 생각할 것이다. 그러나 나는 라틴어가 아니라 아퀴나스의 언어를 말하는 것이다. 아퀴나스가 사용하는 어휘는 아주 한정적이며, 특정한 표현들이 반복되고, 라틴어를 어렵게 만드는 요소가 없기 때문에 게으름뱅이가 아니라면 조금만 노력을 기울여도 보물을 얻을 수 있을 것이다. 나는 지금 성실한 학생들에게 말하고 있다. '포도주 저장고'에 들어가고 싶다면 마땅히 열쇠를 찾는 일에 수고를 아끼지 말아야 한다.──저자주.

를 비교하고, 출처가 다른 정보를 참조해서 완전한 정보를 만들고, 당신 자신의 글을 써라. 이것은 훌륭한 지적 훈련이며, 당신의 정신에 유연성, 활력, 정확성, 너비 그리고 궤변과 오류에 대한 반감을 더해줄 것이다. 또한 점차 개념의 저장고를 늘려줄 텐데, 그 개념들은 언제나 제1원리에 따라 일관성 있게 연결되면서 명확해지고 깊어질 것이고, 서로 맞춰가면서 견고한 통합체를 형성할 것이다.

2

토마스주의, 앎을 위한 이상적 얼개

그러므로 나는 마땅히 토마스주의를 비교탐구를 위한 얼개로 제시하는 바이다.

설령 시작 단계에 있는 사람일지라도, 전체의 얼개를 형성하고 우리의 모든 지식을 자석처럼 끌어당기고 규율하는, 방향을 제시하는 일군의 관념을 가능한 한 일찍 갖는 것이 분명히 유용하다. 그런 채비를 갖추지 않은 채 여행자처럼 지적 우주를 돌아다니다가는 서로 딴판인 여러 문명과 서로 모순되는 교리들을 접하고 회의론에 빠지기 쉽다.

이렇게 일관된 관념의 체계가 없다는 것이야말로 우리 시대의 커다란 불행 가운데 하나다. 일군의 확실한 교리들로 뒷받침되는 지적 균형에 힘입어 그 불행에서 벗어날 수 있다면 그것은 비할 바 없는 이득이다. 바로 이 점에서 토마스주의는 단연 최상이다.

이 말을 반박하는 이들이 있을 것이다. 1920년에 초판을 냈을 때도 반박을 받았으니 분명 지금도 그럴 것이다. 그러므로 나를 신뢰할 용의가 있는 이들을 위해 이렇게 말해두는 것이 좋겠다. 천재는 결코 어느 시대에도 뒤떨어지지 않는다. 영원성이 의심스러울 때는 어느 시대고 영원성의 핵심을 가장 깊숙이 꿰뚫어 본 인물에게 의지하는 것이 현명하다.

그러나 여기서 한 가지 위험을 지적해야겠다. 어떤 이들은 아퀴나스의 광휘에 감탄하며 열광적으로 그의 책을 펼친다. 그들은 잔뜩 들떠 있다. 그런데 두세 페이지를 읽고나면 흥미를 잃는다. 무거운 금괴가 아니라 지금 유행하는 장신구를 발견하리라 무의식적으로 기대했기 때문에 당연히 실망하게 되는 것이다. 그러나 사유의 걸작이나 자연의 걸작에 다가서면서 그것들을 그릇되게 부풀려진 선입관과 비교하는 것은 잘못이다. 그 걸작들은 그런 짜인 틀에 들어맞지 않는다. 다른 한편, 그 걸작들의 견고한 완성형이 존재하는데도 애초에 기대를 접어 그것을 알아차리지 못하거나, 자신을 그 완성형에 맞추지 않는 것도 어리석은 일이다.

그러므로 나는 이 책을 읽는 이들에게 아퀴나스를 공부하라고 고집하겠다. 그는 우리 시대의 인물이다. 당신은 우리의 갈증을 풀어주기 위해 신이 7세기 전에 아퀴나스를 창조했다고 생각하게 될 것이다. 우리가 공급받는 탁한 물과 달리, 아퀴나스는 맑은 수원이다. 당신이 정력적인 노력을 기울여 예스러운 서술 방식이라는 첫 난관을 극복한다면, 아퀴나스는 당신의 정신을 안정시키고, 빛으로 가득 채우고, 지식을 쌓아나가는 데에 필요한 견고하면서도 유연한 환경을 제공할 것이다.

토마스주의는 종합이다. 이 말은 토마스주의가 완전한 지식의 체계라는 뜻이 아니라, 지식을 통합하고 함양하는 완전한 앎의 체계의 거의 기적적인 힘을 토마스주의에서 발견할 수 있다는 뜻이다. 한 교황은 아퀴나스의 저술을 가리켜 "얼마나 많은 글이며 얼마나 많은 기적인가"라고 말했는데, 그렇게 말한 데에는 아퀴나스의 저술이 방대하다는 것 이상의 이유가 있다.

이 체계를 공부하고 그 특징을 인식하라. 또 이 체계의 주요 관념과 질서, 넓은 시야, 모든 개념의 수용력——개념을 풍성하게 해주는 하위 개념과 사실을 연관 지어서——의 가치를 평가하라. 현실 전체를 끌어당기는 힘이라는 면에서 어떤 불완전한 개요도 토마스주의와 비교할 수 없다는 것, 땅의 활기를 흡수하고 이로운 방향으로 돌리는 면에서 토마스주의보다 나은 씨앗이 없다는 것을 알고 깜짝 놀랄 것이다.

토마스주의는 오류의 심연이 입을 크게 벌리고 있는 모든 극단에서 아주 멀리 떨어져 있고 높낮이를 따질 때 한가운데 있는 등 지적 위치가 아주 적절하기 때문에, 어떤 지식을 공부하든 논리적으로 토마스주의에 이르게 되고 거기에서 끊이지 않는 길을 따라 각 방면의 사유와 경험으로 나아가게 된다.

다른 체계들은 인접한 체계들과 대립한다. 반면 토마스주의는 상위의 관점에서 무엇이 그 체계들을 오류로 이끌었는지, 그리고 그 체계들에서 옳은 점은 무엇인지 공정하게 가려내려고 주의하면서 그것들을 조화시킨다. 다른 체계들은 사실과 어긋난다. 반면 토마스주의는 마치 법적 권리인 양 사실을 맞이하고, 감싸고, 해석하고, 분류하고, 확정한다.

토마스주의는 어떤 형이상학이 제공하는 것보다 나은 질서의 원리와 높은 단계의 해석 원리를 자연과학에 제공한다. 토마스주의는 어떤 합리적 심리학보다 실험심리학과 그 관련 학문이 발견한 것들에 부합한다. 토마스주의는 어떤 우주론보다 수많은 케케묵은 공상을 전복한 새로운 발견을 기꺼이 받아들이고, 그 발견에 쉽게 적응한다. 토마스주의는 어떤 윤리학보다 인간의 양심과 제도의 진보에 긍정적이다.

나는 여기서 이런 단언들이 참이라는 것을 조금도 증명하지 못한다. 토마스주의를 직접 경험해보기 전까지는 신뢰하는 수밖에 없다.

교회는 처음부터 그랬듯이 오늘날에도 교리의 대홍수에서

정신을 지켜줄 구원의 방주는 토마스주의라고 믿고 있다. 교회는 토마스주의를 신앙과 혼동하지 않거니와 완전히 무르익은 앎과도 혼동하지 않는다. 교회는 토마스주의가 틀릴 수 있다는 것과 시대에 따라 등장했다 사라지는 이론과 오류를 공유한다는 것을 알고 있다. 그러나 교회는 토마스주의의 전체 구조가 현실과 지성의 구성에 상응한다고 판단한다. 또 교회는 도로가 교차하는 곳에 자리 잡은 요새처럼 토마스주의가 앎과 신앙 사이에 자리를 잡고 있기 때문에 앎과 신앙이 토마스주의로 수렴한다는 것에 주목한다.

토마스주의 같은 영역에서는 자신의 규칙을 정할 수 없다. 그러나 나는 비교탐구를 수행하는 사람, 즉 한 가지 전문적 탐구 갈래를 철학, 신학과 함께 공부하기로 결심한 사람에게 말하는 것이다. 당신의 능력을 고려하라. 그리고 아주 오래된 안내자에게 기꺼이 충성을 바칠 만한 신념을 당신 마음에서 발견하려고 노력하라. 그렇게 할 수 있다면 당신의 충성은 보답받을 것이다. 당신은 영원한 토대를 결여한 현대성과 오만한 자기 의존이 오를 수 없는 수준까지 올라갈 것이다.

3
전공을 정하라

지금까지 비교탐구에 관해 말해온 것에 즉각 첨언을 해야겠다. 그래야 내가 비교탐구를 구실 삼아 백과사전적 지식을 얻을 것을 재촉하고 있다고 생각하지 않을 것이기 때문이다. 특정한 조건에서는 더 많이 알수록 낫다. 그러나 이런 조건은 실현될 수 없고 오늘날에는 더더욱 그렇기 때문에 백과사전적 정신은 지식의 적이다.

참된 지식(근본적 의미의 학문을 가리키는 스키엔티아 scientia)은 넓은 표면이 아닌 깊은 곳에 있다. 학문이란 원인을 통해 탐구하는 지식이며, 원인은 뿌리처럼 깊숙이 내려간다. 우리는 늘 통찰을 위해 넓이를 희생해야 한다. 우선 넓이는 그 자체로는 아무것도 아니며, 통찰은 우리가 관찰한 사실의 핵심을 알려주고 우리가 끊임없이 발견하려 했던 실체를 보여주기 때문이다.

나는 앞에서 어느 정도 공부를 확장하는 것을 옹호했지만, 그것은 깊이를 위해서, 그리고 정신을 형성하기 위한 수단으로서 옹호한 것이다. 정신을 형성했고 확실히 심원한 공부를 수행할 가능성이 있다면 깊게 파기 시작해야 하며, 전문 탐구를 해야만 깊게 팔 수 있다.

처음에는 불가결했던 것이 나중에는 해롭게 작용하곤 한다. 그때가 되면 해로운 것은 여러 방식으로 자신을 드러내고, 여러 방식으로 정신을 악화시킨다.

무엇보다 개개인에게는 고유한 능력과 자질, 내적 외적 어려움이 있기 때문에 각자 자신에게 맞는 것과 어느 정도 능력을 넘어서는 것을 균등하게 함양하는 것이 과연 현명한 처신일지 자문해야 한다. 어려움을 극복하는 것은 좋다. 반드시 그래야 한다. 그러나 공부하는 삶이 쉼 없는 재주넘기여서는 안 된다. 기쁘게 공부하는 것, 적성에 맞는 길을 따라 비교적 편안한 마음으로 공부하는 것은 무척 중요하다. 처음에는 여러 길을 따라가면서 적성을 발견해야 하고, 자신의 특별한 소명을 발견했다면 그것을 추구해야 한다.

더욱이 너무 많은 주제를 찾아 돌아다니는 길에는 한 가지 위험이 도사리고 있다. 그 위험은 쉽게 만족하는 정신을 노린다. 사면팔방을 두루 살피면서 만족해하는 이들은 더 이상 노력하지 않는다. 그들은 처음에는 빠르게 나아가지만 도깨비불처럼 움직일 뿐이다. 계속 난관을 맞닥뜨리면서 자극받지 못하면, 고된 탐구에 대한 흥미를 꾸준히 키우지 못하면 정신은 오래도록 에너지를 발휘할 수 없다. 공부의 전체 영역을 조사하고 근본적인 원리들에 비추어 영역들의 연관성과 통일성을 따져본 뒤에는, 곧바로 경계가 명확하고 자기 능력에 적합한 과제를 정하라. 그리고 진심으로 그 과제에 온 힘을 다하라.

이제는 내가 앞에서 말한 것을 뒤집어야 한다. 앞에서 한동안은 다양한 길을 따라가면서 그 길들이 어디서 만나는지 확인해야 한다고 말했다. 우리가 학문이라는 땅을 여러 방향으로 걸어보는 것은 깊은 곳에 도달하기 위해서다. 그곳에 이르러 한가운데를 파는 일에 몰두한다면 그 명백한 제한은 공간 전체를 파악하는 데에 도움이 되고, 구멍의 바닥은 하늘 전체를 드러낼 것이다. 나머지를 어렴풋이 아는 사람이 어떤 한 가지를 속속들이 알게 되면, 깊이 파고드는 탐구에 힘입어 나머지를 이해하는 수준도 크게 높아진다. 모든 심연은 서로 닮았고, 모든 토대는 서로 통한다.

더구나 누군가 계속해서 지식의 모든 갈래에 골고루 전념한다면, 그는 머지않아 그것이 불가능한 일임을 깨달을 것이다. 그 결과는 어떨까? 그는 군단이 되려다가 한 사람이 되는 법을 잊어버리고, 거인이 되려다가 오히려 키가 줄어들 것이다.

모두의 삶에는 그만의 고유한 공부가 있다. 그는 용감하게 그 공부에 전념해야 하고, 섭리에 따라 다른 이들에게 지정된 공부는 그들에게 맡겨야 한다. 당신의 목표가 세련된 사람, 우월한 사람이 되는 것이라면 전문화와는 거리를 두어야 한다. 그러나 고유한 기능을 가진 사람, 무언가 유용한 것을 만들어 내는 사람이 되고자 한다면 새롭게 전문화해야 한다. 달리 말해 우리가 모든 것을 **이해해야** 하는 까닭은 어떤 한 가지를 **해내기** 위해서다.

4

필연적으로 희생해야 하는 것들

그러므로 우리에게는 정해진 순간에 필연적인 희생을 감수해야 할 의무가 있다. "나는 하나의 길을 선택하면서 천 개의 다른 길에 등을 돌리는 것이다"라고 자기 자신에게 말하는 것은 고통스러운 일이다. 모든 것이 흥미롭다. 모든 것이 유용할지 모른다. 모든 것이 고결한 정신을 끌어당기고 유혹한다. 그러나 죽음이 우리를 기다리고 있다. 정신과 신체가 제약을 가한다. 진리와 일종의 주종 관계를 맺고 순종하는 눈빛을 보내는 것처럼, 좋든 싫든 우리는 시간과 지혜가 우리에게 허용하지 않는 것이 있음을 인정하고 감수해야 한다.

집중력을 낭비하고 나서야 알게 된 것을 미리 알지 못했다고 부끄러워하지는 마라. 오히려 겸손하라. 그것이 우리의 한계를 보여주기 때문이다. 그러나 자신의 한계를 받아들이는 것은 덕의 일부이고, 그런 이에게는 자신의 규율에 따라 본분을 다하며 살아가는 사람만의 당당한 위엄이 있다. 대단한 존재는 아닐지라도 우리는 전체의 일부이며, 영광스럽게도 한 역할을 담당할 수 있다.

그러므로 당신이 무엇이든 할 수 있다고 생각하지 마라. 당신 자신을 가늠하고, 당신의 과업을 가늠하라. 몇 번의 실험을 거친 뒤에는, 경직될 필요까지는 없지만 마음을 다잡고 당신의 한계를 받아들여라. 독서와 어느 정도의 글쓰기를 통해 지식의 여러 영역을 둘러본 초기 공부의 이점을 유지하되, 당신의 전공에 대부분의 시간과 힘을 쏟아라. 반쪽짜리 정보를 가진 사람은 사태의 절반을 아는 것이 아니라 사태를 어중간하게 아는 것이다. 당신이 알고자 결심한 것을 아는 데에 집중하고, 나머지는 곁눈질만 하라. 다른 이들의 소명을 대신하려다가 당신 자신의 소명에서 벗어나서는 안 된다.

VI
공부하는 정신

1 탐구하는 열정

2 집중은 필수다

3 진리에 대해 복종하는 마음

4 넓은 시야를 가지자

5 신비감

1
탐구하는 열정

 공부할 영역을 결정한 뒤에는 공부하는 이에게 생기를 불어넣는 정신에 주목하는 것이 도움이 된다. 정신을 특정한 방식으로 적용하기 전에 우리에게 무엇보다 필요한 것은 절실한 정신이다. "의심을 깨끗이 없애라." 아퀴나스는 제자에게 이렇게 말했다.

 적극적인 정신은 끊임없이 진리를 찾는다. 매 순간 정신이 찾는 진리는 정신이 헌신을 맹세한 완전한 진리의 표상이다. 지성은 아이와 같아서 한순간도 쉬지 않고 '왜'라고 묻는다. 훌륭한 교육자가 이 멈추지 않는 질문 세례를 외면하던가? 발생 단계에 있는 정신적 유기체에 양분을 공급하는 이 생생한 호기심을 그가 기회로 삼지 않고 내버려두던가? 우리의 영혼은 늙지 않고 계속해서 자란다. 진리와 관련해 영혼은 늘 어린 아이다. 영혼을 끊임없이 교육할 의무가 있는 우리는 가능한 한 공부하는 도중에 생겨나는 문제들을 해결해야 하고 탐구에 적절한 결론을 내려야 한다.

그러므로 공부하는 이는 끊임없이 진리에 귀를 기울여야 한다. 그가 공부에 열중하는 동안, 신이 그에게 귀를 기울이고 어쩌면 외부에서 자신을 드러내고 자신의 예언자들——인간, 사물, 책, 사건——을 보낸다. 주의 깊은 정신은 그 가운데 어떤 것도 경시해서는 안 된다. 이 진리의 정신은 은총과 마찬가지로 일단 지나가면 대부분 되돌아오지 않기 때문이다. 그러나 그렇게 되돌아오지 않는다는 것이야말로 진정 은총이 아닐까?

앎의 가장 큰 적은 게으름이다. 나태하게 타고난 우리는 노력을 꺼리고, 시시때때로 대단한 노력을 쏟겠다고 말하지만 머지않아 전처럼 아무렇게나 하고, 왕성하고 한결같은 추진력을 순교라고 여긴다. 누군가는 순교할 운명일지도 모른다. 그러나 미리부터 순교를 걱정한다면 공부할 마음을 버려야 한다. 정력을 들이지 않고 과연 무엇을 할 수 있겠는가? "신이시여, 당신은 노력으로 값을 치르는 이에게 모든 것을 파시나이다." 다 빈치는 노트에 이렇게 썼다. 다 빈치는 이것을 잊지 않았다.

정신은 프로펠러의 추진력을 이용해 계속 전진해야만 하늘

높이 떠 있을 수 있는 비행기와 같다. 멈췄다가는 곧장 추락한다. 반면에 절실함과 끈기를 갖춘 정신은 예견되는 모든 한계를 넘어 생각지 못한 영역으로 나아갈 수 있다. 사람들은 지성이 얼마나 유연한지, 훈련을 통해 얼마나 더 높이 날아갈 수 있는지 모른다. 보쉬에는 이렇게 말했다. "인간 정신이 발견할 수 있는 것은 무한하다. 오직 게으름만이 정신의 지혜와 창의력을 제한한다." 우리가 장애물이라 여기는 것은 대개 우리의 잘못과 태만으로 이루어진 덤불에 지나지 않는다. 우리는 구상에서 계획으로, 계획에서 실행으로, 실행에서 완수로 나아가면서 얼마나 많이 지체하고 얼마나 많은 잘못을 저지르는가! 노력하는 습관을 들이면 이 단계들 사이의 거리를 좁힐 수 있고, 구상에서 완수에 이르는 과정을 빠르게 수행할 수 있다. 강한 사람은 우리를 찾아오는 천사들이 오르내릴 수 있도록 자신 앞에 야곱의 사다리를 세운다.

어떤 사람들은 일정한 양의 지식에 도달하는 것으로 쉽게 만족한다. 그들은 처음에는 공부를 열심히 하다가 이내 지식을 채우려는 공복감을 잃어버린다. 그들은 우리가 언제나 무언가를 결여한다는 것과 무한한 발견의 영역에서 우리에게는 '여기서 멈추자'라고 말할 이유가 결코 없다는 것을 기억하지 못한다. 과시하거나 어떤 이익을 얻으려고 공부하는 것이라면 약간의 지식으로도 충분할 것이다. 많은 사람들이 일종의 눈가리개로 자신의 어마어마한 무지를 다른 이들과 그들 자신에게 감춘다. 그러나 진정한 소명은 그렇게 쉽게 충족되지 않는다. 소명을 가진 이는 모든 성취를 새로운 출발점으로 여긴다. 진리에 헌신하는 인간은 더 많이 알고 더 많이 탐구하기 위해 새롭게 시작하면서 살아간다.

나이가 들수록 쉽게 만족하려는 유혹을 더욱 경계해야 한다. 우리는 '거물'이라 불리는 부류의 사람들을 알고 있다. 박식하고 나이가 지긋한 그들은 명예에 걸맞지 않게 경망스럽게 처신하는가 하면 자신에게 쏟아지는 온갖 요구에 짓눌려 있고, 전에는 발견하는 데에 바쳤던 시간을 대중의 구경거리가 되느라 낭비한다. 지금 여건이 더 좋지만 그들은 더 이상 성과를 내놓지 않는다. 온갖 지원을 받으면서도 오히려 퇴보한 모습을 보인다. 화가 에네르Jean-Jacques Henner는 말년에 "요즘 에네르는 가짜 에네르의 작품만을 내놓는다"라는 말을 들었다. 나는 이 평가에 동의하지 않지만, 이 말은 노년을 맞을 사람이라면 누구나 두려워할 냉혹한 현실을 반영한다. 행운에 기뻐하며 그 행운을 지겹도록 이용하고, 메달을 주조하는 데에 들여야 할 노력을 철사를 점점 더 가늘게 뽑아내느라 낭비하는 젊은이들 사이에서도 이러한 때 이른 망령을 찾아볼 수 있다.

진정한 사상가는 전혀 다른 정신으로 공부에 임한다. 그는 정복자의 본성에, 영웅의 충동과 열정, 영감에 사로잡힌다. 영웅은 정체하거나 스스로 한계를 정하지 않는다. 프랑스의 전투기 조종사 귀느메는 한 번의 승리를 다른 승리를 위한 예행연습으로 여겼다. 그는 한결같은 활력으로 계속 비행했고, 적기 한 대와 접전을 벌이다가 이내 다른 적기로 향했다. 오직 죽음만이 그의 경력을 끝낼 수 있었다.

우리는 언제나 시도하고 노력해야 한다. 자연은 야생화가 다시 피어나게 하고, 별이 빛나게 하고, 물이 장애물을 피해 흐르고 흘러 바다를 향해 나아가게 한다. 모든 단계에서 창조는 끊임 없는 열망이다. 만물의 잠재태인 정신은 이념적 형태를 제한하지 않듯이 자연적 형태——이념적 형태를 반영하는——도 제한하지 않는다. 죽음은 우리를 제한할 것이고, 우리 자신의 결함도 그러할 것이다. 적어도 게으름을 부리며 스스로 설정한 한계는 용감히 뛰어넘을 수 있어야 한다. 우리 앞에 놓인 무한한 탐구는 나이를 먹으면서 점차 감퇴할 능력을 우리 스스로 무한히 바로잡을 것을 요구한다.

2
집중은 필수다

 절실한 정신에는 집중하는 습관이 수반되어야 한다. 이리저리 주의를 마구 돌리는 것만큼 해로운 것은 없다. 빛은 분산되면 기하급수적으로 세기가 약해진다. 반대로 렌즈를 이용해 빛을 모으면, 빛이 분산될 때는 미지근해지지도 않던 대상에서 불이 붙는 것을 볼 수 있다.

 정신을 렌즈로 만들어서 흐트러지는 주의력을 한곳으로 모아라. 그리고 당신의 마음을 완전히 사로잡은 관념에 열중하라. 완전히 몰입할 수 있도록 서로 다른 공부 영역들을 하나의 정연한 연쇄로 구성하라. 전체가 하나인 것처럼 각각의 공부에 온전히 몰두할 수 있어야 한다. 이것이 나폴레옹의 비밀이자 위대한 업적을 남기는 모든 이들의 비밀이다. 천재들이 위대해질 수 있었던 것은 모든 능력을 자기가 집중하기로 결심한 대상에 쏟았기 때문이다.

우리는 모든 주제에는 개별적 위치가 있다는 것을 받아들여야 하고, 각 주제를 적절한 시기에 공부해야 하고, 그 공부를 위해 필요한 모든 조건을 충족시키고 우리가 가진 자원을 남김없이 쏟아야 하고, 성공적인 결과를 얻은 뒤에는 조용히 다른 주제로 옮겨가야 한다. 이렇게 공부하면, 야단법석을 떨면서 스스로를 소모하지 않고도 믿기 어려운 성과를 쌓아올릴 수 있다.

한꺼번에 몇 가지 일을 할 수 없는 것은 아니다. 때에 따라 그렇게 할 필요도 있다. 뒤로 물러서서 올바로 바라보기 위해, 자기 자신을 더 정확하게 판단하고 필요할 경우 바로잡기 위해——혹은 그저 우연한 동기 때문에——어떤 과제를 중단하고 다른 과제로 대체해야 하는 때가 있기 때문이다. 그렇더라도 각각의 과제를 수행하는 동안에도, 그 과제들을 재개할 때도 집중하라. 한 과제를 수행할 차례가 되면, 다른 과제는 옆으로 제쳐두고 일종의 칸막이를 친 채로 지금 눈앞에 있는 과제에 집중해야 하며, 그 과제를 끝내기 전까지는 다른 과제로 바꾸지 않아야 한다.

이것 조금 했다가 저것 조금 하는 것은 전혀 이롭지 않다. 자꾸 머뭇거리고 이번에는 이 길을 갔다가 다음번에는 저 길을 가는 여행자는 이내 용기를 잃고 앞으로 나아가지 못한다. 반면 한 길을 꾸준히 걸어가는 것, 새로운 기운으로 계속 시작하고 적절한 순간, 즉 활동의 첫 단계를 마쳤을 때에 쉬는 것은 가장 풍성한 결실을 맺는 방법인 동시에 정신을 기운차게 유지하고 용기를 잃지 않는 방법이다. 참된 탐구자는 상충할 수도 있는 여러 과제에 몰두하면서도, 어떤 장애물을 넘기 위한 두 가지 절실한 노력 사이에서 늘 정신을 평온하고 고결하게 유지해야 한다.

모든 활동에 적용되는 이 법칙이 순수한 사유 활동에 더 엄격하게 적용된다는 것을 꼭 덧붙여 말해야겠다. 진리는 통일체이기에 정신에 불을 밝히려면 늘 진리의 모든 요소를 염두에 두는 것이 중요하기 때문이다. 모든 관념은 그것이 진정으로 관념이라면, 언제까지나 비옥하다. 한 관념은 나머지 모든 관념과 연결되어 있어서 그 관념들을 통해 끝없이 다시 활력을 얻는다. 정신을 밝히는 이 상호연관성이 계속 드러나는 한, 진리가 빛을 내는 한 거기에서 눈을 돌리지 말아야 하고, 미로 속에서 당신을 안내하는 끈을 놓지 말아야 한다. 땅을 개간하고 씨앗을 뿌리는 일에 싫증 내지 말고 꾸준히 비옥한 사유의 씨앗을 뿌리고, 다시 그 씨앗에서 자란 열매의 씨앗을 뿌려라. 단 하나의 싹일지라도 밭 전체에 이롭다.

충실히 일구고 가꾼 정신의 모든 산물은 단 하나의 사유, 삶을 일구고 적용하려는 감각을 함양한 결과다. 베르그송도 최근에 이것을 되풀이해서 말하지 않았던가? 베르그송은 "철학자다운 철학자는 한 가지 이상을 말하지 않았다"라고 썼다. 더 나아가 특정한 기간 동안 한 주제와 관련해 공부하는 모든 것은 엄격히 한 방향으로 향해야 한다. 구멍 하나를 파고 또 파는 것이 깊은 곳에 있는 대지의 비밀에 도달하는 방법이다.

이렇게 한 가지에 집중할 때 얻을 수 있는 효과 가운데 하나는 탐구를 시작할 때 거의 언제나 마주하는 어마어마한 양의 혼란스러운 자료를 선별할 수 있다는 것이다. 우리는 점차 본질적 연관성을 발견할 텐데, 다른 무엇보다 바로 거기에 위대한 업적의 비밀이 있다. 다수의 요소가 가치 있는 것이 아니라, 고찰하는 주제 전부 또는 한 사람이나 사물의 본질 전부를 지배하는 몇몇 요소들 사이의 관계가 가치 있는 것이다. 그 관계는 저변에 놓인 법칙을 드러냄으로써 우리가 독창적인 창작물, 곧 확연히 두드러지는 중요한 결실을 맺을 수 있게 해준다. 정선한 몇몇 사실들, 중대한 몇몇 관념들——그 성격 때문이 아니라 관념들 사이의 일관성과 상호연결성 때문에 중대한——은 영감 어린 공부를 하기에 충분한 자료다. 탐구의 방향을 올바로 설정하고 공부를 견고한 토대에 올려놓은 것이 가장 위대한 인물들의 유일한 비법이었다. 능력을 최대로 발휘하기 위해 우리 각자는 그들의 선례를 그대로 따라야 한다.

3

진리에 복종하는 마음

그러나 집중하는 것보다 중요한 것은 공부의 규율과 진리의 규율에 복종하는 것이다. 이렇게 진리에 복종하는 것은 진리와 교감하기 위한 필수조건이다. 진리에 선뜻 복종하는 것은 진리를 우리에게 초대하는 것이다. 우리는 겸손한 마음으로 이 신성한 만남을 준비해야 한다. 우리가 먼저 우리 자신을 비우고 진리가 우리를 채울 것이라고 다짐하지 않는 한, 진리는 우리에게 자신을 내주지 않을 것이다. 복종하지 않는 지성은 회의론에 빠진 정신이며, 회의론자는 진리를 받아들일 준비가 안 된 사람이다. 발견은 공감의 결과다. 그리고 공감은 자기 자신에게 주는 선물이다.

우리는 사유함으로써 대상을 **발견**하는 것이지 대상을 만들어내는 것은 아니다. 복종을 거부하는 것은 대상을 놓친다는 뜻이다. 대상을 온순한 정신으로 만나지 않는 것은 그 만남을 회피하는 것이다. 우리는 우리 자신을 진리에 내주고 어떤 불신에도 빠지지 않은 채 최선을 다해 진리를 명확히 표현함으로써 진리를 숭배한다. 그러면 우리 안의 신과 보편 신은 단일성을 드러내고 우리의 영혼과 교감하는 것으로 그 숭배에 응답한다. 다른 모든 경우와 마찬가지로 숭배할 때도 아집은 신의 적이다. 이 복종은 겸손을 뜻하며, 여기서 우리는 앞에서 지성의 영역에서 덕목의 위치에 관해 말했던 것을 떠올려야 한다. 모든 덕목의 토대는 질서에 반발하는 오만한 인성을 몰아내는 것이기 때문이다. 지적으로 보아 오만은 탈선의 아버지요, 부자연스럽고 가식적인 산물의 아버지다. 반면 겸손은 생명의 책과 우주의 책을 읽는 눈이다.

공부란 신이 우리 안에서 자신의 작업을 의식해가는 과정이다. 이러한 지적 활동에서 신은 제1원인이자 최종 목적이다. 우리의 태도가 지나치게 단정적이면 그 움직임이 엇나갈 수도 있다. 그러므로 **우리 안에서** 우리에게 영감을 주는 신을 발견할 수 있도록 지혜롭게 살펴보자.

우리의 지력은 대체로 수동적인 능력이다. 더 수동적인 사람일수록 지적으로 더 강한 사람이다. 그렇다고 해서 자극에 무반응으로 일관해야 하는 것은 아니다. 꼭 필요한 반응——

뒤에서 길게 논할 것이다——을 하면서 습득한 것의 본래 의도를 바꾸어서는 안 된다. 그저 습득한 것을 우리 자신의 것으로 만들어야 한다. 풍부한 교양을 지닌 정신은 새로운 관념을 획득하면서 수용력을 키워나간다. 그러나 겸손하지 않다면 바깥세상을 끌어당기는 이 힘은 거짓의 새로운 원천이 될 것이다. 반면 교양 있고 겸손한 정신에는 사방에서 섬광이 비칠 것이다.

사유하는 이는 겸손 외에도 정신과 영감의 본질에 상응하는 특정한 수동적 태도를 갖추어야 한다. 우리는 정신이 어떻게 작용하는지 명확히 알지 못한다. 그러나 수동성이 정신의 제1법칙이라는 것은 안다. 우리는 영감이 어떻게 찾아오는지는 더더욱 모른다. 그러나 영감이 우리의 결단력보다는 무의식을 더 많이 활용한다는 것은 알아챌 수 있다. 우리는 한밤중에 말을 타는 사람처럼 온갖 어려움에 둘러싸인 채 앞으로 나아간다. 어리석게 고삐를 잡아당기는 것보다는 신을 믿는 편이 낫다.

지나치게 의도적인 활동 역시 지성의 확신과 수용성을 떨어뜨린다. 지나치게 불안해하며 분투하는 사람은 자신 안에 갇혀 있는 사람이다. 그러나 이해한다는 것은 **다른 사람**이 되어 자신에게 쏟아지는 진리를 행복하게 수용하는 것이다. 연설할 때 콧속이 아니라 공간을 향해 목소리를 내는 것처럼, 사유를 자신 안에 간직하지 말고 앞의 대상에 투영하라. 영감을 경험한 이들은 내 말을 이해할 것이다. 정신을 통해 대상 쪽을 바라봐야지, 곧잘 대상을 잊곤 하는 정신을 들여다보아서는 안 된다. 정신 안에 있는 것은 시각의 수단이지 시각의 대상이 아니다. 수단 때문에 목표를 놓쳐서는 안 된다.

프레스코 화가 뒤소르Louis Dussour는 이렇게 썼다. "본질적인 것은 대상들의 관계와 구조를 이해하려고 끊임없이 노력하면서도 무아지경 상태에 머무르는 것이다." 우리는 무아지경에 머무르지 못하기도 하고, 구조를 파악하는 능력을 결여하기도 한다. 여기서는 전자에 관해 말하겠다.

심원한 업적은 다음과 같은 무아지경 상태에서 이루어진다. 진리가 스미도록 허용하는 것, 조용히 진리에 잠기는 것, 진리 안에서 자신을 잊는 것, 자신이 생각하고 있음을 생각하지 않는 것, 세상에는 진리 외에 아무것도 존재하지 않는다는 것조차 생각하지 않는 것. 이것이 축복받은 무아지경 상태다.

아퀴나스에게 무아지경은 사랑의 자식이다. 무아지경 상태에서 당신은 자신을 벗어나 꿈의 대상을 향해 간다. 완전히 몰입할 만큼 진리를 열렬히 사랑하는 것, 그래서 보편적인 것으로, 존재로, 변치 않는 진리의 핵심으로 들어가는 것은 관조하는 태도이자 풍성한 결실을 맺는 태도다. 그런 사람은 어떤 의미에서 숲에 웅크리고 앉아 집중해서 먹잇감을 노려보는 동물과 같다. 그는 치열한 내면생활을 하면서도 별들 사이에서 이동하고 있는 것처럼 거리 감각을 유지한다. 그는 구속에서 해방된 동시에 속박되었다고 느낀다. 그는 자아보다 높은 무언가에 굴복하면서 완전한 자아가 된다. 그는 자신을 잊어버리면서도 크게 기뻐한다. 그런 열반에서 지성은 강렬한 행복을 느끼고 열정적으로 활동한다.

그러므로 그런 정신이 당신을 찾아온다면, 인위적이고 외면적인 형태의 공부를 우선하느라 그 정신을 쫓아버리지 마라. 지금 그런 정신이 없다면 빨리 찾아오도록 겸손하게 소망하라. 오랫동안 자신의 추상적인 사유에 골몰할 때보다, 눈부시게 빛나는 신성한 빛 안에 잠깐 있을 때 더 많은 것을 얻을 수 있다.

의도적인 활동으로 되돌아가는 것, 자아를 자각하는 것을 가능한 한 늦추어라. 당신의 정신이 밀랍이 되게 하라. 그래서 진리의 도장을 원래 그대로 간직하라. 성스러운 포기를 실천하라. 신에게 복종하라. 영감에 가득 찬 시인처럼 내면의 파도에 올라타 더 이상 사유를 짐으로 느끼지 않는 웅변가처럼 되어라.

그러나 우리는 읽고 가르치고 교제하면서 다른 사람들에게도 배워야 하기에 아퀴나스가 말한 공부에 관한 '16가지 조언' 가운데 다음 황금률을 올바로 이해해야 한다. "누구에게서 듣는지는 개의치 말고 귀로 들은 좋은 것을 모두 기억하라."

학문의 역사에는 재능과 재능, 천재와 천재, 집단과 집단, 파벌과 파벌이 적대한 예가 수두룩하다. 라에네크Rene Laënnec는 브루세Joseph-Victor Broussais와 대립했고, 푸셰Felix Pouchet는 파스퇴르Louis Pasteur와 대립했다. 리스터Joseph Lister는 잉글랜드와 맞섰고, 하비William Harvey는 40세 이상의 인류 전체와 맞섰다. 당신은 진리가 지나치게 다산을 했고 지나치게 빠르게 번식했다고 생각할지도 모른다! 그럼에도 물질을 지배하는 것은 세상의 법칙이다. 한 정신이 커다란 곤경을 겪으면서까지 다른 정신의 동의를 얻어내야 할 이유가 무엇이란 말인가?

「고린토인들에게 보낸 첫째 편지」 14장에서는 신앙이 제일 약한 사람일지라도 그가 기도를 하다가 계시를 받았다면 조용히 그의 말을 귀담아들어야 한다고 말한다. 이에 관해 아퀴나스는 이렇게 성찰한다. "아무리 현명한 사람일지라도 다른 사람의 가르침을, 설령 아주 사소한 가르침이더라도 거부해선 안 된다." 이 성찰은 바울의 다음 조언과 호응한다. "다만 겸손한 마음으로 자기보다 남을 서로 낫게 여기십시오"(「필립비인들에게 보낸 편지」 2장 3절). 어떤 순간에 가장 뛰어난 사람은, 진리에 가장 가까이 있으면서 그 빛을 받는 사람이다.

한 관념에서 관건은 그 기원이 아니라 중요도다. 천재의 흥미로운 점은 인물이 아니다. 다시 말해 아리스토텔레스, 라이프니츠, 보쉬에, 파스칼이 아니라 그들이 말한 진리가 흥미로운 것이다. 귀중한 관념일수록 그 관념이 어디에서 비롯되었는지는 덜 중요하다. 오직 진리만이 우리의 주의를 붙잡을 권리가 있고, 진리는 어디에서 나타나든 그 권리를 행사한다. 아무에게나 충성을 맹세하지 말아야 하는 것처럼 아무나 멸시해서도 안 된다. 모두를 신뢰하는 것은 적절하지 않지만, 신임을 받을 만한 이들까지 모조리 미심쩍게 여겨서는 안 된다.

진리를 받아들이는 것은 우리가 가진 큰 자유다. 이렇게 진리를 선뜻 받아들이는 태도는 아주 풍성한 보상을 가져오기 때문에, 탐욕스러운 사상가라면 자기 금고나 지키면서 가만히 앉아 있는 편이 더 현명하다고 생각하지 않고 진리와 관련해 욕심을 부릴 것이다. 우리는 자신이 모든 것을 소유하고 있고 모든 일을 할 수 있다고 믿기를 좋아해서 다른 이들의 목소리에는 주의를 기울이지 않곤 한다. 우리는 소수의 사람이나 책을 유달리 선호하며, 거기에 귀를 기울이고 거기에서 영감을 얻는다. 그러나 사실 영감은 어디에나 있다. 신의 숨결은 산꼭대기에서만 부는 것이 아니라 계곡도 가득 채운다. 가장 하찮은 지성일지라도 거기에는 무한한 신의 지혜를 반영하는 측면이 있으며, 지극히 겸손한 사람은 그것을 알아챌 수 있다.

누군가 가르치고 있을 때 어떻게 그에게서 신의 현존을 느끼지 않을 수 있을까? 그는 신의 이미지가 아닐까? 이미지는 때로 왜곡되기도 하지만 대개 진짜와 똑같다. 더욱이 늘 이미지의 일부만 왜곡된다. 그러므로 어떻게 이미지를 바로잡을 것인지, 이미지가 얼마나 진짜와 가까운지 자문하는 편이 이미지를 의심하거나 이미지에 맹렬히 대립하는 편보다 낫다. 대립은 언제나 무익하므로 반성이 더 낫다. 진리인 신이 무언가를 남길 때마다 우리는 그것을 열렬히 환영하고, 숭배하고, 근면하게 활용해야 한다.

4
넓은 시야를 가지자

공부를 위한 정신에 고귀함을 더하기 위해 우리는 절실하게 노력하고, 집중하고, 복종하는 것 외에도 시야를 넓혀서 각각의 공부나 사유의 성과에 일종의 보편적 의미를 부여해야 한다.

어떤 문제든 그 자체로는 자기충족적일 수 없다. 문제는 본성상 문제 자체의 범위를 넘어선다. 문제가 전제하는 이해 가능성 자체가 더 높은 근원에서 비롯되기 때문이다. 여기서 우리는 앞에서 비교탐구에 관해 말했던 것을 따라야 한다. 우리가 탐구하는 모든 대상은 하나의 전체에 속한다. 또 그 안에서 영향을 주기도 하고 받기도 하며, 조건에 종속되기도 하고 조건을 부과하기도 한다. 그러므로 우리는 대상을 따로따로 탐구할 수 없다. 우리가 전문화 혹은 분석이라 부르는 것은 실은 하나의 방법이자 수단이다. 공부하는 이가 수단의 종이 되어야겠는가? 나는 더 잘 보기 위해 전체 가운데 일부를 분리한다. 그러나 나는 그 일부를 손에 쥐고 눈으로 검토하는 동안에도 그것의 위치를 잊지 않으며 그것이 전체의 일부로 움직이는 것을 본다. 그렇지 않다면 나는 전체를 불완전하게 만들뿐더러 일부마저 이해할 수 없게 만들면서 진리를 왜곡하는 것이다.

진리는 하나의 전체다. 모든 것은 하나뿐인 지고한 진리 안에서 서로 연결되어 있다. 특정한 대상과 신 사이에 있는 세상의 모든 법칙은 특정한 대상을 지배하는 규범에서 영원한 원리에 이르기까지 점차 범위를 넓혀가며 작동한다. 그런데 인간의 정신 또한 하나의 통일체다. 참된 것과 아름다운 것을 조각조각 분리하는 것을 전문성이라 여기는 그릇된 관념을 전제하고는 정신을 만족스럽게 형성할 수 없다. 당신이 아주 제한된 탐구를 수행하거나 아주 작은 주제를 탐구하더라도, 인류 전체와 우주는 실제로 연결되어 있다. 주제와 대상은 둘 다 보편적인 것으로 향한다. 하나를 공부한다는 것은 실로 단계마다—모든 존재와 어우러져 합주를 하고, 우주 그리고 자기 자신과 합일을 이루면서—다른 모든 것과 그것들 간의 결속의 의미를 떠올린다는 뜻이다.

나는 앞에서 집중의 목표가 탐구의 범위를 좁히는 것이 아니라고 분명히 밝혔다. 집중하는 것과 넓게 보는 것은 심장의 수축과 이완처럼 하나의 동일한 움직임이다. 내가 말하는 집중이란 한 점으로 주의력을 모으는 것이다. 내가 말하는 넓게 보는 것이란 그 점이 방대한 전체의 중심이라고 의식하는 것이다. 사실 그 점은 모든 것의 중심인데, 무한한 구 안에서는 파스칼의 말처럼 "모든 점이 중심이고, 어떤 점도 원주 위에 있지 않기" 때문이다.

이처럼 우리의 정신에는 두 가지 성향이 있다. 포괄적인 종합에 도달하기 위해 세부를 통합하려는 성향이 있는가 하면, 세부에서 너무 오래 꾸물거리다가 통합에 대한 의식을 잃어버리는 성향도 있다. 우리는 이 두 가지 성향의 균형을 맞추어야 한다. 첫째 성향은 학문의 목표에 상응하고, 둘째 성향은 우리의 약점에 상응한다. 더 깊이 꿰뚫어보기 위해 대상을 분리하되, 그런 뒤에는 대상을 더 잘 이해하기 위해 통합해야 한다.

그러므로 공부할 때 관점을 지나치게 낮추지 마라. 생각은 높게 하라. 진리의 잔가지를 꺾는 동안에도 관찰자의 정신을 유지해야 하고, 특히 숭고한 문제를 사소한 문제로 돌리지 않도록 주의해야 한다. 당신이 위대한 비밀에 손대고 있다는 것, 위대한 정신의 영감을 공유하고 있다는 것을 의식하라. 만물의 순수한 근원에서 흘러나와 저 멀리서부터 여기저기로 막힘없이 흐르면서 세상을 가득 채우는 희미한 빛줄기를 지각하라.

코로는 나무를 그릴 때 지평선을 함께 그리는 것을 잊지 않았다. 벨라스케스Diego Velásquez는 〈시녀들〉(Las Meninas, 1656)에서 에스큐리알 수도원의 한가운데, 삶의 한가운데, 더 나아가 신의 한가운데에 있는 자신을 그렸다. 벨라스케스의 비범한 재능을 천재성——눈길을 잡아끄는 동안 정신까지 매료시키는——으로 바꾼 것은 신에 대한 신비감이었다. 그림에 포함되지 않은 것에 관해 주로 사유하는 것, 그림에 담긴 일부분보다 그림의 **성격**, 주제의 일반적 의미, 캔버스를 훌쩍 넘어서는 주제의 전개가 더 중요하다는 것이 화법의 규칙이다.

예술가는 사소한 작업을 하는 동안에도 묵상해야 하고, 작가와 철학자, 연설가는 우주를 사유하고 느껴야 한다. 우리는 지구에 손가락 하나만 대고도 지구 전체의 크기와 둥근 모양을 느껴야 한다. 우리는 늘 전체에 관해 말하는 것이다.

학문 규칙을 결코 넘어서지 못하는 사람, 충만한 빛을 받으며 공부하는 대신 공부의 노예가 된 사람을 피하라. 편협한 규정으로 스스로를 옭아매는 것, 경직된 형식으로 자기 정신을 마비시키는 것은 지적 소명과 상반되는 열등함의 표식이다. 고지대나 드넓은 지평선이 보이는 곳에만 가면 불안해하고, 다른 이들을 초등학교에서 배우는 통설 수준으로 격하하려 드는, 잘난 척하는 탐구자는 노예이거나 영원한 어린아이이다.

작품에서 거기에 포함되지 않은 것을 보는 것, 책에서 그 책이 표현할 수 없는 것을 읽어내는 것은 천재성의 표식이다. 위대한 책의 진짜 보물은 행간에 있다. 그 보물은 암시를 하고, 인간의 가장 깊은 사유에는 아무것도 낯설지 않다는 것을 성찰하게 한다. 그러므로 주제를 좁게 한정해서 내용을 텅 비우는 대신, 주제에 견실한 가치를 부여하라. 다시 말해 어떤 주제에만 속하는 것이 아니라 그 주제는 물론 다른 주제에도, 실은 빛이 모든 색의 공통 속성이듯이 모든 주제에 공통으로 속하는 것을 부여하라.

이상적인 것은 서로 연결되어 있으면서 단 하나의 전체를 형성하는 사유의 공동생활을 정신 안에 정립하는 것이다. 그 이상은 신 안에 있다. 아득히 먼 곳에서 우리의 보잘것없는 지식을 안내할 본보기로 신보다 나은 것이 있을까?

우리가 지금껏 옹호해온 관조와 기도의 정신은 방금 말한 이상적 상태에 우리를 더 가까이 데려갈 것이다. 그것은 관조하고 기도하는 정신의 자연스러운 결실이다. 만물의 궁극적 의존과 결속을 볼 수 있는 신의 관점을 가진 사람은 무궁무진한 풍요와 가능성에 이끌려 자신이 만물의 중심에 있다고 느낄 수밖에 없다.

사유하려 애쓰는 사람은 새로운 진리를 볼 때 느끼는 일종의 눈부신 빛이, 무한한 원경과 보편적인 결속에 대한 이런 감각과 연결되어 있음을 깨달을 것이다. 참된 것을 향해 내딛는 이 한 걸음은 햇빛을 받으며 떠나는 소풍과 같다. 그 소풍에서 우리는 세계를 새롭게 보고, 우주 전체가 우리가 발견한 파편과 맞닿은 채 진동하고 있음을 느끼게 된다. 한때 눈부시게 빛나던 이 이상은 훗날 우리를 안내하는 선구자 역할을 마치고 본래 차원으로 줄어들고 나면 보잘것없어 보일 것이다. 외부에 반향을 일으키지 못하는 그 이상은 생기 없어 보일 것이고, 모든 탐구의 핵심인 무한한 것에 대한 열정을 꺾을 것이다.

위대한 인물들은 이렇게 자신의 사유가 수축되는 것을 경험했다. 그들의 전망은 위대했으나 그들이 발견한 결과는 보잘것없었다. 바로 그 이유 때문에 우리는 그들을 문자 그대로 읽거나 독서하듯이 읽는 대신, 실제로 그들의 참된 자아를 복원할 수 있도록 그들의 이면을 보고 그것을 이해해야 한다. 읽기와 공부가 정신과 삶이 되도록 하라.

5
신비감

최선의 노력을 다한 후에도, 진리가 우리에게 미소 짓는 것처럼 보일 때에도 신비감을 계속 간직해야 한다는 것을 지금까지 충분히 말했다. 자신이 모든 것을 이해한다고 생각하는 이들은 그렇게 생각하는 것만으로도 자신이 아무것도 파악하지 못했음을 입증하는 것이다. 실제로는 풀리지 않은 문제에 대한 잠정적인 답에 만족하는 이들은 그 답이 불완전하다는 것을 모른 채 주어진 답을 왜곡한다. 모든 문제는 신이 자연을 통해 우리에게 제시하는 수수께끼다. 문제는 신이 제기하고 신만이 답할 수 있다. 무한의 문은 늘 열려 있다. 만물의 가장 귀중한 부분은 드러나지 않은 부분이다. 한 동료가 "자네에게 흥미로운 문제를 물어볼까 하네"라고 말하자 수학자이자 물리학자인 비오Jean Baptist Biot는 "소용없는 일이네. 자네 질문이 흥미롭다면 나는 그 답을 모른다네"라고 말했다. 또 파스칼은 "우리는 어떤 것도 모두 알지는 못한다"라고 말했다. 생리학자 베르나르Claude Bernard는 "단 하나를 철저히 이해하려면 모든 것을 이해해야 한다"라고 덧붙였다. 어떤 주제든 그것에 관한 완전한 진리를 말하는 사람은 신에 관한 성 아우구스티누스의 다음 말을 똑같이 되풀이하는 것이다. "당신이 신을 이해한다면, 당신의 추론이 길을 잃었다고 되뇌어라." 그러나 정신이 편협한 사람은 자기가 우주와 그 안에 담긴 모든 것을 소유하고 있다고 상상한다. 빛을 받아 반짝거리는 물이 담긴 양동이 하나를 들고 가면서 이렇게 말하는 셈이다. "이것 봐, 나는 바다와 별을 쥐고 있다고."

아퀴나스는 말년에 모든 것에 대한 신비감에 압도되어, 글을 쓰라고 재촉하는 동료 수사 레기날드에게 이렇게 말했다. "레기날드, 나는 더는 쓸 수 없다네. 내가 쓴 모든 것은 이제 지푸라기에 지나지 않아 보이네." 이 고결한 절망이 우리에게 너무 일찍 찾아오기를 바라지는 말자. 그 절망은 보상이다. 그 절망은 정신 전체가 넘쳐흐르는 빛 안에서 전율하며 크게 외치기에 앞서 침묵하는 것이다. 그러나 그 충만한 빛을 조금 경외하는 것은 분별력을 잃게 하는 자만과 잘못된 길로 인도하는 가식을 바로잡는 가장 좋은 방법이다. 더욱이 멀리 있는 그 빛은 우리가 거기에 도달하기를 바라는 한 공부하도록 우리를 자극한다. 반대로 이미 모든 것을 들었고 그것들을 배우면 그만이라고 생각한다면, 우리는 작은 궤도 안에서 공부하면서 한 곳에 머무를 것이다.

우리의 빛은 명도만 다를 뿐 우리가 도달할 수 없는 빛을 향해 올라갈 때 생기는 그림자에 지나지 않는다는 것을, 고결한 사람은 알고 있다. 우리는 더듬거리며 말하고, 세상의 수수께끼는 풀리지 않은 채로 남는다. 공부는 몇 가지 조건을 명시하고 몇 가지 사실을 분류하는 것을 의미한다. 중대하고 결실이 풍성한 공부를 하는 유일한 방법은 우리가 달성한 보잘것없는 성과를 우리가 아직 모르는 순조로운 방향에 놓는 것이다. 그렇다고 해서 공부의 성과를 어둠에 맡겨서는 안 된다. 별이 총총한 어둠 속에 반사된 어슴푸레한 반영을 가장 잘 유지해주는 것은 우리가 보지 못하는 빛이기 때문이다.

만물의 신비는 우리가 아는 빛이다. 1이 수의 원천이고 부동성이 아찔할 만큼 빠른 속력의 비밀인 것과 같다. 자신 안에서 모든 존재와 시간의 속삭임을 감지하고 그것들의 증언에 호소하는 것이, 그것들이 침묵하더라도 스스로 진리를 획득하는 가장 확실한 방법이다. 만물은 만물과 연결되어 있으며, 뚜렷하게 눈에 보이는 대상들의 관계는 내가 이리저리 더듬으며 길을 찾는 어둠에 뿌리박고 있다.

VII

공부의 실전

VII

훈련의 본질

〔 읽기 〕

1 많이 읽지 마라
2 잘 골라라
3 네 종류의 읽기
4 천재 저자들을 가까이하라
5 대립을 강조하는 대신 조정하라
6 읽는 것을 흡수하고 읽는 대로 살아라

1
많이 읽지 마라

 공부란 배우는 일과 산출하는 일을 뜻한다. 이 두 가지 일 모두 오랜 준비 과정이 필요하다. 산출은 과정의 결과인데, 주제가 어렵거나 복잡할 경우 그것을 배우려면 먼저 간단하고 쉬운 것을 배워야 하기 때문이다. "곧장 바다로 뛰어들지 말고 먼저 개울에 몸을 적셔라." 아퀴나스는 우리에게 이렇게 말한다.

 읽기는 배움의 보편적인 수단이며, 모든 종류의 산출을 위한 가깝거나 먼 준비 과정이다.

 우리는 결코 전적으로 홀로 사유하지 않는다. 우리는 여럿이 함께 두루 협력하며 사유한다. 우리는 과거와 현재의 탐구자들과 함께 공부한다. 읽기 덕분에 지적 세계 전체는 커다란 편집실에 견줄 수 있다. 그곳에서 각 개인은 자신에게 필요한 안내, 도움, 근거, 정보, 격려를 발견한다. 그러므로 공부하는 이는 읽는 법과 읽은 것을 활용하는 법을 반드시 알아야 한다. 바라건대 이 사실을 습관적으로 잊어버리지 않기를!

읽기의 첫째 원칙은 적게 읽는 것이다. 무조건 읽기를 제한하라는 것이 아니다. 지금까지 말해온 것을 보더라도 이런 해석이 틀렸음을 알 수 있다. 우리는 정신을 넓히고, 비교탐구를 실천하고, 우리 앞에 늘 지평선이 펼쳐져 있기를 바란다. 많이 읽지 않고서는 이런 일들을 할 수 없다. 그러나 '많이' 읽는 것과 '적게' 읽는 것은 같은 영역 안에서만 대립한다. 해야 할 공부가 방대하기 때문에 절대적 의미에서는 많이 읽을 필요가 있다. 그러나 오늘날 가장 한정된 전문 영역에서조차 홍수처럼 쏟아져 나와 도서관과 우리의 정신을 가득 채우는 저술들과 비교하면, 우리가 읽는 것은 매우 적다.

허겁지겁 읽는 것, 자제하지 못하는 습관, 정신을 해치는 과도한 마음의 양식, 스스로 노력을 기울이기보다 쉽고 익숙한 다른 이들의 사유에 안주하는 게으름은 금해야 할 것들이다.

많은 이들이 귀중한 지적 자질이라며 자랑하는, 읽기에 대한 갈망은 실은 결점에 지나지 않는다. 그 갈망은 다른 결점들과 조금도 다르지 않아서, 정신을 독점하고, 끊임없이 정신을 혼란에 빠뜨리고, 불확실한 대립을 정신 안에 만들고, 정신의 힘을 고갈시킨다.

우리는 지적으로 읽어야지 결코 격정적으로 읽어서는 안 된다. 우리는 건강과 현명한 소비 규칙에 따라 그날 먹을거리를 미리 정한 주부가 시장에 갈 때처럼 책에 다가가야 한다. 시장에 있을 때 주부의 마음은 저녁에 영화관에 있을 때의 마음과는 다르다. 시장에서 주부는 즐거움과 화려한 볼거리가 아니라 가정의 살림과 안녕을 생각한다.

지나치게 읽는 정신은 양분을 공급받기는커녕 오히려 둔해지며, 서서히 성찰하고 집중하는 힘을 잃어버려 결국에는 산출하지 못하게 된다. 이렇게 표현할 수 있다면, 정신은 내면을 향해 점점 더 외향적이 되고, 밀물 썰물처럼 흐르는 관념과 내면의 이미지에 열렬히 집중하며 그것들의 노예가 된다. 이렇게 무절제한 기쁨에 몰두하는 것은 자신에게서 도피하는 것이다. 그 기쁨은 지성의 기능을 빼앗을 뿐만 아니라 다른 이들의 사유를 하나하나 따라가는 것 혹은 단어·문단·장·책으로 이어지는 흐름에 실려가는 것만을 허락한다.

끊임없는 진동이 쇠를 마모시키듯이, 끊임없는 시각적 자극은 정신의 에너지를 고갈시키는 원인이 된다. 대단한 독서가가 자신의 눈과 뇌를 혹사한다면, 그가 진정한 공부를 하리라고는 전혀 기대할 수 없다. 그는 만성적인 두통을 앓는 것이나 마찬가지다. 반면 지혜롭게 공부하는 이는 자제력을 잃지 않으면서 차분하고 명석하게 자신이 원하는 것과 유용하게 쓰일 것만을 정신에 간직하고, 뇌를 신중하게 관리하며 뇌에 아무것이나 쑤셔 넣지 않는다.

넘치게 읽기보다는 밖으로 나가서 자연이라는 책과 함께 상쾌한 공기를 들이쉬면서 긴장을 푸는 편이 낫다. 꼭 필요한 활동을 마친 뒤에는, 지적으로 보일 뿐인 습관에 기계적으로 빠져드는 대신 꼭 필요한 휴식을 준비하라.

사람들은 세상물정에 밝아야 한다고 말한다. 지성인 역시 세상물정을 무시할 수 없는 것은 물론, 자기 전문 영역에서 저술되는 것에도 무관심할 수 없다. 그러나 시류에 휩쓸려 공부 역량을 소진하지 않게 주의해야 한다. 때로 시류는 당신을 한 걸음도 전진하지 못하게 막는다. 앞으로 나아가려면 스스로 노를 저어야 한다. 시류는 당신이 도달하려는 지점까지 당신을 데려다주지 못한다. 다른 이들이 이미 걸어간 길을 따르지 말고 당신 자신의 길을 가라.

견실하거나 진지하지 못한 읽을거리와는 원칙적으로 거리를 두어야 한다. 소설이 정신에 해롭다는 것은 의문의 여지가 없다. 일부 문학의 걸작을 외면하지 않기 위해 이따금 휴식 삼아 소설을 읽을 수는 있다. 그러나 소설 대다수는 정신에 생기를 불어넣기는커녕 정신을 어지럽히고, 사유를 불안과 혼란에 빠뜨린다.

또한 끊임없이 쏟아지는 뉴스의 습격에 맞서 자기 자신을 지켜라. 물론 우리는 뉴스를 알아야 하지만 사실 우리가 읽을 만한 뉴스는 많지 않다. 뉴스를 읽으면서 공부하는 시간을 소비하지 마라.

진지하게 공부하는 이는 주간지나 격주간지를 검토하는 것으로 만족해야 한다. 그 외에는 평소에 귀를 열어두고 주목할 만한 기사가 실리거나 중대한 사건이 일어났을 때만 일간지를 읽어야 한다.

내가 말하려는 바를 요약하면 이렇다. 성찰할 수 있을 때는 절대 읽지 마라. 휴식 시간 이외에는 자신이 추구하는 목표와 관련이 있는 것만 읽어라. 그리고 내면의 고요를 깨뜨리지 않기 위해 적게 읽어라.

2
잘 골라라

무엇을 읽을지 선택하는 원칙은 프랑스의 얀센파 신학자 니콜Pierre Nicole의 다음 말에 담겨 있다. "정신에 양분을 공급하고 사유의 씨앗이 되는 재료는 얼마나 신중하게 판별해야 하는가! 오늘 무심코 읽는 것이 훗날 필요할 때 기억날 것이고, 우리가 알아차리지 못하더라도 구원이나 파멸의 원천이 될 사유를 불러일으킬 것이다. 신은 우리를 구원할 선한 사유를 불러일으키고, 악마는 우리 안에서 씨앗을 발견해 악한 사유를 불러일으킨다."

이 원칙을 마음에 새기고 무엇을 읽을지 골라라. 이것은 두 가지 선택을 의미하는데, 하나는 읽을 책을 고르는 것이고 다른 하나는 책에서 무엇을 읽을지 고르는 것이다.

당신의 책을 선택하라. 흥미를 끄는 광고나 자극적인 제목을 믿지 마라. 성실하고 정통한 조언자를 곁에 두어라. 곧장 수원水源으로 가서 갈증을 풀어라. 일급 사상가들을 사귀어라. 혼자 힘으로 읽는 것이 늘 쉽지는 않기 때문에 그들과 어울리면서 도움을 받아야 한다. 경탄할 만한 것에는 진심으로 경탄하되 헤프게 경탄하지는 마라. 형편없이 쓰인 책, 사유가 빈곤한 책에는 등을 돌려라.

주요 관념을 직접적으로 표현한 책만 읽어라. 이런 책은 그리 많지 않다. 책은 서로 되풀이하고, 서로 내용을 희석하고, 서로 반박한다. 그런데 희석하고 반박하는 것도 일종의 반복이다. 검토해보면 사유에서 새로운 발견은 드물다는 것을 알 수 있다. 축적되어 있는 오래된 관념 혹은 영원한 관념이야말로 최상의 관념이다. 인류의 지성과 진정으로 교감하려면 좀스럽거나 언쟁을 일삼는 사람들을 멀리하고 최상의 관념을 토대로 삼아야 한다.

궁정 디자이너 베르탱Rose Bertin은 "잊히는 것만 있을 뿐 새로운 것은 없다"라고 적절히 말했다. 저자 대다수는 다른 저자들의 사유를 편집해서 출간할 뿐이다. 그것도 중요한 일이지만, 독창적인 저자는 자신의 사유로 우리에게 직접 호소한다.

그러므로 열린 마음가짐으로 훌륭하게 쓰인 책을 읽어라. 또 현재의 관심사를 고려하고, 정보의 정확성과 나날이 진화하는 새로운 개념은 더 자세히 살펴라. 당신도 태곳적 표본보다는 동시대를 살아가는 사람이 되고 싶을 것이다. 그렇다고 새로운 것이라면 무엇이든 미신처럼 우러러서는 안 된다. 영원한 진리를 표현하는 영원한 책을 사랑하라.

당신이 고른 책의 가치가 모두 같지는 않다. 그러나 감정사 같은 태도로 책을 대하지는 마라. 오히려 저자와 진리의 형제가 되고 친구가 되어라. 적어도 특정한 면에서 저자는 당신의 길잡이니 그의 겸손한 친구가 되어라. 책은 당신의 선배다. 책을 존중하고, 오만하지 않은 마음으로 책에 다가가고, 선입견 없이 책을 읽고, 책의 결점을 포용하고, 껍질 안의 낱알을 보아야 한다. 그러나 당신은 자유인이니 책임 역시 당신에게 있다. 당신의 정신을 계속 유지할 수 있도록 자제하고, 필요할 때는 정신을 지켜라.

다시 니콜의 말을 인용하면, "책은 인간의 작품이며, 인간의 타락은 그의 행위 대부분을 오염시킨다. 인간의 타락은 무지와 현세욕으로 이루어지며, 거의 모든 책은 이 두 가지 결점을 어느 정도 포함한다." 그러므로 많은 경우 책을 걸러가며 읽을 필요가 있다. 그러기 위해서는 신을 신뢰해야 하고, 신의 자식인 우리 자신의 좋은 면을 신뢰해야 한다. 우리 안에 있는, 진리를 찾는 본능과 선한 것에 대한 사랑이 안전장치 역할을 할 것이다. 그러나 한 권의 책의 가치는 어느 정도 당신 자신의 가치, 당신이 그 책에서 끌어내는 것의 가치이기도 하다는 사실을 기억하라. 라이프니츠는 무엇이든 이용했다. 아퀴나스는 동시대 이단자와 이교도에게서 어마어마하게 많은 사유를 받아들였지만 그 가운데 어떤 것도 그에게 해롭지 않았다. 지적인 사람은 어디에서나 지성을 발견하고, 어리석은 사람은 어떤 벽에나 자신의 편협하고 무기력한 정신의 그림자를 드리운다. 최선을 다해서 무엇을 읽을지 고르되, 훌륭하고, 폭넓고, 진리에 대응하고, 신중하고, 진취적인 책을 고를 수 있도록 노력하라. 이런 특성들은 당신 자신의 특성이기도 하다.

3
네 종류의 읽기

좀 더 정확하게 말하기 위해 읽기를 네 종류로 구분하겠다. 우리는 스스로를 형성하고 누군가가 되려고 읽는다. 우리는 특정한 과제를 염두에 두고 읽는다. 우리는 공부하는 습관을 들이고 선한 것에 관한 사랑을 얻으려고 읽는다. 우리는 휴식하려고 읽는다. 이렇게 읽기에는 **근본적** 읽기, **우연적** 읽기, **고양적** 혹은 **교화적** 읽기, **휴식을 위한** 읽기가 있다.

이 네 종류의 읽기는 모두 방금 말한 것처럼 규제되어야 한다. 또 각각의 읽기에는 일정한 필요조건이 있다. 근본적 읽기는 유순함을, 우연적 읽기는 정신적 숙달을, 고양적 읽기는 절실함을, 휴식을 위한 읽기는 자유를 요구한다.

자신을 형성하는 과정에 있고 거의 모든 것을 배워나가야 하는 사람이라면 아직 진취적으로 읽을 때가 아니다. 초기 단계에서 교양을 두루 배우고 있거나, 새로운 갈래의 공부와 지금껏 간과되어온 문제를 과제로 삼으려는 것이라면, 이 목표를 위해 저자들을 비판하기보다 믿어야 하며, 독자 자신의 견해에 따라 저자를 이용하기보다 저자의 사유를 그대로 따라가야 한다. 너무 일찍 행동에 나서면 습득에 방해가 된다. 처음에는 유순하게 읽는 것이 지혜로운 태도다. 아퀴나스는 아리스토텔레스의 말을 되풀이하며 "너는 네 스승을 믿어야 한다"고 말했다. 아퀴나스는 이 말을 실천했고, 그것이 이롭다는 것을 알았다.

유순함은 결코 맹목적인 복종이 아니며, 고결한 정신은 사슬에 묶이지 않는다. 그러나 복종을 통해서만 명령하는 기술을 배울 수 있는 것과 마찬가지로, 단련을 통해서만 사유의 숙달을 이룰 수 있다. 스스로 판단의 모든 요소를 갖추기 전까지는 스승을 존경하고 신뢰하고 믿는 태도가 반드시 필요하다. 교만하고 뻔뻔한 자만이 그런 태도를 거부한다.

틀리지 않는 사람은 없지만, 스승보다는 제자가 훨씬 틀리기 쉽다. 제자가 자신이 한 번 옳았다는 이유로 더 이상 스승의 말을 귀담아듣지 않는다면, 열 번 진리를 놓칠 것이고 겉모습의 희생양이 될 것이다. 반대로 스승을 신뢰하고, 스승에게는 진리에서 기인하는 무언가가 있음을 인정하고 상대적으로 수동적인 자세를 보이면 제자가 진리 그 자체를 배우는 데에도 이롭거니와, 마침내 스승의 결점과 착각마저 활용할 수 있게 된다. 한 사람이 무엇을 가졌는지 가늠해야만 그가 무엇을 결여했는지 알 수 있다.

수많은 저자들 가운데 누가 신뢰할 만한 길잡이인지 사전에 가려내는 것은 근본적인 지혜다. 지적인 스승을 선택하는 것은 언제나 중대한 일이다. 나는 앞서 아퀴나스를 최고의 교리로 권했다. 아퀴나스만 공부할 수는 없겠지만 자신의 전공 공부를 위해, 또 제기되는 문제들을 해소하기 위해 꼭 필요한 것은 서너 명의 저자를 철저히 아는 것이다. 자신을 **도야**하기 위해서가 아니라 **정보**를 얻기 위해서 다른 책에 의지하는 사람은, 더 이상 전과 같은 정신 자세를 유지할 수 없을 것이다.

역으로 정신 자세가 달라졌기 때문에 책에서 정보를 얻으려 하는 것일지도 모른다. 정보를 찾아서 이용하길 원하는 사람은 순수한 수용의 상태에 있는 것이 아니기 때문이다. 그는 자신의 생각과 계획을 가지고 있다. 참고하는 책은 그의 하인이 된다. 어느 정도의 유순함은 언제나 필요하다. 그러나 그 유순함은 저자보다는 진리를 향해야 한다. 유순한 독자는 저자의 결론을 논박하지 않을 만큼 저자를 신뢰하면서도, 논의의 모든 단계를 노예처럼 따르지는 않는다.

이런 태도는 극히 중요하다. 공부할 때와 똑같은 방식으로 책을 참고하는 것은 시간 낭비이기 때문이다. 또 단순히 책을 참고하듯이 공부하는 것은 스승의 가르침에 머무르는 것이고, 자신의 주제로 안내하는 저자의 가르침을 받으면서 자신을 도야할 기회를 잃어버리는 것이다.

일거리라는 관점에서 책을 읽는 사람은 자신이 목표로 삼는 것에 의해 정신을 지배당한다. 그는 물에 뛰어들지 않고 물을 퍼 올린다. 그는 강둑에 서서 계속 자유롭게 움직인다. 그는 관념을 빌려올 때마다 다른 이의 관념 속으로 가라앉는 대신 자신의 관념을 확인한다. 그는 다른 책에서 가져온 것을 빼앗기지 않아 풍족해진 자기 책을 내려놓는다. 책을 활용하려는 목적으로 독서를 정당화하면서 책에 매료되지 못하는 사람은 결국 이렇게 될 것이다.

고양적 읽기에 관해 말하자면, 일반적인 규칙에 얽매이지 말고 각자의 경험에 근거해 책을 선택해야 한다. 이미 당신에게 도움을 준 것은 십중팔구 다시 도움을 줄 것이다. 길게 보면 한 책의 영향력은 점차 약해지기 마련이다. 그러나 처음에는 매번 강하게 영향을 미치는데, 습관이 들수록 그 영향을 빠르게 받아들이게 되고, 통찰력이 깊어질수록 그 영향에 익숙해진다. 책의 한 페이지는 관념과 감정의 연합이 상기시키는 정신의 상태와 연결된다.

이런 식으로 좋아하는 저자와 영감을 주는 대목이 있으면 지적 정신적 침체기에 어마어마한 도움이 된다. 좋아하는 책들을 곁에 두고 언제든 필요할 때 거기에서 기운을 얻어라. 몇 년 동안 정신이 시들해질 때마다 보쉬에의 콩데Louis Condé● 에 대한 『추도사』(Oraisons Funèbres)의 마지막 부분을 읽고 기운을 되찾은 사람들을 나는 알고 있다. 각자 자신을 성찰해서 무엇이 도움이 되는지 알아야 하고, 아픈 영혼을 위한 약을 곁에 두고 효능이 완전히 사라질 때까지 거듭 먹어야 한다.

휴식을 위한 읽기에서 책 선택은 훨씬 덜 중요해 보인다. 다른 종류의 읽기와 비교하면 실제로 그렇다. 그러나 가장 좋은 상태로 우리의 '존재 이유'로 돌아오는 것이 목표인 이상, 기분 전환을 위해 아무 책이나 읽어서는 안 된다. 특정한 종류의 읽기는 휴식에 썩 도움이 되지 않는다. 어떤 읽기는 도움이 되기는커녕 읽은 후에 반드시 행해야 하는 묵상에 오히려 해가 되고, 당신의 길에서 벗어나게 한다.

나는 고된 일을 마친 후에 독일의 철학자 첼러Eduard Zeller의 『희랍 철학사 개요』(Grundriss der Geschichte der Griechischen Philosophie)를 읽은 사람을 알고 있다. 그것은 휴식이었지만 충분한 휴식은 아니었다. 어떤 이들은 양념을 잔뜩 친 이야기나 공상적인 이야기를 읽어서 정신의 장면을 완전히 바꾸어버린다. 또 어떤 이들은 공부할 의욕을 떨어뜨리고 정신을 해치는 가벼운 읽을거리에 탐닉한다. 그런 것은 모두 해롭다. 일상생활에서 사용

● 프롱드 난의 지도자이자 루이 14세의 장군.

하는 다른 물건처럼 도구적 역할만 하는 책을 위해 당신을 희생하지 마라.

많은 사상가가 여행과 탐험 이야기, 시, 예술 비평, 희곡, 회고록에서 자주 위안과 매력을 발견했다. 저마다 취향이 있기 마련이고, 휴식을 위한 읽기에서는 취향이 가장 중요하다. 아퀴나스에 따르면 단 한 가지만이 진짜 휴식을 준다. 바로 기쁨이다. 지루한 무언가에서 휴식을 찾으려는 것은 착각이다. 당신이 좋아하는 것, 당신을 너무 들뜨게 하지 않는 것, 어떤 식으로든 당신에게 해롭지 않은 것을 읽어라. 휴식을 취할 때도 당신은 성별된 삶을 살아가는 것이기 때문에, 정신을 쉬게 하는 효과가 똑같은 책들 가운데에서도 다른 목표에도 유용한 책, 곧 인격을 가꾸고, 정신에 아름다움을 더하고, 인격이 완성되도록 도울 책을 지성으로 읽어라.

4
천재 저자들을 가까이하라

　나는 특히 위대한 인물들과의 유대에 관해 숙고하려 한다. 그것이 정신과 삶의 활동에서 극히 중요하다고 여기기 때문이다. 천재와 교제하는 것은 보잘것없는 사상가에게 신이 내려주는 은총 가운데 하나다. 『성서』에 따라 기도를 준비하듯이, 위대한 명사나 성인을 만나려 할 때 마음을 가다듬고 존중하는 자세를 취하듯이, 천재와의 교제를 준비해야 한다.

　우리는 가장 위대한 정신들과의 이런 유대를 너무 대수롭지 않게 생각한다. 그 유대는 삶의 기쁨과 이득을 몇 배로 늘려주고, 시야를 넓혀주고, 앞으로 살아갈 세상을 더 고결하고 귀중한 곳으로 만들어준다. 또 인간으로 존재하는 영광, 가장 위대한 이들과 같은 전망을 바라보는 영광, 높은 수준에서 살아가는 영광, 영감을 주고 신의 공동체로 이끄는 동료들과 교제하는 영광을 각자가 새롭게 느끼게 해준다. "천재들이 지나간 다음에 그들의 가치를 알아보는 이들이 나타난다." 브룬스비크Thérèse Brunswick●가 베토벤에 관해 한 말이다.

지성의 창공에서 찬란하게 빛나는 천재들의 이름을 때때로 떠올리는 것은 정신의 귀족들이 남긴 기록을 훑어보는 것이다. 이 자긍심은 걸출한 아버지나 위대한 조상을 자랑스러워하는 것만큼이나 아름답고 효과가 있다.

당신이 문인이라면 당신 뒤에 호메로스, 소포클레스, 베르길리우스, 단테, 셰익스피어, 코르네유, 라신, 라 퐁텐, 파스칼이 있다는 것을 고맙게 여기지 않을까? 당신이 철학자라면 소크라테스, 플라톤, 아리스토텔레스, 성 토마스 아퀴나스, 데카르트, 라이프니츠, 칸트, 비랑, 베르그송 없이 지낼 수 있을까? 당신이 과학자라면 아르키메데스, 유클리드, 또다시 아리스토텔레스, 갈릴레오, 케플러, 라부아지에, 다윈, 클로드 베르나르, 파스퇴르에게 진 모든 빚을 깨닫지 않을까? 성 바울, 성 아우구스티누스, 클레르보의 베르나르, 보나벤투라, 켐피스는 물론 시에나의 카타리나, 성 테레사, 보쉬에, 성 프랑수아François de Sales, 뉴먼John Henry Newman이 없었다면 종교적 인간으로서 모든 정신은 얼마나 빈곤해졌을 것인가?

성인들의 성찬식은 영성적 삶을 뒷받침한다. 우리의 열렬한

● 헝가리의 귀족으로 베토벤의 학생이었다. 베토벤은 피아노 소나타 작품 번호 24를 브룬스비크에게 바쳤다.

숭배를 받아 영원히 계속되는 선지자들의 연회는 우리의 지적인 삶에 활기를 불어넣는다. 찬양하는 능력을 함양하고 그 능력으로 빛나는 사상가들과 친밀한 관계를 유지하는 것은, 우리가 존경하는 사상가들과 대등해지는 방법이 아니라 우리 자신의 최상의 모습에 도달하는 방법이다. 다시 한 번 말하지만 이것은 마음속에서 추구해야 할 목표다.

천재 저자들과 교제하는 것은 우리를 더 높은 수준으로 끌어올리는 직접적인 이득을 가져다준다. 그들은 우수성 하나만으로도 우리에게 무언가를 가르치기 전부터 혜택을 준다. 그들은 우리를 위한 분위기를 조성한다. 그들 덕분에 우리는 높은 산의 공기에 익숙해진다. 그들은 낮은 곳에서 움직이고 있던 우리를 단숨에 그들 고유의 분위기로 끌어들인다. 그 고결한 사유의 세계에서 진리는 베일을 벗고 아름답게 빛나는 얼굴을 드러내는 듯하다. 우리가 선지자들을 뒤따르며 이해한다는 사실은, 그들과 우리가 결국 같은 인류이고 정신 중의 정신인 보편정신이 우리 안에도 있음을 성찰하게 한다. 언제나 예언적인 모든 영감의 원천에는 위고Victor-Marie Hugo의 말처럼 "모든 저자의 저자인 최초이자 최고의 저자, 곧 신"이 있기 때문에, 우리는 신성한 말을 내뱉기 위해 그 보편정신에 우리 자신을 맞추어야만 한다.

천재가 말을 할 때, 우리는 그가 아주 단순한 말을 한다고 생각하기 쉽다. 그는 인류를 표현하고, 그 말은 우리 안에서 반향을 일으킨다. 그가 다시 침묵할 때, 과연 우리는 그가 말하던 방식으로 계속 말하고 그가 마치지 못한 말을 끝맺을 수 있을까? 결코 그럴 수 없다! 그가 우리를 남겨두고 떠나자마자 우리는 이전의 무기력한 상태로 되돌아가 말을 더듬는다. 그럼에도 이제 참된 표현이 있다는 것을 알게 된 우리는 다른 어조로 더듬기 시작한다.

바흐의 전주곡들을 들어보라. 그 전주곡들은 많은 것을 말하지 않으며 짧은 모티프를 되풀이한다. 그다음에는 뛰어난 변주를 한다. 그 전주곡들은 프랑스의 조각가 로티Louis-Oscar Roty의 메달보다 깊은 위안을 주지는 않는다. 그러나 얼마나 높은 수준의 영감을 주는가! 어떤 미지의 세계로 우리를 데려가는가! 그곳에 머무르며 자유롭게 움직이는 것은 우리의 꿈일 테지만, 적어도 기억 속에서는 그곳으로 되돌아갈 수 있다. 헛수고를 훌쩍 뛰어넘을 수 있다는 것은 얼마나 큰 축복인가! 그 축복은 우리를 정제하거니와 지적 여흥의 단골 순서인, 눈부시지만 어리석은 불꽃놀이를 올바로 판단할 수 있게 돕는다.

천재가 우리에게 주제를 제시할 때, 진리를 드러낼 때, 신비의 영역을 열어 보일 때, 이따금 아퀴나스나 괴테처럼 몇 세기의 교양을 응축하여 제시할 때 우리는 얼마나 큰 빚을 지게 되는가! 로댕Auguste Rodin은 "인간의 정신은 몇 세대에 걸친 사유에 개인의 사유를 묵묵히 끈기 있게 더하는 것 외에 다른 방법으로는 아주 멀리까지 갈 수 없다"라고 말했다. 우리를 위해 몇 세대의 사유를 요약하는 위대한 사상가는 우리가 멀리까지 갈 수 있게 돕는다. 그는 자신이 획득하고 개간하고 씨를 뿌리고 경작한 영토에 대한 권리를 우리에게 준다. 그는 수확할 때가 오면 우리와 수확물을 공유한다.

지적인 정신들이 모인 곳은 언제나 제한적인 성격을 갖는다. 우리는 독서를 통해 그곳으로 좀 더 쉽게 들어갈 수 있다. 영감을 주는 페이지에 애원하는 듯한 눈길을 보내는 것은 헛된 시도가 아니다. 우리는 도움을 받고 우리를 향해 열리는 길을 발견하게 되고, 안심하고 시작하게 된다. 진귀한 정신들에 깃드는 신의 손길을 우리도 이용할 수 있게 된다. 우리는 그들을 통해 자란다. 우리는 그들을 통해 풍요로워진다. 거인은 난쟁이를 안고 가고, 조상은 우리에게 유산을 물려준다. 우리가 이런 자원에서 이득을 얻을 수 있을까? 원한다면 그럴 수 있다. 필요한 것은 주의력과 충실함뿐이다.

천재들은 우리를 위해 모든 것을 새롭게 만든다. 천재는 일종의 새로운 창조물인 일관된 체계의 핵심에 자리한 선지자이며, 천재가 가진 뛰어난 재능은 우리가 생각지도 못한 현실——분명 눈앞에 있었으나 우리가 보지 못한——을 제시한다.

모든 현실 이면에는 사유의 무한성이 있다. 그러나 우리는 그 무한성이 드러나기를 기다린다. 천재는 줄곧 혼자서 앞으로 나아가 베일을 젖히고는 '여기다!'라고 외친다. 학문(스키엔티아)은 대상을 꿰뚫어보는 것으로 이루어진다. 천재는 대상을 꿰뚫어보지 않는다. 천재는 창조된 존재의 본질적 핵심 안에서 자유롭게 움직이며, 신은 우리의 미약하고 불확실한 메아리를 통해 말을 건네는 대신 천재를 통해 우리에게 직접 말을 건넨다.

천재는 대상을 단순화한다. 가장 위대한 발견은 응집된 사유가 한순간 번개처럼 섬광을 내쏘는 것이다. 위대한 격언은 다양한 경험이 응축된 것이다. 회화, 음악, 건축, 시에서 최고의 솜씨는 막연하게 흩어져 있던 가치들을 통합하는 영감이 터져 나온 것이다.

자신의 모델이 보여주는 변화의 표현들을 한순간으로 집약한 다 빈치처럼, 공동의 인간성을 반영하는 위대한 인물은 우리에게 인류가 성취한 것들의 정수를 제공한다. 천재는 모든 것에 적용되는 이집트 벽화의 단순한 선이며, 그 풍요로운 단순성으로 인류의 눈부신 성취를 돋보이게 한다.

천재는 우리를 격려하고 우리에게 자신감을 불어넣는다. 천재는 소명을 드러내고 지나치게 걱정하는 소심함을 바로잡아 우리 스스로 열심히 노력하도록 자극한다. 숭고함에 대한 감각은 해가 떠오르듯이 우리 정신에 나타난다. 지혜의 영웅들을 통해 시도되고 입증되는 지혜는 우리에게도 초대의 말을 속삭인다. 지혜가 내 안에도 있다고 말하는 것은 얼마나 큰 행복인가!

위대한 인물들이 그들의 연륜만을 나타내 보인다는 것은 사실이 아닐 것이다. 그들은 인간성도 나타내 보이며, 인간성을 공유하는 모든 이는 그들의 영광 또한 공유한다. 악의적인 사상가들은 인류를 바라보며 자기가 원하는 대로 말할 테지만, 천재들은 그들이 틀렸음을 입증한다. 예수를 바라보며 "나자렛에서 무슨 신통한 것이 나올 수 있겠소?"라고 말한 유대인만큼이나 그들은 틀렸다. 플라톤이 그랬듯이 이 초라한 세상에서도 어떤 좋은 것이 나올 수 있다. 재능을 활용해 위대해진 사람일지라도 신의 자식이 아니라면 하찮은 존재에 지나지 않을 것이다. 그의 뿌리와 줄기는 그를 낳은 후에도 번식력을 잃지 않는다. 몸 안에 같은 수액이 흐르는 사람들은 언제나 스스로 불멸의 꽃을 기르고 피우기를 바랄 것이다.

위대한 인물들의 오류조차 우리가 그들과 교제하면서 얻는 이득일 수 있다. 우리는 그 오류로부터 우리 스스로를 지켜야 한다. 그들도 때로는 틀린다. 그들 거의 모두에게는 그림자——견해에 대한 과장이나 정확성과 거리가 먼 과잉 같은——가 있다. 그러나 설령 착오를 저지르더라도 그들은 준비된 정신을 앎의 영원한 토대와 삶의 비밀로 이끈다.

그들의 오류는 천박한 오류가 아니라 과잉이다. 그들의 착각에는 시야의 깊이와 예리함이 깃들어 있다. 그들을 조심스럽게 따라가는 사람은 분명 멀리까지 갈 수 있고 그들의 큰 실수를 피할 수 있다. 진리를 단단히 움켜쥔 이들에게는 모든 것이 유용할 수 있다. 우리가 훌륭한 선생들 아래서 사유의 뼈대를 잘 조정하고 단단히 접합하면서 정신을 형성해왔다면, 천재의 오류를 접하고 그것을 통해 성장하기를 바랄 수도 있다. 우리를 무분별하게 노출하지 않는다면 그 위험에서 은총을 발견할 수도 있다. 그 은총으로 새로운 영역이 우리에게 드러난다. 아마도 아주 배타적일 세상의 한 측면이 우리에게 생생하게 나타난다. 우리의 정신이 받은 자극은 그대로 남는다. 우리는 오류에 저항하기 위해 정신을 심화하면서 한층 강해진다. 그런 숭고한 위험을 초래하고도 그것에 굴복하지 않는다면 우리는 스스로를 더 잘 도야하고 더 효과적으로 지킬 수 있을 것이다.

아퀴나스는 이렇게 관찰한 뒤, 오류를 저지름으로써 우리를 시험한 그들에게 오히려 감사해야 한다고 말했다. 그들의 존재와 활동 덕택에 우리가 조금이나마 전진했기 때문이다. 우리는 직접적으로는 진리 단 하나에 모든 것을 빚지고 있다. 그러나 간접적으로는 오류를 범함으로써 섭리가 이끄는 정신적 발달에 기여하는 이들에게도 빚지고 있다.

교회가 이단에, 철학이 반대 견해에 무엇을 빚지고 있는지 생각하라. 아리우스, 에우티케스, 네스토리우스, 펠라기우스, 루터가 없었다면 가톨릭 교리는 구성되지 못했을 것이다. 칸트가 인간 지식의 토대를 흔들지 않았다면 범주론은 아직도 유년기에 머물러 있었을 것이다. 르낭Joseph Ernest Renan이 기독교의 기원에 관해 쓰지 않았다면, 가톨릭 성직자들은 오늘날과 같은 역사적 해석학적 토대를 결코 다지지 못했을 것이다.

집합적으로 참인 것은 개별적으로도 참이다. 우리는 원칙적으로 지혜로운 이와 교제하며 올바른 사유를 배워야 한다. 그러나 어리석음도 나름의 교훈을 준다. 전염병에서 회복한 사람은 거기서 힘을 얻는 법이다. "비틀거리면서도 쓰러지지 않는 사람이 걸음을 더 멀리 내딛는다."

5
대립을 강조하는 대신 조정하라

평범한 책을 읽든 천재 저자들의 책을 읽든 유익을 얻기 위한 본질적 조건은 저자들을 서로 등 돌리게 하는 대신 언제나 그들을 조화시키는 것이다. 비판적 정신은 나름의 역할이 있다. 우리는 혼란스럽게 뒤엉킨 의견들을 풀어내고 사람들을 가려내야 한다. 대조의 방법은 그럴 때 용인할 수 있고 또 필요하지만, 그것은 다른 도리가 없기 때문이다. 그러나 정신의 형성이나 개인적 유익 혹은 교사로서의 설명이 목표라면 문제는 아주 달라진다. 그런 경우 우리의 관심사는 사유가 아니라 진리다. 사람들끼리의 논쟁이 아니라 그들의 공부와, 공부를 통해 그들 안에 남는 것이다. 끝없이 차이에 집착하는 것은 쓸데없는 시도다. 결실을 맺는 탐구란 접촉점을 찾는 탐구다.

이 점에서 아퀴나스는 경탄할 만한 본보기다. 그는 늘 교리들을 비교해 한 교리로 다른 교리를 밝히고 완성하려고 노력했다. 아퀴나스는 아리스토텔레스주의자였지만 플라톤에게서도 배웠다. 아퀴나스는 아우구스티누스주의자가 아니면서도 자신의 정신을 끊임없이 아우구스티누스로 채웠다. 아퀴나스는 아베로에스를 소요학파의 타락자라고 단언했으면서도 그를 숭고한 정신[("빛나는 지성"(praeclarum ingenium))]이라 부르고 끊임없이 인용했다. 아퀴나스는 한 구절에 주석을 달 때, 필요하다면 그 텍스트를 해석해서 가장 순수한 진리의 내용이나 가장 풍부한 의미를 드러냄으로써 우리가 그 텍스트에서 보게 될 것을 말하며, 그러면서도 그 텍스트에 있을지 모를 유감스러운 면에는 너그럽게 눈을 감는다. 아퀴나스만큼, 순전히 오자를 찾아내기 위해서만 읽는 교정자와 닮지 않은 사람도 없다.

저자들에게서 싸우는 자질이 아니라 진리와 통찰력을 얻으려는 사람은 이렇게 근면하게 수확하고 조정하는 정신, 곧 꿀벌의 정신으로 그들에게 다가가야 한다. 벌꿀은 여러 종류의 꽃에서 채집한 꿀로 이루어진다. 배제, 요약, 삭제, 편협한 선택의 방법은 정신의 형성에 무한히 해로우며, 그런 방향으로 향하는 정신 안에서 미래에 관해 나쁘게 말하는 결점을 드러낸다. 괴테는 "창조적이지 않은 모든 개인은 취향이 부정적이고 편협하고 배타적이며, 창조적 존재로부터 에너지와 생명을 박탈한다"라고 썼다. 그런 지성은 편협하게 자란다. 보편자의 관점에서 만물을 보는 대신, 파벌을 만들고 험담이나 하는 정신 수준으로 추락하고 만다.

우리는 문간에서만 험담을 듣는 것이 아니다. 험담은 철학과 과학, 심지어 신학의 역사에서도 발견된다. 그리고 많은 이들이 험담을 따라한다. 험담에 초연하라. 진리를 찾고 어디서나 진리의 지지를 발견할 준비가 된 사람은 진리의 종들을 서로 맞서게 하지 않는다. 설령 그 종들이 '불완전한 천사들'일지라도, 진리가 방문만 하고 머물지는 못하는 불완전한 천재일지라도 그렇다.

특히 결점을 찾겠다는 자세로 위대한 정신들을 대하는 것은 일종의 신성모독이다. 그들의 오류를 유감스럽게 여길지언정 맹렬하게 비난해서는 안 된다. 그들의 교리들 사이에 수로를 파기보다는 다리를 건설하라. 가장 딴판인 관념과 체계 사이를 연결하는 숨겨진 고리를 발견하면 위대한 계시가 드러난다. 이렇게 진리에 대한 잘못된 해석을 완전한 진리로 복원하는 것이 영원히 흠이나 잡는 것보다 훨씬 유익하다.

우리가 위대한 인물들을 활용하는 방법을 근본적으로 알게 되면, 그들 모두는 우리에게 서로 동일한 본질적 진리를 알려줄 것이다. 나는 그들 모두가 이 진리를 선언한다고 말하는 것이 아니다. 그보다는 그들이 우리의 시선이 향하는 곳에 그 진리를 놓고, 저항할 수 없는 힘으로 우리를 그곳으로 이끌거나 추동한다고 말하는 것이다. 그들은 서로 충돌하고 지식을 쪼개고 인간 정신을 분열시키는 것처럼 보인다. 그러나 사실 그들은 수렴한다. 사원의 기둥들은 각기 별도의 기반 위에 놓여 있고, 서로 멀리 떨어져 있다. 그러나 그 기둥들이 지탱하는 아치들은 수렴하며, 많은 쇠시리들에 의해 결합되어 하나의 지붕을 이룬다. 당신의 바람은 그 안전한 지붕을 보는 것이요, 그 아래서 위안을 구하는 것이다. 그럴 때 당신은 악명도, 파벌 간의 충돌도, 논쟁하는 정신도, 지성에 대한 인위적인 자극도 아닌 오직 진리만을 추구하는 것이다.

6

읽는 것을 흡수하고 읽는 대로 살아라

　마지막으로 읽기의 요점을 지적하겠다. 설령 진리에 마음을 열고 진리가 지배력을 행사하는 것을 방해하지 않기 위해 어떤 면에서는 수동적인 태도를 보여야 할지라도, 독자는 읽는 것을 자기 것으로 만들고, 읽는 것을 수단으로 삼아 정신을 형성하기 위해 읽는 것에 반응해야 한다. 우리는 사유하기 위해 읽고, 사용하기 위해 재물을 얻고, 살기 위해 먹는다.

　나는 언제까지나 읽기만 하는 기계적인 정신활동, 즉 더 이상 진짜 공부가 아닌 지적인 자동성에 한 걸음씩 다가가는 독자를 비판했다. 그러나 많이 읽는 독자만 수동적인 습관에 빠져드는 것은 아니다. 다수의 사람들에게 책은 뜨개질과 같다. 그들의 정신은 일종의 나태에 빠져서 "양치기가 꾸벅꾸벅 졸면서 흐르는 개울을 보듯이"(프랑스의 낭만파 시인 뮈세Alfred de Musset의 말) 관념들의 행진을 무기력하게 방관한다.

그럼에도 공부는 생명이고, 생명은 흡수이고, 흡수는 살아 있는 유기체가 양분에 반응하는 것이다. 알맞은 때에 곡물을 수확해 다발로 묶고 빵을 굽는 것만으로는 부족하다. 그 곡물로 몸을 만드는 것만이 풍성한 수확물을 유용하게 사용하는 길이다.

늘 듣기만 하고, 다른 이들과 유순하게 교제하면서 들은 바를 자기 것으로 바꾸지 못한다면 결코 배우지 못할 것이다. 유순함은 칭찬할 만한 것이고 꼭 필요한 것이다. 그렇지만 유순함만으로는 부족하다. 콩트는 "복종은 진보의 토대다"라고 말했다. 그러나 복종 자체가 진보는 아니다. 우리에게 가르침을 주는 천재는 자신에게 영감을 주는 신처럼 이렇게 말할 것이다. "나는 양들이 생명을 얻고 더 얻어 풍성하게 하려고 왔다"(「요한의 복음서」 10장 10절). 다른 이들에게는 생명이었던 것이 우리에게는 불 꺼진 등불에 지나지 않을 수 있을까?

스스로 노력하지 않으면 아무도 우리를 가르칠 수 없다. 책은 우리에게 진리를 제시할 뿐, 그것을 소화해야 하는 것은 우리 자신이다. 우리를 먹이는 사람은 시장의 상인이 아니다. 직접 먹어야 살이 되고, 나 자신만이 그렇게 할 수 있다. 보에티우스는 "인간 정신은 교리를 읽고 더 알도록 자극받을 뿐이다"라고 썼다. 그에 앞서 아우구스티누스는 "인간에게 가르침은 나무에게 농민과 같다"라고 말했다.

이 문제를 더 깊이 파고든 아퀴나스는 음성언어와 문자언어가 정신에 직접 도달하지 않는다는 것을 관찰했다. 언어의 온전한 기능은 음성과 기호로 정신에 재료를 제공하는 것이다. 음성과 기호는 신호다. 우리의 감각은 그 신호를 지각하고 전달한다. 한 관념에서 생겨나 반대 방향으로 움직이는 이 신호의 임무는 유사한 관념을 일깨우는 것이다. 그러나 그 모든 과정에서 정신들은 서로 맞닿지 않는다. 지식을 산출하는 것은 우리에게 제시되는 신호가 아니라 그 신호에 대한 우리 이성의 활동이다.

근본적으로 보면, 우리에게 제시되는 지적인 명제들은 우리가 알고자 하는 대상들만큼이나 지성 바깥에 남아 있다. 그 명제들의 이점은 이미 밝히고 정돈해둔 관념들에 기호로 대응한다는 것뿐이다. 이런 이점 덕분에 명제는 사유를 촉진하지만, 그 자체로 사유를 대신하지는 못한다. 약이 우리 몸의 회복을 위한 수단을 제공하듯이, 가르침이 하는 일은 우리에게 정신 활동의 수단을 제공하는 것이 전부다. 그러나 어떤 약도 비활성 유기체에는 작용할 수 없는 것처럼, 어떤 가르침도 무관심한 정신을 일깨울 수는 없다.

실제로 자연은 스스로를 치유하고, 정신은 자신의 빛으로만 계몽된다. 다음 구절처럼 정신에 빛을 불어넣는 신만이 예외다. "밝으신 당신의 얼굴을 우리에게 돌리소서, 야훼여"(「시편」 4장 6절). 결국 우리 안에서 말을 건네는 신, 우리가 배우는 모든 가르침의 원천인 신만이 우리의 유일한 스승이다. 엄밀히 말해 인간과 인간은 서로 사유를 주고받을 수 없다.

이 예리한 분석에는 실제적 결과가 뒤따른다. 관념이 외부에서 우리에게 도달하지 못한다면, 그리하여 관념이 반드시 우리 안에서 생겨나야 한다면, 우리는 책이 제공하는 지적인 재료——소리 없는 대담자가 보내는 신호——에 담긴 사유에 도달할 수 있도록, 나아가 그 너머까지 나아갈 수 있도록 노력해야 한다. 활동적 정신 안에서 일깨워지는 한, 관념은 언제나 다른 관념을 일깨울 것이기 때문이다.

동일한 영감을 공유해야만 천재와 친교를 나눌 수 있다. 외부에 귀를 기울이는 것은 스스로를 책망하며 귀를 막는 것이다. 우리는 위대한 말을 눈으로 보는 것도, 귀로 듣는 것도 아니다. 그 말을 수용하는 것은 계시를 받는 정직한 정신, 동일한 빛을 받는 지성이다.

지식의 근원은 책이 아니라 현실과 우리의 사유에 있다. 책은 표지판이다. 표지판보다 먼저 생기는 것은 길이며, 아무도 우리를 위해 진리에 이르는 여행을 대신해줄 수 없다.

우리에게 가장 중요한 것은 저자가 말하는 것이 아니라 우리 안에 남는 것이다. 우리 정신의 임무는 반복이 아니라 이해다. 다시 말해 우리는 읽는 것을 '붙잡아야' 하고, 몸으로 흡수해야 하며, 결국에는 스스로 사유해야 한다. 저자의 말을 들으면——저자를 본받을 수도, 저자의 도움을 받을 수도 있지만, 결국에는 혼자 힘으로——그것을 다시 표현하도록 정신을 재촉해야 한다. 지식의 요지를 우리 자신의 쓸모에 맞게 재창조해야 하는 것이다.

어떤 경우든, 적어도 위대한 책에서 얻는 주된 이득은 여기저기 흩어진 진리를 습득하는 것이 아니라 지혜를 함양하는 것이다. 아미엘은 프랑스인의 정신과 독일인의 정신을 비교하면서 이렇게 말했다. "독일인은 장작더미를 쌓고, 프랑스인은 불씨를 제공한다." 이것은 지나치게 단호한 판단일지 모르지만, 불길을 일으키는 것은 분명 불씨다.

지혜 함양은 교육의 제1목표였다. 우리가 우리 자신에게 제공하려는 교육의 목표도 여전히 지혜 함양이다. 지혜가 없으면 우리가 습득하는 것은 서재의 책꽂이에 꽂힌 뒤로 한 번도 읽히지 않은 책만큼이나 가치가 없다. 큰 가치가 있지만 우리가 읽지 않는 책과 텍스트가 우리 안에도 있다.

위대한 정신들과 교제하면서 그들에게서 판에 박힌 말 외에 아무것도 얻지 못한다면 그들을 얼마나 오용하는 것인가! 그들을 활용해 글을 쓰려 할 때, 그 오용이 얼마나 뻔히 보이겠는가! 그렇게 앵무새처럼 흉내나 낸다면 금세 들통 날 것이고, 머지않아 필자가 보잘것없는 사람임이 드러날 것이다.

창작이야말로 다른 이를 진정으로 활용하는 것이다. 어떤 구절을 문자 그대로 인용하더라도 정확한 위치에 넣는다면, 빌려오는 구절이 인용하는 맥락과 동일선상에 있어서 서로 조화를 이룬다면 인용자는 어떤 의미에서 원저자만큼이나 독창성을 보여주는 것이다. 다른 이에게 바치는 영광은 자신에게 되돌아온다. 이 경우에 인용구는 사전에서 찾는 단어와 같지만, 정신이 몸을 창조하듯이 인용자는 창조를 하는 것이다.

아퀴나스, 보쉬에, 파스칼이 바로 이렇게 인용했다. 그러니 아주 소박한 과업을 열망하는 우리는 이들에게 우리와 동일한 정신 법칙을 적용해야 한다. 진리는 모든 인간의 조상이고, 지혜는 누구에게나 초청장을 보낸다. 그러므로 우리에게 제공된 것을 가장 위대한 이들이 독점한 채 탁월하게 활용하는 모습을 두고만 보아서는 안 된다. 천재들과 비교하면 우리는 아이에 지나지 않지만, 그 아이는 유산을 물려받은 아이다. 천재들이 우리에게 주는 것은 영원에 속하므로 우리 것이기도 하다. 천재들 자신도 영원으로부터 그것을 받는다. 천재들이 우리에게 말하는 동안, 우리는 그들 이전에 무엇이 있었고 그들 위에 무엇이 있는지, 신이 우리 모두를 위해 무엇을 준비해두었는지를 관조해야 한다.

이런 조건에서만 우리는 독창성을 성취할 수 있고, 언젠가 지혜를 함양해 진정한 의미의 성과를 내놓을 것을 기대할 수 있다. 진정으로 자기 것을 산출하기를 원하는 사람에게 읽기는 자극만을 제공할 수 있다. 다시 말해 읽기가 풍요롭게 하는 것은 그의 인성이지 글이 아니다. 이것은 책에서 새로운 영역으로 들어가는 길을 발견해야 한다고 앞서 말한 것과 뜻이 통한다.

  스스로 공부해야만 지식을 습득할 수 있다는 것이 참이라면, 스스로 노력하지 않고는 세상에 새로운 사유를 보탤 수 없다는 것은 더더욱 참이다. 나는 내가 쓴 책을 읽으면서 어떤 적절한 제안과 일련의 새로운 관념을 내놓기 위한 출발점을 발견하고 싶다. 그러나 그런 다음에는 가능한 한 빨리 책을 내려놓고 빚지고 있다는 느낌을 떨쳐버리고 싶다. 나의 의무는 나 자신이 되는 것이다. 다른 이의 사유를 되풀이해봐야 무슨 소용이 있겠는가? 아무리 보잘것없는 존재일지라도, 나는 신이 어떤 목적 없이는 영적 존재를 만들지 않는다는 것을 안다. 신은 가장 하찮은 자연물도 목적 없이는 만들지 않는다. 나는 스스로를 자유롭게 놓아둠으로써 신에게 복종한다. 나는 살아 있기에 단순히 반사된 상이 아니며, 살면서 풍성한 결실을 맺을 수 있다. 아무것도 내놓지 않는 이는 존재하지 않는 것이다. 나는 책을 읽으면서 나를 고무하는 저자를 닮은 사유가 아니라 나 자신을 닮은 사유를 내놓아야 한다!

내 생각에는 이것이 책 문제에서 핵심이다. 책은 신호, 자극제, 조력자, 기폭제다. 책은 대체물도 아니고 속박하는 사슬도 아니다. 우리의 사유는 우리 자신이 되어야 한다. 책을 읽을 때 저자는 목표가 아니라 출발점이 되어야 한다. 책은 요람이지 무덤이 아니다. 육체적으로 우리는 어린 채로 태어나서 늙은 채로 죽는다. 반면 오랜 세월의 유산을 물려받기 때문에 우리는 지적으로 "늙은 채로 태어나지만 어린 채로 죽을 수 있도록 노력해야 한다"(투르비유Abbé de Tourville에게는 익숙한 생각이다. 그는 이 생각을 사회과학에 적용했다).

진짜 천재들은 우리를 구속하지 않고 자유롭게 놓아둔다. 만일 그들이 우리를 종속하려 든다면, 우리는 그들에게 저항해야 하고 자유를 침해당하지 않도록 경계해야 한다. 같은 자원을 가지고 싸우는 것이 아니라서 우리가 훨씬 큰 피해를 입을 것이기 때문이다. 우리는 우리의 정신을 해방해야 한다. 우리 내면 깊은 곳에서 싹트는 사유일수록, 다른 이에게 표현하기 어려운 사유일수록 인간을 더 많이 반영할 것이고, 다른 이들이 그 사유에서 그들 자신을 더 쉽게 인식할 것이다. 인간적 고려를 하면 인류에게서 멀어지고, 자발성을 발휘하면 인류에 가까워진다. 다른 이의 사유를 되풀이한다면, 공공연히 하든 은밀히 하든 머지않아 지루하다고 판명날 것이다. 쇼펜하우어는 "네가 읽은 것만을 말한다면 아무도 너를 읽지 않을 것이다"라고 말했다.

요컨대 우리의 동료들을 위해 진리 혹은 신과 협력하자. 우리가 따를 모범은 신의 창조적 사유에서 찾을 수 있다. 천재들은 그림자일 뿐이다. 그림자의 그림자가 되는 것은 가엾은 일이다. 우리는 변변찮든 위대하든 이 지구에서 비할 바 없고 전례가 없는 유일무이한 정신적 실체이기 때문이다.

인간은 다양하고 우리 각자는 인류의 표본이다. 신은 모든 사람 안에 있다. 그러니 지혜롭게 인간을 존중하고 우리 안에 있는 신을 존경하자.

[기억하기]

1 무엇을 기억할 것인가
2 어떤 질서로 기억할 것인가
3 어떻게 기억하고 이용할 것인가

1
무엇을 기억할 것인가

적절한 순간에 공부와 정신작용에 도움을 줄 무언가가 기억에 남아 있지 않아서 그것을 이용할 수 없다면, 독서를 통해 지식을 습득해봐야 아무 쓸모도 없을 것이고 성찰도 불가능할 것이다.

위대한 인물들은 대개 비범한 기억력을 타고나는 반면, 어떤 이들은 기억력이 부족하다. 대다수는 기억력이 썩 좋지 않아서 다양한 방법으로 이 제약을 보완해야 한다. 이 능력을 잣대로 삼아 위대한 스승들을 분류할 수는 없다. 그러나 다른 조건이 같을 때 풍부한 기억과 비상한 기억력은 분명 귀중한 자원이다.

그렇다고 해서 무분별하게 기억력을 연마해야 한다거나 정신에 개념, 사실, 이미지, 책에서 따온 구절 등을 가능한 한 많이 집어넣어야 한다고 결론짓지는 말자. 그런데 아퀴나스는 '16가지 조언'에서 이것을 권한 것처럼 보인다. 아퀴나스는 "그릇을 채우는 것이 목표인 사람처럼, 정신에 쌓을 수 있는 것은 무엇이든 쌓아두어라"라고 말했다. 우리는 이 간략한 격언에 함축된 유보 조건을 이해해야 한다. 우리는 가능하다면 모든 것을 기억해야 하고 모든 것을 읽어야 하지만, 그 대상이 유용할 때만 기억하고 읽어야 한다.

앞에서 지성인은 지나치게 많이 읽는 것을 경계해야 한다고 말했다. 이것은 대체로 기억에도 적용된다. 우리는 이로울 뿐 아니라 해로울 수 있는 대상도 습득하고 기억할 수 있기 때문이다.

우리의 스승들은 한결같이 너무 많은 기억은 개인의 사유와 주의력에 해롭다고 말한다. 재료가 너무 많으면 정신은 수렁에 빠진다. 정신이 사용하지 않는 재료는 정신을 방해하고 마비시킨다. 과식은 독이다. 박식한 체하지만 정신은 비뚤어지고 무기력한, 흔히 '살아 있는 도서관'이나 '걸어 다니는 사전'이라 불리는 수많은 사람들이 그 증거다.

우리는 기억하려고 사는 것이 아니라 살려고 기억을 이용하는 것이다. 계획을 구상하거나 실행하는 데에 도움이 되는 것, 영혼이 흡수할 수 있는 것, 목표에 기여하는 것, 영감에 생기를 불어넣는 것, 공부를 뒷받침하는 것은 무엇이든 정신에 새겨라. 나머지는 망각하게 놔두어라. 쓸모없어 보이던 많은 것들——실제로도 대부분 쓸모가 없는——이 간혹 유용할 수도 있지만, 그렇다고 그것이 만에 하나 필요할지 모르니 기억하자고 말할 이유가 되지는 못한다. 필요하다면 다시 찾을 것이고, 종이에 쉽게 기록해둘 수 있을 것이다. 어떤 기차든 타야 한다는 핑계를 대면서 철도 안내책자를 외우지 마라.

파스칼은 자신이 기억하고자 했던 것을 잊은 적이 없다고 말했다. 우리가 쓸모 있는 대상만 기억하기를 바란다는 것을 감안하면, 파스칼의 기억이 올바른 종류의 기억이다. 아우구스티누스가 행복을 "좋은 것만을 바라고, 바라는 것은 모두 갖는 것"이라고 정의했을 때, 그는 파스칼과 마찬가지로 최상의 기억을 정의했던 것이다. 좋은 것은 무엇이든 기억하라. 그리고 신에게 파스칼의 은총을, "아무것도 버릴 게 없는" 아퀴나스의 은총을, 딱 한 번 듣고는 장엄한 미사곡 전부를 재연해낸 모차르트의 은총을 내려달라고 청하라. 그러나 다시 한 번 말하건대 그런 은총이 꼭 필요하지는 않다. 어떤 실질적인 해를 입지 않고도 우리는 그런 은총을 보상받을 수 있다. 더구나 우리에게 없는 것이 아니라 주어진 것을 활용해야 하는 마당에 은총의 가치를 어림해봐야 무슨 소용이 있는가!

공부하는 삶의 전반적인 흐름에 기억을 포함시키는 것, 소명에 기억을 통합하는 것이 가장 중요하다. 정신 자체와 마찬가지로 기억도 전문화해야 한다. 전공 공부의 대상은 고도의 집중력으로 기억해야 하고, 부차적인 문제들은 넓은 시야로 두루 기억해야 한다.

모두가 알아야 하는 것, 특히 지성인이라면 몰라서는 안 되는 것들이 있다. 또 전공 주제와 어느 정도 긴밀하게 연결되어 있으며 각자가 정신의 넓고 좁음에 따라 기억해야 한다고 느끼는 정도가 다른 것들이 있다. 마지막으로 본질적으로 우리의 전공 주제에 속하는 것이어서 알지 못하면 과업을 수행할 수 없을뿐더러 나태하고 무기력하다는 비난을 들어도 딱히 할 말이 없는 것들이 있다.

각자가 필요한 순간에 이용할 수 있도록 정신의 최전선에 간직하려 노력해야 하는 것은 공부의 토대를 이루는 것으로, 모든 탁월한 인물들이 자신의 소명에 따라 알았던 것들이다. 이 문제에서 태만은 용납되지 않는다. 공부의 토대가 되는 것은 잠시도 지체하지 말고 습득해야 한다. 그 외에 특정한 과업에 필요한 것들은 정신에 영원히 고정시키기 위해 특별히 노력하지 않더라도 어느 정도 알게 될 것이다.

읽기의 경우와 마찬가지로, 특정한 과업에 필요한 것과 소명에 필요한 것을 정신에 기록하는 일도 분명 선입관에서 출발한다. 유일한 차이가 있다면 특정한 과업은 순간의 소명인 반면, 소명은 영원한 과업이며 각자의 소명에 맞게 기억이 조정된다는 것이다.

니콜은 종교인에게 "다양한 찬송가와 『성서』의 구절을 외워서 그 성스러운 말씀으로 기억에 생기를 불어넣어라"라고 제안한다. 이것은 우리 모두가 부여받은 신성한 소명을 완수하고 선례를 따라 노력을 촉진하는 방법이다. 오늘날 이 조언을 이해하는 사람은 극소수다. 베르길리우스, 라신, 뮈세의 긴 구절을 암송하는 사람일지라도 〈안젤루스〉Angelus, 〈살베 레지나〉Salve Regina, 〈테 데움〉Te Deum, 〈마그니피캇〉Magnificat을 암송하기는 어려울 것이다. 이것은 분명 순서가 뒤바뀐 것이다. 기억해서 우리 마음에 고정시킨 것이 우리에게 더 효과가 있다.

2
어떤 질서로 기억할 것인가

얼마나 기억할지를 정했다면, 어떤 순서로 기억할지를 생각해야 한다. 아무렇게나 기억해서는 안 된다. 학문(스키엔티아)이란 원인들에 대한 앎이다. 모든 경험의 가치는 다른 경험들과 어떻게 연결되고 어떻게 묶이느냐, 그리고 가치의 위계에서 어디에 놓이느냐에 달렸다. 단순히 기억을 축적하기만 해서는 기억 전부를 못 쓰게 되고 오로지 우연에 의지해 기억을 다시 발견하게 된다.

지적인 기억은 명백히 지적 능력의 특징을 띠어야 한다. 명확한 연관성 없이 마구 뒤섞여 있는 개념들로는 지성을 충족시킬 수 없다. 언제나 무엇이 이것과 저것을 연결하는지, 이것과 저것을 위해 어떤 조건이 필요한지를 살펴라. 조각난 파편들이 아니라 조화로운 관계를 기억하라. 질서가 잘 잡힌 정신은 모든 가지가 서로 연결되어 있는 계통수와 같다. 계통수에서는 각각의 계통이 전체를 이루며 서로 어떻게 연결되어 있는지가 나타나기 때문에 모든 단계의 관계가 확연히 드러난다.

이는, 사유할 때와 마찬가지로 기억할 때도 모든 것을 본질적인 것과 연결해야 한다는 뜻이다. 근원적이고 근본적이고 단순한 것——연속적인 **차이**를 만들어내며 한 단계씩 높아지는 복잡성의 출발점——은 지식을 뒷받침하듯이 기억도 뒷받침하며, 필요한 순간에 기억을 효율적으로 사용할 수 있게 해 준다.

우리의 주요 관념이 기억에 남은 관념 때문에 풍성해지기는커녕 오히려 더 철저하고 치명적으로 고립된다면, 무수히 많은 관념을 기억하더라도 전혀 쓸모가 없다. 수많은 자료가 근본적인 관념과 모두 똑같은 관계를 맺는다면 자료 하나보다 결코 나을 게 없다. 서로 조화를 이루지 못하는 관념은 열매를 맺지 못한다.

앞에서 무엇보다 주요 관념을 추구하라고 말한 것처럼, 무엇보다 주요 관념을 꽉 붙잡아라. 언제든 당신이 마주치는 새로운 것에 빛을 비출 수 있도록, 새로운 자료를 습득하더라도 오래된 관념이 제자리를 지킬 수 있도록 주요 관념을 준비해 두어라. 뇌가 위에 들어가는 음식물로부터 이득을 얻고 심장이 팔다리의 운동으로부터 이득을 얻듯이, 그 관념이 매 순간 스스로 성장하고 팽창할 수 있게 하라.

새로운 관념은 회고적으로 작용한다. 횃불은 전방만이 아니라 후방도 비추기 때문이다. 자료는 관념에 따라 분류될 때 새로운 면을 드러낸다. 그럴 때면 우리 안의 모든 것이 새 생명을 얻어 다시 태어난다. 그러나 그렇게 되려면 빛의 길이 열려야 하고, 우리의 사유가 질서정연하게 연속적으로 연결되어야 한다.

정신과 기억을 정돈하고 나면 우리는 거의 자동으로 과도한 부담을 짊어지지 않게 되고, 겉보기에는 뚜렷하게 구별되는 계율이 실은 하나임을 알게 된다. 하나의 조직화된 전체에는 쓸모가 없는 것, 혼란스러운 것이 끼어들 자리가 없다. 그 전체에 기여하든지 아니면 사라지든지 둘 중 하나다. 한 대상이 마치 사람처럼 질서 잡힌 위계——그 대상이 들어갈 자리도 없을뿐더러 완성하거나 기여하지도 못하는——에 침입한다는 것은 터무니없는 생각이다.

그러므로 쓸모없는 짐에서 벗어나 질서가 제대로 잡힌 정신은 모든 힘을 공부에 쏟을 수 있을 것이다. 그 정신은 목표를 향해 곧장 나아갈 것이고 사소한 일에 시간을 낭비하지 않을 것이다. 물론 그 사소한 일이 다른 누군가에게는 주요 목표일 수 있다.

파스퇴르는 프랑스 양잠업을 위협하는 병을 퇴치하려고 남부에 도착했을 때만 해도 누에의 습성을 몰랐다. 머지않아 그 병을 퇴치하기는 했지만 파스퇴르는 위대한 곤충학자 파브르에게 뻔한 질문만 했다. 파브르는 처음에는 이 '파리 사람'의 뻔한 피상성에 놀랐다. 그러나 머지않아 파스퇴르가 생명의 근원을 점점 더 깊이 탐구하는 모습을 보았고 나중에는 이 천재의 한결같은 성실함을 칭찬했다.

어떤 주제에나 전체를 지배하면서 모든 대상의 열쇠가 되는, 나아가 삶까지 지배하는 몇 가지 관념이 있다. 그러나 그 관념들에 앞서 성체등聖體燈으로 우리의 마음을 비추어야 한다.

창조적 능력은 대체로 기억의 통제된 활동과 지혜에 의존한다. 어떤 길을 가든 본질적인 것을 확실히 파악하면 전망이 열리고, 새로운 자료를 획득함에 따라 이미 습득한 것은 논리적으로 성장한다. 기존 사유는 새로운 사유의 출발점이 된다. 모든 진리는 다른 진리의 서광이며, 모든 가능성은 실현되기 위한 것이다. 새로운 경험에서 이득을 얻을 준비를 마친 내적 질서는 땅 깊은 곳까지 내려가는 뿌리와 같다. 그 뿌리를 이루는 물질은 활기를 띠고 섬유조직은 성장하면서 양분을 흡수한다. 생명체가 발생하고 번성하기 위한 유일한 조건이 환경에 대한 적응인 것과 같다.

앎의 환경은 우주다. 그리고 우주는 그 자체로 유기적 조직이자 구조다. 공부하는 이가 전진하기 위해서는 기억의 도움을 받아 우주에 상응하는 구조를 자신 안에 세움으로써 환경에 적응하고 활동할 수 있어야 한다. 그것으로 충분하다.

3
어떻게 기억하고 이용할 것인가

 이제 그런 기억을 어떻게 습득해서 어떻게 이용할 것인가라는 문제가 남았다. 정신의 삶의 근본적인 조건과 밀접한 관련이 있긴 하지만 그 문제가 대단한 비밀은 아니다.

 아퀴나스는 네 가지 규칙을 제시했다. 첫째, 기억하려는 것을 정돈하라. 둘째, 기억하려는 것에 깊이 몰두하라. 셋째, 기억하려는 것을 자주 생각하라. 넷째, 기억한 것을 회상할 때는 나머지를 떠올리게 해줄 기억 사슬의 한쪽 끝을 잡아라. 아퀴나스는 키케로의 선례를 따라서 지적인 것을 감각적인 것과 연결하면 기억에 이롭다고 덧붙인다. 감각적인 것은 지성의 적절한 탐구 대상이고 그 자체로 기억되는 반면, 다른 것들은 우연히 간접적으로 기억되기 때문이라고 아퀴나스는 말한다.

기억에서 질서가 중요하다는 것은 이미 다른 관점에서 강조했다. 기억을 고정할 때 질서가 효과적이라는 것은 누구나 경험했을 것이다. 서로 관련이 없는 일련의 단어, 숫자, 관념, 요소는 머리에 넣기 어렵다. 이 고립된 개념들은 자리를 잡지 못하고 즉시 사라져버린다. 반면 연쇄를 이룬 개념들은 망각에 저항한다. 무엇이든 고유한 근거가 있고 자연스러운 집단을 이루는 것, 곧 환경에 뿌리를 내린 것은 잊힐 위험이 적다. 연관 요소들과 분리된 요소는 절반만 남는 것이다.

　그러므로 기억하길 원한다면 대상들의 연계와 근거를 알아채라. 대상들을 분석하고, 존재 이유를 찾고, 대상들의 계통과 연쇄의 순서, 그에 따른 결과를 관찰하라. 공리에서 시작해 필연적으로 멀리 떨어진 결론에 도달하는 수학의 절차를 모방하라. 한 대상을 충분히 이해한 다음, 조각이나 느슨한 고리가 아닌 연계를 배워 정신에 집어넣는 것이야말로 전체를 끈끈하고 단단하게 만드는 방법이다. 연계가 곧 힘이다.

　아퀴나스가 둘째로 권한 규칙은, 정신에 단어와 대상의 형태를 새기는 신비한 조각 도구에 크게 의존하라는 것이다. 우리가 더 깊이 열중할수록 선이 더 깊이 새겨질 것이다. 배우겠다는 자세로 읽거나 들을 때는 그 상황에 온전히 집중하라. 소리를 지르듯이 들은 것을 되뇌고 음절 하나하나를 똑똑히 발음하라. 나는 지금 비유적으로 말하고 있다. 그러나 때로는 내가 말한 그대로 행하는 것이 도움이 된다. 무언가를 기억에 고정시키길 원한다면 그것을 읽거나 듣자마자 정확하게 반복할 수 있도록 준비해두어라. 그것이 책이라면 내용을 요약하고 그 가치를 평가할 수 있을 때까지는 주의를 돌리지 마라. 이 마지막 제안을 덧붙이는 이유는, 적극적으로 개입하도록 우리를 고무하는 목표가 비유와는 거리가 멀기 때문이다. 그 목표는 우리의 인성과 관련이 있다.

필연적으로 따라오는 다음 규칙은 망각하지 않고 기억할 가치가 있는 목표를 가능한 한 자주 숙고하는 것이다. 앞서 기억하려는 것을 깊이 새기라고 권한 이유는 살아가면서 삶의 흔적이 지워지기 때문이다. 이것은 선이 점점 흐려지더라도 조각 도구로 선을 거듭해서 새기고 산을 충분히 부어 에칭 작업을 하도록 우리를 추동하는 동기다. 다시 말해 끊임없이 유용한 사유를 되살리고, 기억하려는 사실을 반추하도록 추동하는 동기다.

동요하는 정신은 이런 작용을 방해한다. 그러므로 모든 지적 기능과 마찬가지로 기억을 유익하게 활용하는 데에도 정념이 없는 평온한 삶이 필수다.

자연과 삶을 마주하고 감탄하는 활기찬 정신 또한 기억에 기여한다. 우리는 인상적인 것을 더 잘 기억한다. 다른 많은 이유와 더불어 바로 이 이유 때문에 지성인은 새롭고 신선한 것에 대한 감각을 길러야 한다. 그 감각은 풍성한 결실을 맺을 창작이나 탐구를 활기차게 수행하기 위한 출발점이다.

마지막으로, 아퀴나스는 어떤 기억을 상기하고 오래된 이미지를 되살리려면 우리가 기억 구성의 토대로 삼았던 사유와 인상의 상호의존성을 이용하라고 다시 한 번 권한다. 뇌 안에 있는 모든 것은 설령 우리가 의도하지 않더라도 얼마간 서로 연결되어 있다. 우리가 전력을 다해 그 연결을 추구하고, 개념들 사이에 가장 자연스러운 연결을 부지런히 구축한다면 열매를 거둘 수 있을 것이다.

그러므로 아무렇게나 형성된 것이 아닌 하나의 전체를 아무렇게나 조사해서는 안 된다. 우리는 논리적으로 나아가야 한다. 필연적으로 드러나기 마련인 대상의 논리를 따라가거나 아니면 처음부터 그 논리를 염두에 두고서 그것을 활용해야 한다. 또 우리가 구성한 관념의 연쇄를 두루 살피면서 인접한 관념과의 맥락을 고려해야 한다. 요컨대 주의력의 법칙에 따라 과거에 고정하고 저장했던 것을 의도적으로 다시 주의력의 범위 안으로 불러내야 한다.

이는 아퀴나스가 '사슬 당기기'라고 부른 것으로, 그가 붙잡으라고 조언한 사슬의 한쪽 끝은 우리가 찾으려는 것과 가장 직접적으로 연결되어 있다. 예를 들어보자. 나는 전에 어떤 공부 계획을 세웠다는 것을 기억하고 있다. 지금은 그 계획의 내용이 기억나지 않는다. 그렇지만 그 당시에 내가 어떤 장소에 있었다거나, 어떤 친구와 이야기를 했다거나, 그 계획이 어떤 일군의 정신작용이나 내 소명의 어떤 측면과 관련이 있다는 것은 알고 있다. 아니면 그 계획이 전에 읽은 어떤 책에서 영감을 받았거나 선행하는 어떤 공부 때문에 세운 것일 수도 있다. 잊어버린 계획을 기억해내기 위해 나는 장소에 대한 인상과 친구들, 그 계획이 속한 일군의 관념, 앞서 분석한 책이나 끝마친 공부를 떠올릴 것이다. 거기에서 시작해 나는 사면팔방을 샅샅이 살펴볼 것이고, 다양한 방법으로 지금 내가 아는 것이 이 맥락들 가운데 무엇과 연결되어 있었는지 밝히려고 노력할 것이다.

요약하자면, 기억과 관련해 중요한 것은 얼마나 많이 기억하느냐가 아니다. 가장 중요한 것은 기억의 질이고, 그다음이 기억의 질서이며, 마지막이 기억을 활용하는 기술이다. 사유할 재료가 모자란 경우는 거의 없다. 부족한 것은 재료를 다룰 사유다. 배움에 있어 지적인 흡수, 질서 정연한 연결, 풍요롭고 질서가 잘 잡힌 정신의 점진적인 통합은 반드시 필요하다.

흥미로운 것은 집의 마당이 아니라 구조이고, 무엇보다 그 집에 거주하는 이의 정신이다. 영감을 드높이고 주의력을 날카롭게 유지하라. 진리에 예민하게 반응하고 열정적으로 탐구하라. 그러면 모자람 없이 기억할 수 있을 것이다.

〔 노트하기 〕

1 어떻게 노트할 것인가
2 노트를 어떻게 분류할 것인가
3 노트를 어떻게 사용할 것인가

1
어떻게 노트할 것인가

내가 읽기, 기억하기, 노트하기를 되풀이해서 말하는 이유는 이 세 과제가 어떤 의미에서는 동일하기 때문이다. 세 과제를 수행하면서 우리가 추구하는 목표는 때가 되면 성과를 내놓기 위해 우리 자신을 완성하는 것이다.

우리는 비교적 적게 읽어야 한다. 그보다 훨씬 적게 기억해야 하며, 어차피 자연스럽게 그렇게 된다. 일종의 외적 기억이자 몽테뉴가 '종이 기억'이라 부른 노트는 읽는 것의 아주 적은 부분만을 담아야 한다. 그러나 노트는 기억보다 넓은 범위를 담을 수 있고, 기억을 보충할 수 있으며, 따라서 기억의 부담을 덜어주고 독자적인 방식으로 공부를 도울 수 있다.

공부를 하면서 알게 된 것을 모두 온전히 간직하거나 사용하기 위해 기억에 의지해야 한다면, 그것은 끔찍한 재앙일 것이다. 기억은 미덥지 못한 하인이다. 기억은 대상을 잃어버리고 감출뿐더러 부름에 응답하지도 않는다. 우리는 기억에 지나친 부담을 지워 정신을 어지럽히는 것에 대해 거부감을 가지고 있다. 우리는 쓸모없는 관념을 풍족하게 갖는 것보다 정신의 자유를 누리는 것을 선호한다. 공책이나 카드 색인은 그런 곤경에서 우리를 구해줄 수 있다.

더욱이 기억은 우리의 도움을 받아 그 나름의 방식으로 대상을 분류한다. 그러나 그 분류는 변덕스럽고 불안정하다. 적절한 대상을 적절한 순간에 기억하려면 어느 누구도 갖지 못한 자제력을 발휘해야 한다. 여기서 우리는 다시 한 번 공책과 문서분류함의 도움을 받을 수 있다. 우리는 비축한 것들을 조직해야 하고, 이자는 전혀 없지만 적어도 안전하고 고객의 요청에 응할 준비가 되어 있는 은행에 저축을 예치해야 한다. 우리 스스로 출납원이 되어야 하는 것이다.

이 문제에는 매우 다양한 해결책이 있다. 그러나 상기하는 데에 유용한 몇 가지 일반적인 규칙이 있어서 누구나 그 규칙의 안내를 받을 수 있다.

공부를 위해 곧바로 준비해야 하느냐 아니면 시간을 두고 준비해도 되느냐에 따라 노트를 두 종류로 구분할 수 있다. 우리는 정신을 형성하고 정신에 양분을 공급하기 위해 읽거나 숙고하며, 그 과정에서 기억해둘 만한 생각을 떠올린다. 또 나중에 유용할지 모르는 사실과 다양한 단초와 접하게 되고 그것들을 적어둔다.

다른 한편으로 우리는 특정한 주제를 공부하거나 명확히 한정된 글을 쓸 때 자료를 모으고, 관련 간행물을 읽고, 구할 수 있는 모든 정보원에 의존하고, 스스로 숙고한다. 그리고 이 모든 일을 손에 펜을 쥐고서 한다.

첫째 범주에 속하는 노트의 특징은 얼마간 닥치는 대로 적는다는 것이다. 당신이 공부하는 전공의 개요에 의지해 읽기를 현명하게 규제하는 것만이 이런 노트의 우연성을 줄이는 길이다. 삶이 언제나 복잡한 것처럼, 정신이 한 주제에서 다른 주제로 순식간에 옮겨가는 것처럼, 우리 스스로 다양한 관심사를 옹호해온 것처럼, 이런 종류의 노트에는 아주 큰 가능성이 열려 있다. 반면 무언가를 산출하기 위한 관점에서 적어둘 때는 당신이 계획하는 공부의 성격이 명확하고 그에 따라 적어둘 노트도 명확히 한정되기 때문에, 당신이 당면한 주제와 노트는 긴밀히 연관되며 어느 정도 유기적인 전체를 형성한다. 그러므로 이 두 종류의 노트에 맞는 일반적인 규칙과 특수한 규칙이 있다.

두 경우 모두 과잉은 피해야 한다. 이를테면 별로 쓸모도 없고 나중에 그 엄청난 양으로 우리를 짓누를 자료를 쌓아두지 말아야 한다. 어떤 이들은 빽빽하게 쓴 공책을 너무 많이 갖고 있어서 그것들을 열어볼 엄두조차 내지 못한다. 그들이 구성한 보물은 시간과 노력을 잔뜩 잡아먹을 뿐 아무런 도움도 되지 않는다. 그들은 어마어마한 양의 쓸모없는 자료에 질식하고 만다. 그들이 두꺼운 책에서 발췌한 문장들, 즉 그들이 따분한 책을 대신하기 위해 빠르게 요약해둔 참고자료는 원래 맥락에서는 대개 유용할 테지만, 공책에 옮겨 적으면 쓸모없는 것이 된다.

절제하는 자세로 신중하게 생각한 다음에 노트하라. 처음 봤을 때의 놀라움, 일시적인 선입견의 효과, 이따금 화려한 문장 때문에 생기는 열광을 피하기 위해 구절을 곧바로 옮겨 적지 말고 어느 정도 시간이 지난 뒤에 적어라. 적당한 거리를 두고 침착하게 수확물의 가치를 판단한 다음, 질 좋은 곡물만을 헛간에 저장하라.

두 경우 모두, 각자의 필요를 의식하면서 정신노동을 활발히 수행한 뒤에 노트해야 한다. 우리의 목표는 스스로를 완성하는 것, 스스로 정신을 채우는 것, 앞으로 싸울 전투의 조건과 각자의 신체에 맞는 갑옷을 자급자족하는 것이다. 어떤 구절이 아주 그럴듯해 보일지라도, 어떤 이론에서 중요할지라도 그 때문에 옮겨 적을 필요는 없다. 고맙게도 책에는 훌륭한 구절이 많다. 그렇다고 국립도서관의 책 전부를 베낄 텐가? 당신은 멋진 코트가 아니라 당신 몸에 맞는 코트를 구입해야 한다. 당신이 골동품 상점에서 보고 감탄한 가구일지라도 그것의 크기와 양식이 당신 집에 어울리지 않는다면 거기에 그대로 두는 편이 낫다.

무엇을 노트하든 변덕을 피하라. 읽기가 정신의 양분이고, 기억이 인성의 일부가 되듯이 노트는 양분과 인성의 저장고다. 읽기, 기억, 노트는 모두 우리를 완성해야 하며, 따라서 우리를 닮아야 하고, 우리의 인성과 역할, 소명을 어느 정도 담고 있어야 한다. 또한 우리의 목표에, 그리고 목표를 현재나 미래에 실현하기 위해 수행하는 외적 활동의 형태에 상응해야 한다.

회계 장부를 보면 누구나 그 소유자에 관해, 그의 생활방식과 그가 추구하는 목표에 관해 알 수 있다. 공책과 문서분류함도 회계 장부만큼이나 지성인의 소명과 목표에 밀접한 관련이 있다. 공책과 문서분류함에는 지성인의 신용거래가 적어도 일부분이나마 담겨 있다. 그 거래는 지성인과, 그리고 지성인의 예상 지출과 일치해야 한다. '나'는 내 공부에 반영된다. 또한 공부와 나 자신에 수단을 현명하게 맞춘다면 그 수단에도 반영된다.

이른바 문서자료——사실, 텍스트, 통계——라 불리는 것을 제외한 노트는 당신에게 잘 맞아야 할 뿐 아니라 당신 자신이

어야 한다. 또한 당신의 사유에서 발산한 노트만이 아니라 책을 읽다가 적은 노트도 당신 자신이어야 한다. 읽기는 그 자체로 자각적 반영이어야 하고, 빌려온 구절일지라도 직접 창작한 것과 조금도 다르지 않은 우리 자신의 것이 될 수 있다고 이미 앞에서 말했다.

나는 읽기만 하지 않고 읽으면서 적는다. 그러나 나는 누군가를 만난 뒤에는 그 사람의 사유를 적기보다 나의 사유를 적는다. 나의 이상은 우리의 공통된 사유를 더 잘 표현하는 것이 아니라 문자 그대로 적으면서도 나의 사유를 적는 것이다. 쓰는 사람은 하나의 관념을 생각하는 사람이다. 그러나 나는 또한 내가 깊이 흡수하는 것, 꿰뚫어보려 애쓰는 것, 단어의 모든 의미를 이해하려 노력하는 것, 나 자신의 것으로 만드는 것도 생각한다. 그러므로 나는 쓰는 동시에 쓰는 것을 내 재산의 일부로 저장한다.

나중에 사용할 노트라고 해서 본질적으로 달리 고려해야 할 점은 없다. 곧바로 사용할 노트는 특정한 저술을 염두에 두고 규칙을 엄격하게 적용해야 하고, 다른 규칙을 덧붙여야 한다.

나는 노트하는 방식이 개인적이어야 한다고, 다시 말해 노트에 자신을 충실히 반영해야 한다고 말했다. 어떤 과제를 진행 중일 때는 노트에 자신을 더 충실히 반영해야 한다. 당신 앞에는 명확한 목표가 있다. 그것에 관해 골똘히 생각하라. 필요하다면 읽기와 사유를 안내하고, 하위분류에 맞게 노트하도록 안내해줄 잠정적인 계획을 마음속에 그려라. 클로드 베르나르는 과학적 관찰이란 정신이 제기한 물음에 대한 답이며, 실제로 우리는 우리가 찾는 것만을 발견한다고 단언했다. 마찬가지로 우리가 지적으로 읽는 무언가는, 우리가 다루는 주제에 따라 마음속에서 제기된 물음에 대한 한 가지 잠재적인 답이다. 그러므로 우리는 철도역 출구에서 친구를 찾으려고 여행객 물결을 뚫어져라 바라볼 때처럼 기대감을 품은 채 읽어야 한다.

읽으면서 명확한 관념의 영향을 점점 더 많이 받아야 한다. 당신의 소명과 인성뿐 아니라 그것들을 어떻게 직접 활용할지도 고려하라. 그렇게 읽는 데에는 일군의 목표가 있다. 그 일군의 목표는, 알찬 곡물은 남기고 나머지는 빠져나가게 거르는 체와 같다. 주의력을 흩뜨리지 마라. 도중에 꾸물거리지도 마라. 당신의 목표와는 다른 저자의 목표가 아니라 당신 자신의 목표만을 안중에 두어라. 설령 다소 불쾌하게, 그리고 언제나 경고로 들릴지라도 나는 이렇게 말하겠다. 지금 이 순간에 수행하는 과제에 더 전념할 수 있도록 눈가리개를 써라.

저술을 할 때는 약간 다른 두 가지 방법이 있는데, 당신 공부의 성격에 따라 두 가지 방법을 교대로 사용해야 할지도 모른다. 당신은 먼저 상세한 계획을 세운 뒤에 자료를 찾을 수 있다. 또 반대로 자료에서 시작해 한 방향을 따라 사유하면서 읽을 수도 있다. 그 방향은 명백히 길잡이가 되는 관념을 전제하지만 계획이라 불릴 만한 것은 아니다. 이 경우에 당신은 주제에 관해 두루 읽고, 주제를 모든 측면에서 살펴보고, 탐구하지 않은 부분이 없을 만큼 조사한다. 그 과정에서 계획이 구체화되기 시작하며, 파스칼이 한 구절을 쓰기에 앞서 어순을 적은 것처럼 관념을 적는다. 있는 그대로 사용할 수 있는 구절은 제쳐놓는다. 전개해야 할 관념을 결정하고, 그 관념의 주요한 특징이 드러난다면 그 특징만 적어둔다. 정확한 표현과 머릿속에 떠오르는 적절한 비유를 기록한다. 이따금 한 구절을 완성하겠지만, 그것은 완성하려는 의도가 있었기 때문이 아니라 그 구절이 저절로 떠올랐기 때문이다. 영감은 한 번 지나가면 되돌아오지 않는 은총과 같다.

당신이 목표로 삼거나 바라는 것과 관련된 기반 전체를 조사했다면, 저술할 준비가 된 것이다. 작업장은 재료로 가득하며, 일부는 거의 미가공 상태이고 일부는 임시로 꼴을 갖춘 상태다. 이제 나는 재료를 구성하는 일에 대해 말해야겠지만, 이 경우에는 계획에서 재료가 나오는 것이 아니라 반대로 재료에서 계획이 나온다는 것이 이미 분명하다.

이 절차——덜 논리적으로 보이고, 추상적으로 말하자면 실제로 그러한——의 장점은 더 자유롭게 사유하고, 예비 공부를 하고, 영감으로 더 충만한 길을 개척하고, 줄곧 기쁘게 공부할 수 있다는 것이다. 이 절차를 따르면 억지로 대상에 집중하지 않고도 새로운 것을 발견할 수 있고, 나아가거나 물러날 수도 있고, 한동안 떠나 있거나 마음이 내킬 때까지 기다릴 수도 있으며, 정신을 속박하지 않고 생기가 있을 때만 공부할 수 있다.

그러므로 저술은 시작하기도 전에 끝나 있는 셈이다. 그 저술의 모든 가치는 당신 노트에 따라 결정된다. 저술 계획, 다시 말해 다양하게 조합할 수 있는 유연한 예비 설계도가 당신 노트에 잠재해 있다. 그러면서도 당신은 재료를 파악하고 장악하고 있으며, 그 계획이 드러나면 그것이 당신의 실제 구상에, 당신이 뒤쫓는 관념이 아니라 가지고 있는 관념에 들어맞을 것이라고 확신한다. 그런 까닭에 그 계획에는 임의적인 도식적 설계도, 곧 채워 넣어야 할 구획으로 이루어진 체계가 없을 것이라고 확신한다.

이런 종류의 노트, 곧 공부와 영감의 결과물인 노트는 틈틈이 적을 수 있는 것이 아니다. 이런 노트는 집중적인 공부의 결과물이기 때문에, 내가 충만한 순간이라 부른 시간을 이런 노트를 적기 위해 따로 떼어두어야 한다. 그 밖에 다른 노트거리는 때로는 즐겁게 발견할 것이고 때로는 우연히 마주칠 것이다. 물론 그런 노트를 하는 데에도 노력을 기울여야 한다. 그러나 가장 좋은 노트는 깊은 공부를 통해 수확물처럼 거두어들이는 노트, 풍요로운 생명을 담아 저장하는 노트일 것이다.

2
노트를 어떻게 분류할 것인가

　적어놓은 노트가 나중에 쓸모 있을 거라고 생각한다면, 이제는 그것들을 분류할 차례다. 알맞은 순간에 노트를 찾을 수 없다면 적어봐야 아무런 소용이 없다. 그런 노트는 묻혀 있는 보물에 지나지 않을 것이다. 자신의 독서와 성찰을 어느 정도 따라가는 것, 문서자료에서 구절을 발췌하는 것은 좋은 일이다. 그러나 자기 의지에 따라 가장 좋아하는 저자의 책을 덮거나 펼칠 수 있을 때, 또 자기 경험이라는 책을 덮거나 펼칠 수 있을 때만 그렇게 해야 한다.

　우리는 특정한 수집열을 경계해야 한다. 어떤 이들은 빽빽한 공책이나 꽉 들어찬 문서보관함을 갖기를 원한다. 그들은 급하게 빈 공간에 무언가를 채워 넣고, 다른 사람들이 우표나

엽서를 수집하듯이 구절을 모은다. 이것은 개탄스러운 습관이자 일종의 치기이며, 수집광으로 가는 위험한 습관이다. 질서는 불가피하다. 그러나 질서가 우리에게 이바지해야지 우리가 질서에 이바지해서는 안 된다. 고집스럽게 수집과 완성에 몰두하는 것은 정신을 생산에서, 심지어 배움에서 멀어지게 하는 길이다. 분류에 지나치게 집중하면 오히려 노트를 사용하는 데에 방해가 된다. 이런 의미에서 모든 것은 공부의 쓰임에 종속되어야 한다.

노트는 어떻게 분류해야 할까? 유명한 사람들은 서로 다른 체계를 선택했다. 장기적으로 보아 가장 좋은 체계는 자신의 필요와 지적 습관에 따라 시도하고 평가해본 체계, 오랜 실천으로 확립한 체계다.

수집한 노트를 공책에 연이어 쓰거나 오려 붙이겠다는 계획에는 커다란 결함이 있다. 그렇게 해서는 공책에 빈 공간——얼마나 남겨두어야 할지 예측할 수 없는——을 남겨두더라도 노트들을 분류할 수 없기 때문이다. 각 주제에 맞는 공책을 따로 마련하면 이 결함을 어느 정도 완화할 수 있지만, 그렇더라도 정확하게 분류할 수는 없다. 더구나 글을 쓸 때 노트를 쉽게 사용하기도 어렵다.

특정한 범주의 노트를 표제가 달린 튼튼한 문서철에 보관하는 방법도 있다. 그런 문서철은 더 포괄적인 표제로 묶어서

선반이나 캐비닛에 보관할 수 있다. 선반이나 캐비닛의 각 칸에는 표제——어떤 이는 드러내지 않는 편을 선호할지 모른다——는 아닐지라도 어쨌든 공부하는 이가 언제나 옆에 두고 참고할 차례에 상응하는 일련번호가 달릴 것이다.

그러나 거의 모든 종류의 공부에서 단연 가장 실용적인 방법은 메모지에 노트하는 것이다. 당신이 적는 노트의 평균 길이에 맞추어 균일한 크기의 품질이 좋은 메모지를 마련하라. 이 방법을 사용하면 첫째 메모지에 적기 시작한 노트가 둘째 메모지까지 이어지더라도 아무 문제가 없을 것이다. 메모지는 종이재단기를 이용해 정확하게 잘라야 하는데, 제본이나 인쇄 기술자에게 맡기면 5분 안에 해줄 것이다. 게다가 갖가지 크기와 색깔의 메모지뿐 아니라 박스와 부속물까지 제공해 당신의 수고를 덜어주는 기업도 있다. 당신이 어떤 크기의 메모지를 모으더라도 당연히 적절한 크기의 서랍이 달린 박스나 캐비닛이 필요할 것이기 때문이다. 또 모든 메모지에 번호를 매긴 다음, 비슷한 메모지를 묶은 각각의 범주에 번호를 매기고 알아볼 수 있도록, 모서리나 상단에 꼬리표가 달린 메모지나 찾아보기 카드가 필요할 것이다.

여기까지 준비가 되었다면 그 뒤에 따라야 할 절차는 다음과 같다. 책을 읽을 때든 공부에 관해 사유할 때든 침대에 누워 있을 때든 노트를 할 때는 메모지에 적어라. 가까운 곳에 메모지가 없을 때는 더 작은 종이의 한 면에만 적어서 나중에 메모지에 붙여라. 메모지에 적고 나서는, 앞에서 조언한 대로 한동안 기다려보기로 결정한 경우가 아니라면 그것을 제자리에 두어라.

신중하게 선택한 분류법은 각자 자신의 공부에 적합한 방법이라는 것을 전제한다. 여기서 나는 일반적인 조언만 해줄 수 있다. 필요하다면 각자 이미 가지고 있거나 앞으로 적어야 할 노트를 주제에 따라 분류하고 다시 세분하여 목록을 작성하라.

복잡한 것이 싫은 사람은 자신의 실용적인 방법에 의지하라. 이 문제에 관한 한 우리는 현실주의자여야 하며, 재미 삼아 쓸모도 없을 분류를 미리 정해서는 안 된다.

모든 분류와 하위분류에 일련의 문자나 숫자가 붙은 목록을 작성했다면, 그것에 따라 메모지를 정돈할 수 있다. 일단 정돈한 다음에는 필요한 순간에 메모지를 다시 찾는 데에 아무 문제가 없을 것이다.

3

노트를 어떻게 사용할 것인가

이제 문서자료를 활용할 시간이다. 당신에게는 현재 저술을 염두에 두고 적어둔 노트가 있다. 더구나 당신은 그 저술과 어느 정도 직접적인 관련이 있는 오래된 노트도 별도로 보관하고 있다. 필요하다면 당신의 목록과 그 목록이 지시하는 바를 참고해서 모든 노트를 한데 모아라. 그런 다음에는 앞서 말한 것처럼 두 가지 길이 있다.

당신에게 상세한 계획이 있고 그 계획을 참고해서 노트를 적거나 찾았다면, 그 계획의 연속적인 표제에 번호를 매겨라. 그리고 나서 각 표제의 내용에 상응하는 메모지에 번호를 매겨라(**나중에 다시 활용해야 한다면 연필로 흐리게 써라**). 그런 다음, 같은 번호가 매겨진 메모지를 한 묶음으로 모으고 각각의 작은 묶음에 클립을 끼워라. 그 묶음을 분류하고 나면 각 묶음의 내용을 순서대로 늘어놓고 쓰는 일만 남는다.

이와 반대로 정해진 계획 없이 그저 일반적인 지침에 따라 저술을 준비해왔다면, 이제 계획을 짜야만 한다. 계획은 자료 그 자체에서 뽑아내야 하고, 그러려면 다음 과정을 따라야 한다. 먼저 메모지를 전부 꺼내라. 메모지를 하나씩 보면서 각 메모지의 내용을 가능한 한 간략하게 요약해서 종이에 적어라. 그렇게 모든 노트의 내용을 적고나면 활용할 수 있는 관념이 눈앞에 나타날 것이다. 그 관념을 살펴서 서로 어떻게 연결되어 있거나 의존하고 있는지를 밝혀라. 주요 관념을 골라낸 다음, 각 관념에 속하는 요점을 정리하라. 이 작업을 수월하게 하기 위해 필요한 만큼 바꿔 적을 수 있는 여백의 숫자를 활용하라. 혼란스러운 덩어리에서 조금씩 빛이 새어나오고 질서가 나타날 것이다.

그다음에는 간략하게 요약한 것을 당신이 얻은 질서에 맞추어 숫자 순서대로 옮겨 적어라. 계획에 공백이 있다면 채워 넣어라. 필요하다면 그 공백에 대한 추가 조사를 하라. 각 주제의 번호를 참고해서 그에 상응하는 번호를 메모지에 매겨라. 앞서 말한 것처럼 메모지를 분류하고 클립으로 고정하라. 이제 당신은 저술할 준비가 되었다.

VIII
생산적인 작업

1 글쓰기

2 자아와 세상에 초연하기

3 꾸준함, 인내, 끈기

4 신중하게 계획하고 마무리하기

5 능력을 넘어서는 일은 삼가기

1
글쓰기

이제 결과물을 내놓아야 할 때다. 언제까지나 배우고 준비만 할 수는 없다. 더구나 배움과 준비는 이 둘 모두에 도움이 되는 어느 정도의 생산과 분리될 수 없다. 시도해봐야만 자신의 길이 무엇인지 알 수 있다. 모든 생명은 순환한다. 쓰이는 기관은 성장하면서 튼튼해지고, 튼튼한 기관은 더 효율적으로 쓰일 수 있다. 그러므로 당신은 공부하는 삶을 살아가는 내내 글을 써야 한다.

무엇보다 우리 자신을 위해 글을 써야 한다. 자신의 입장과 문제를 뚜렷이 보기 위해, 자신의 사유를 규정하기 위해, 계속 활동하면서 정신을 환기하지 않으면 시들해지는 주의력을 유지하고 자극하기 위해 써야 한다. 또 쓰다보면 더 조사해야 할 것들이 무엇인지 알 수 있다. 노력하다가 눈에 보이는 결과물이 없어 지칠 때 기운을 북돋기 위해, 마지막으로 자신의 문체와 글의 특징을 만들어내는 기술을 습득하기 위해 써야 한다.

훌륭한 판정단이 당신에게 자격이 있다고 생각할 뿐 아니라 당신 스스로도 날아오를 능력이 있다고 느낀다면, 글을 쓰고 나서 곧바로 발표해야 한다. 어린 새는 과감히 몸을 던져야 하는 때가 언제인지 안다. 어미새는 그 시점을 더 확실히 안다. 능력이 있다면 당신 자신과 현명한 모성에 의지해 곧바로 날아올라라.

사람들은 당신이 더 잘할 수 있도록 재촉할 것이고, 합당한 칭찬으로 당신을 자극할 것이며, 그들의 비평은 당신의 저술을 엄밀히 검토할 것이다. 이를테면 당신은 영원히 침묵하면서 정체하는 대신 앞으로 나아가도록 떠밀릴 것이다. 지적인 저술을 내놓는 것은 질이 좋고 열매를 많이 맺는 씨앗을 뿌리는 일이다. 모든 저술은 하나의 수원水源이다.

그라트리 신부는 글쓰기의 효과를 역설했다. 그는 사람들이 언제나 손에 펜을 쥔 채로 묵상하고, 번잡하지 않은 아침 시간을 이 정신과의 교제에 온전히 사용하기를 바랐을 것이다. 물론 우리는 각자의 다양한 기질을 고려해야 하지만, 대다수 사람에게 움직이는 펜이 운동 트레이너 역할을 한다는 것은 확실하다.

입으로 말하는 것은 자기 정신과 그 안에 담긴 진리에 귀를 기울이는 것이다. 글을 쓸 때처럼 혼자서 말없이 말하는 것은 아침 일찍 일어나 자연에 귀를 기울이는 사람처럼 상쾌한 감각으로 진리에 귀를 기울이고 진리를 지각하는 것이다.

모든 일에는 시작이 있다. 아리스토텔레스는 "시작이 반 이상이다"라고 말했다. 아무것도 생산하지 않으면 수동적으로 움직이는 버릇이 든다. 갈수록 소심해지고 자긍심이 다칠까 두려워진다. 머뭇거리고 기다리다가 재능을 낭비하고 병에 걸린 싹처럼 비생산적인 사람이 되고 만다.

앞에서 글 쓰는 기술은 일찌감치 익히기 시작해 오랫동안 익혀야 하며, 이것이 점차 정신의 습관이 되고 문체를 이룬다고 말했다. 나의 문체, 나의 펜은 나 자신을 표현하고 영원한 진리에 관해 이해한 바를 다른 사람들에게 전하는 도구다. 이 도구는 내 존재의 자질, 내면의 성향, 살아 있는 뇌의 기질이다. 다시 말해 나 자신의 고유한 진화다. "문체가 곧 그 사람이다."

그러므로 각자의 문체는 글 쓰는 이가 자신을 형성하는 것에 발맞추어 형성된다. 침묵하는 것은 자기 인성을 축소하는 것이다. 지적인 관점에서 볼 때 온전히 존재하기를 바란다면 큰소리로 사유하는 법, 명시적으로 사유하는 법을 알아야 한다. 즉 당신 정신의 표현인 언어를 당신 안에서, 그리고 바깥

세상에서 구체화하는 법을 알아야 한다.

이쯤에서 앞서 지성인에게 제시한 목표에 부합하려면 문체가 어떠해야 하는가에 관해 간략하게 말하는 것이 좋겠다. 감히 어떻게 써야 하는가에 관해 말하자면, 우선 겸손해야 한다. 파스칼, 라 퐁텐, 보쉬에, 몽테뉴 같은 거장의 문체에 매료되었거나 그들의 작품을 읽으면서 해방과 확장을 경험한 사람은 어렵지 않게 겸손해질 수 있다. 거장의 글을 읽으면 적어도 자신이 무엇을 목표로 삼아야 하고 무엇이 부족한지 알 수 있다. 그것을 기술하는 것은 자신의 결점을 인정하는 것이지만, 동시에 자신의 글쓰기에 대한 평가를 내리는 것이기도 하다.

문체가 갖추어야 할 특성을 무한정 나열할 수 있겠지만, 나는 다음 세 단어로 그 모든 특성을 포괄할 수 있다고 생각한다. 바로 진실, 개성, 간결함이다. 단 하나의 표현으로 요약하자면, '**진실하게** 써야 한다'는 것이다.

진실한 문체란 사유의 필연성에 상응하는 문체, 대상들과 긴밀히 맞닿아 있는 문체다.

사유를 말로 표현하는 것은 삶의 행위다. 그 표현은 삶의 깨끗한 단면을 나타내서는 안 되는데, 그런 일은 우리가 인위성과 인습성, 베르그송이라면 '기성품'이라 불렀을 만한 것에 빠져 있을 때 일어난다. 자기 존재의 일부분만으로 쓰는 것, 자신의 진실하고 자연스러운 삶의 분열을 내버려두는 것은 발화된 말에 대한 모욕이자 인간 본성의 조화로운 통일성에 대한 모욕이다.

의례적인 연설은, 말할 수밖에 없어서 말한 연설, 적절한 표현을 찾기 위한 노력에 지나지 않는 연설, 진정한 웅변과 비교하면 웃음거리인 웅변을 소비하는 연설이다. 또 의례적인 연설은 대개 변덕스러운 비인격적인 연설에 지나지 않는다. 그런 연설에서 천재성을 보이는 사람이 있을지도 모른다. 데모스테네스와 보쉬에가 그 예다. 그러나 자신 안에서 저절로 솟구치는 그 무엇, 자신이 평소 가지고 있던 전망, 끊임없는 성찰과 연결된 무언가를 자신의 본질로부터 이끌어내는 사람만이 그런 천재성을 보일 수 있다.

입말이든 글말이든 말의 덕은 자제와 진실성이다. 자제란 내면에서 말하는 진심을 정신이 경청할 수 있도록 인성을 억누르는 것이다. 진실성이란 장황한 말을 조금도 보태지 않고 영감이 드러내는 것만을 표현하는 것이다.

시드니Philip Sidney●는 "그대의 마음을 들여다보고 써라"라고 말했다. 자만심에 빠지거나 기교를 부리지 않고 마치 자신을 위해 쓰듯이 시드니가 말한 대로 쓰는 사람은 진실한 말을 널리 전할 재능을 가지고 있다면 실제로 인류를 대표해 말하는 것이다. 인류는 그에게서 자신을 알아볼 것이다. 그의 글에 영감을 준 것이 인간 본성이기 때문이다. 생명은 생명을 알아

● 엘리자베스 여왕의 총애를 받은 시인, 군인.

보는 법이다. 내가 이웃에게 검은 과녁만 그려진 흰 종이를 준다면, 그는 그 종이를 흥미롭게 살펴보겠지만 이내 내던질 것이다. 내가 나무처럼 이파리와 액즙 가득한 열매를 준다면, 내 전부를 준다면, 그에게 확신을 심어줄 것이고, 페리클레스처럼 사람들의 마음속 과녁을 맞힐 것이다.

사유의 법칙을 따르는 사람은 자신이 대상의 핵심과 긴밀히 맞닿아 있다는 것을 보여줄 수밖에 없다. 사유하는 것은 있는 그대로 생각하는 것이다. 진실하게 쓰는 것, 다시 말해 자신의 사유에 따라 쓰는 것은 문장을 뒤섞는 것이 아니라 있는 그대로를 드러내는 것이다. 그러므로 글쓰기의 비결은 대상이 당신에게 말을 걸고 스스로 표현을 결정할 때까지 가만히 서서 그 대상을 열심히 공부하는 것이다.

말하기와 글쓰기는 삶의 진리와 일치해야 한다. 듣는 이는 사람인데 말하는 이가 그림자일 수는 없다. 듣는 이는 치유하거나 이해하려고 당신에게 다가오는 것이니 그를 말로 내쳐서는 안 된다. 당신이 말하는 동안 그는 자신의 안과 밖을 볼 수 있어야 하고, 당신의 말에 공감할 수 있어야 한다.

진실한 문체는 진부한 표현, 곧 상투 어구를 피한다. 상투 어구는 낡은 진리 혹은 공유재산이 된 문구이며, 한때는 신선했지만 처음 생겨났을 때의 현실에서 유리되었기 때문에 이제는 더 이상 새롭지 않은 일군의 단어다. 또한 살아 있는 생각의 흐름과 무매개적인 관념의 표기를 담지 못하고 공중에 떠다니는, 겉만 번지르르한 금속 장식물이다.

발레리Paul Valéry가 관찰했듯이, 언어를 죽이는 것은 바로 언어의 무의식적 사용이다. 구문론을 '완전히 의식하면서' 사용할 때, 즉 구문에 쓰인 모든 요소의 의미를 분명히 밝히기 위해 수고를 아끼지 않을 때 우리는 살아 있다고 발레리는 말한다.

사유의 요소를 연결하는 본질적인 고리를 발견하고, 불확실한 근사치를 완전히 배제하는 솜씨로 그 고리를 표현하는 것이 문체의 위대함이다. 풀잎에 이슬이 맺히고 동굴 벽에 종유석이 생성되듯이, 피에서 살이 자라고 수액에서 목질 섬유가 형성되듯이 글을 써야 한다는 에머슨의 말은 글쓰기의 이상을 표현한 것이다.

앞에서 그런 글쓰기에는 자만심과 마음을 어지럽히는 인성의 요소가 없을 것이라고 말했다. 그러나 표현의 개성은 오히려 한층 뚜렷하게 두드러질 것이다. 나에게서 나온 것은 필연적으로 나를 닮기 마련이다. 나의 문체는 곧 나의 얼굴이다. 모든 얼굴에는 사람의 일반적인 특징이 나타나지만, 동시에 인상적이고 말로 표현하기 어려운 개성도 늘 나타난다. 각각의 얼굴은 모든 시대를 통틀어 세계에서 유일하다. 이것이 초상화가 그토록 매력적인 이유 가운데 하나다.

우리의 정신은 분명 얼굴보다 훨씬 독창적이다. 그러나 우리는 그 독창성을 여기저기서 본 상투적인 문구 뒤에, 우리 자신의 확신이 아니라 오래된 관습에 지나지 않는 전통적인 관용구와 단어의 조합 뒤에 감춘다. 모두가 공통으로 익히는 표현 관습에 토대를 두면서도 자신을 잃지 않은 채 우리의 정신을 있는 그대로 보여준다면, 무궁무진한 흥미를 이끌어낼 것이고 그 자체로 예술이 될 것이다.

정신에 어울리는 문체는 영혼에 속한 신체나 특정한 씨에서 자라난 식물과 같다. 그런 문체에는 고유한 구조가 있다. 모방은 사유를 앞질러 가는 것이고, 개성 없이 쓰는 것은 자기 글이 모호하거나 미숙하다고 선언하는 것이다.

설령 자신이 이런저런 사람일지라도 결코 이런저런 '작법에 따라' 글을 써서는 안 된다. 우리는 작법을 익히지 말아야 한다. 진리는 그 어떤 작법도 가지고 있지 않다. 진리는 객관적으로 실재함에도 언제나 신선하고 새롭다. 진리는 어떤 악기에서든 고유의 울림을 이끌어내는 데에 실패하는 법이 없다.

프랑스의 철학자 라슐리에Jules Lachelier는 이렇게 썼다. "진정 위대한 인물들은 모두 독창적이었다. 그러나 그들은 독창성을 목표로 삼지도 않았고 스스로 독창적이라 생각하지도 않았다. 오히려 그들은 자신의 말과 행동을 이성에 어울리게 표현하려고 노력하다가 그들 운명에 따라 특정한 형태를 발견하고 표현한 것이다."

진정한 독창성은 진리의 표명이다. 독창성은 독자가 자신의 역량에 따라 받아들일 인상을 약화하기는커녕 오히려 강화한다. 우리가 금하는 것은 모든 대상을 새롭고 빛나게 하는 개인의 느낌이 아니라 진리의 힘에 맞서는 아집이다.

문체의 간결함은 이런 원리들의 결과다. 장식은 사유에 대한 공격이거나 공허함을 숨기기 위한 미봉책이다. 실제 세계에 장식이란 없다. 오직 유기적인 필연성만 있다. 자연에 찬란함이 전혀 없는 것은 아니다. 그러나 찬란함은 그 자체로 유기적이고 마땅히 존재할 권리가 있으며, 결코 무너지지 않는 하부구조에 의해 지탱된다.

자연에서 꽃은 열매만큼이나, 잎은 가지만큼이나 중요하다. 전체는 뿌리에서 발생하며, 그 자체로 종의 관념을 품고 있는 싹의 발현이다. 훌륭한 저자는 문체로 자연의 생명체를 모방한다. 한 문장, 한 구절은 살아 있는 가지처럼, 뿌리의 섬유처럼, 나무처럼 이루어져야 한다. 덧붙이거나 엇나간 요소가 없어야 하고, 한 싹에서 다음 싹까지——저자에게서 열매를 맺은 싹부터 독자에게서 열매를 맺고 진리나 인간적 선을 낳을 싹까지——모든 요소가 끊어지지 않는 완만한 곡선을 이루어야 한다.

문체는 그 자체로 추구해야 할 목표가 아니다. 문체 자체를 중요하게 여기는 것은 문체를 오용하고 질을 떨어뜨리는 것이다. 형식에 사로잡히는 사람, 엉터리로 운율을 지어내는 사람, 작가가 아닌 문장가가 되려는 사람이 진리에 신경이나 쓰겠는가! 꼭 필요한 재능을 가진 이는 문체를 완성해야 한다. 완성은 존재하는 모든 것의 권리다. 노련한 대장장이가 철의 달인이 되듯이, 누구나 글쓰기의 달인이 되기를 바랄 수 있다. 그러나 대장장이는 재미 삼아 금속을 뒤틀어 장식용 곡선을 만드는 대신 창살과 자물쇠, 대문을 만든다.

좋은 문체는 쓸모없는 것을 모조리 배제한다. 문체는 풍요 속의 긴축이다. 문체는 필요한 대목에서는 소비하고, 어떤 대목에서는 능숙하게 배열해 절약하며, 또 어떤 대목에서는 진리의 영광을 위해 자원을 아낌없이 쓴다. 문체의 역할은 스스로 빛나는 것이 아니라 재료를 돋보이게 하는 것이다. 문체는 눈에 띄지 않아야 하며, 그럴 때 문체 자체의 영광이 드러난다. 미켈란젤로는 "아름다운 것이란 모든 과잉을 제거한 것"이라고 말했고, 들라크루아는 미켈란젤로가 "배경은 크게, 볼의 선은 단순하게, 코는 대강 그렸다"고 지적했다. 들라크루아는 그런 양식이 미켈란젤로, 다 빈치 그리고 특히 벨라스케스처럼 윤곽선이 확실한 화가에게만 적합하며 반 다이크에게는 적합하지 않은데, 이 또한 교훈이라고 말했다.

표현해야 하는 정확한 사유나 감정이 있다면 필연적인 형태로 쓰려고 노력하라. 한 사람이 여럿에게 말할 때처럼 모두에게 이해받는 것을 목표로 삼고, 직접적으로든 간접적으로든 누구에게나 진리의 도구를 전달하려고 노력하라. "완전한 문체란 모두의 정신과 그들의 모든 능력에 도달하는 문체다."

유행을 따르지 마라. 당신의 시간은 그 자체로 당신에게 영향을 미칠 것이고 영원의 용도에 맞게 쓰일 것이다. 독자들에게 쓰디쓴 약이 아니라 맑은 샘물을 주어라. 오늘날 많은 저자는 체계를 가지고 있다. 그러나 모든 체계는 겉치레이고, 모든 겉치레는 아름다움에 대한 모욕이다.

생략하고 삭제하고 단순화하는 기술을 연마하라. 그것이 힘의 비밀이다. 거장들이 글을 마칠 때 되풀이하는 말은 성 요한이 되풀이했던 "서로 사랑하라"밖에 없다. 문체의 경우, 살아 있는 형태──사유와 현실, 창조물과 신의 말씀의 현현──의 광휘를 드러내는 순결한 노출이 곧 계명이자 선지자이다.

불행히도 이렇게 벌거벗은 순수한 정신은 드물다. 설령 있더라도 대개 어리석은 이들의 정신이다. 그러므로 두 종류의 정신, 곧 힘이 부족한 정신과 천재의 정신만이 간결함을 수월하게 익힐 수 있을 것이다. 가진 것 때문에 방해를 받고 스스로를 제한하지 못하는 사람들은 간결함을 고생스럽게 익히는 수밖에 없다.

2
자아와 세상에 초연하기

글쓰기는 물론이고 모든 생산적인 일에는 초연함이 필요하다. 강박적인 인성은 제쳐두어야 하고 세상사도 잊어야 한다. 진리를 사유하는 사람이 자아 때문에 주의력이 흐트러져서야 되겠는가? 자아에서 더 나아가지 못하는 사람에게 무엇을 기대할 수 있겠는가? 앞으로 나아가는 사람은 자신의 덧없는 인성을 넘어 광대한 것과 영원한 것을 지향하고, 천문학자는 별무리를 산책하기를 바란다. 시인이나 철학자, 신학자는 생물과 무생물, 개별적 인간과 사회적 인간, 영혼, 천사, 신에 대한 탐구에 뛰어들기를 바란다. 나는 그런 사람을 믿는다. 진리의 정신은 자아에 비루하게 집착하는 사람이 아니라 그런 사람에게 깃들기 때문이다.

앞에서 지성만으로 공부하는 것은 불충분하다고 말했다. 공부에는 한 사람 전체가 필요하다. 그러나 공부하는 사람이 격정, 허영, 야망, 남을 기쁘게 하려는 헛된 바람의 노예여서는 안 된다. 누구나 때로는 격정적이지만, 한순간도 격정에 사로잡혀서는 안 된다. 누구나 허영에 들뜨기 쉽지만, 공부 자체가 근본적으로 허영에 빠져 있어서는 안 된다. 중요한 것은 우리가 지식에서 얻을 것이 아니라 지식에 더할 수 있는 것이다. 본질적인 것은 우리의 말이 환영받는 것이 아니라 우리 자신이 진리를 환영하는 것, 그리고 다른 이들도 진리를 환영하도록 이끄는 것이다. 그러한 신성한 목적에 비추어보면 우리의 좀스럽고 이기적인 계산속은 얼마나 보잘것없는가? 공부에 여념이 없어 보이는 사람들 가운데 다수가 실은 공부보다 하찮은 성공에 더 신경을 쓴다. 그들은 세계의 형성, 종의 유래, 인간 사회의 역사, 경제학 등을 상을 받으려고 이용한다. 그들의 시는 신봉자들을 끌어모으는 것 이상을 목표로 삼지 않는다. 프랑스의 비극 배우 프랑수아 탈마는 코르네유를 해석한다는 구실로 자신의 능력을 과시하려 했다. 그렇게 주제에서 등을 돌리고 자기 정신에만 골몰할 때 그 정신이 퇴보한다는 것은 분명하다. 그런 목표는 공부의 질을 떨어뜨릴 뿐이다. 설령 당장의 성공에는 관심이 없더라도 훗날 바로 그 사심 없는 자세 덕분에 성공할 것을 기대한다면, 결과는 마찬가지다.

영감은 이기적인 욕구와 양립할 수 없다. 누구든 자기 것을 원하는 사람은 진리를 제쳐둔다. 진리를 갈망하는 신은 그런 사람에게 머물지 않을 것이다. 앞에서 영원성의 정신으로 공부해야 한다고 말했다. 야심만만한 목표만큼 영원한 것과 거리가 먼 것이 있을까? 진리를 위해 성별된 사람은 진리를 이용하지 말고 섬겨야 한다.

사람은 대의를 위해 죽을 때만 진심으로 자신을 내던진다. 당신은 진리를 위해 죽을 준비가 되어 있는가? 진리를 진정으로 사랑하는 이가 쓰는 모든 것, 그가 사유하는 모든 것은, 순교자 성 베드로가 죽어가면서 상처에서 흐르는 피로 쓴「사도신경」을 닮아야 한다.

이기적인 사람은 손대는 것마다 가치를 떨어뜨린다. 무엇이든 오염시키고 천박하게 만들고, 우리가 힘을 쓰지 못하게 방해한다. 진리에서 영감을 받고 결과에 대한 책임은 신에게 맡겨둔 채 앞으로 나아가는 사람이 훌륭한 사상가다. 성 바울은 "나에게 삶은 예수다"라고 말했다. 바울에게는 이것이 소명이자 승리자의 확신에 찬 활동이었다. 누군가 "나에게 삶은 진리다"라고 말할 수 없다면, 그는 진정한 지성인이 아니다.

공부에 특히 해로운 적은 거의 모든 사람의 인성에 내재하는, 아는 체하고 싶은 욕구다. 아는 체란 진실한 사람이라면 모른다고 인정할 대목에서 안다는 듯이 겉모습을 꾸미는 것이다. 엉터리 문인, 장광설을 쏟아내는 기자, 무지한 의원은 글의 외투로 지식의 곤궁을 숨긴다는 비난을 받는다. 그러나 자신에게 정직하게 질문하는 필자는 매순간 자만심을 드러내고픈 유혹에 굴복한다는 것을 인정할 수밖에 없을 것이다. 우리는 자신의 비밀을 숨기고 싶어 한다. 우리는 부족한 자신감을 숨기고, 스스로 작은 사람이라는 것을 알면서도 큰 사람인 체한다. 우리는 실은 모르면서도 '단언'하고, '선언'하고, '확신'한다. 우리는 사람들을 속일 뿐만 아니라 제 꾀에 넘어가 스스로를 기만한다.

또 다른 근본적인 잘못은 앞에서 문체에 관해 말하면서 비난했던, 거짓 독창성을 사유에서 가장하는 것이다. 진리를 개인의 틀에 우겨넣는 것은 참을 수 없는 자만이며, 그런 시도는 어리석은 결과를 낳는다. 진리는 본질적으로 초인격적이다. 진리가 우리의 목소리와 정신을 빌릴 때, 우리가 아무런 노력을 하지 않아도 진리는 우리 인성의 색깔을 띨 것이다. 우리가 우리 자신에 관해 생각하지 않을수록 그 색깔은 더 선명해질 것이다. 그러나 압력을 가해 진리를 우리와 닮게 만들려는 시도는 진리를 왜곡하고, 진리를 우리의 덧없는 자아로 대체함으로써 영원한 실재를 더럽힌다.

아퀴나스는 "진리가 어디에서 생기는지 애써 찾아보지 마라"라고 말했다. 마찬가지로 진리가 누구에게서 영광을 나타내는지도 찾아보지 마라. 당신의 저술을 읽는 독자가 자기 나름대로 진리가 어디에서 생겨나는지 찾아보지 않기를 소망하라. 이 고결한 무관심은 위대한 영혼의 표지다. 그 무관심을 달성하려고 분투하는 것, 그 무관심을 언제나 인정받는 법칙——언제나 따르는 법칙은 아닐지라도——으로 만드는 것은 언제나 결점이 있기 마련인 우리의 빈약한 본성을 바로잡는 일이다. 그런 식으로 참된 위대함과 함께해야만 성장할 수 있다. 진정 살아 있는 불꽃인 진리가 마음의 초에서 빛날 때, 보잘것없는 촛대도 영광을 나누어 갖는다.

또 글을 쓸 때는 대중을 잊어야 한다고 말했다. "독자와 거리를 두고 쓴 책일수록 호소력이 있다." 그라트리 신부는 『근원』에서 이렇게 말하면서 파스칼의 『팡세』, 보쉬에가 쓴 황태자를 옹호하는 글, 무엇보다 성 토마스 아퀴나스의 『신학 대전』을 본보기로 든다. 「작은 사순절」(Petit Carême)과 마시용Jean Baptise Massillon의 「교구회의 강론」(Discours synodaux)을 비교한 대목은 그라트리 신부의 말이 맞다는 것을 확증해준다.● 프랑스의 도덕주의자로 『성찰과 잠언』의 저자인 보브나르그Clapiers Vauvenargues도 다음과 같이 말하며 그리트리 신부의 말에 동의한다. "무엇이든 타인만을 위해 사유한 것은 대체로 자연스럽

● 「작은 사순절」은 왕실 신하들 앞에서 행한 사순절 설교다. 그라트리는 설교자가 "자기 생각을 어찌나 길게 늘어놓았는지 설교가 너무 정교해 피곤할 지경이었다"고 말한다. 반면 "오르베뉴에서 몇몇 나라 사제들을 위해 거의 즉흥적으로 행한" 「교구회의 강론」은 "생생하고 활기찬 강론"이었다고 말한다.——저자주.

지 못하다."

그러나 이 말이 글을 쓸 때 이웃을 무시하고 동료에게 유용하게 쓰일 것을 전혀 고려하지 않아도 된다는 뜻은 아니다. 지성인은 자신이 모두에게 속한다는 것을 알아야 한다. 그러나 섬기는 일에 관여하는 것이 곧 여론을 따르는 것은 아니다. 사람들이 어떻게 말할지 두려워 흔들려서는 안 된다. 스스로 모두의 친구라고 떠벌리면서 누구에게나 찬사받을 것을 기대하는 정신, 비겁하게 순응하는 정신을 경계해야 한다.

대중에게 인정을 구하는 것은 의지할 힘을 그들에게서 빼앗는 것이다. 당신은 동료들에게 헌신하는 존재이지 않은가? 그들은 당신에게 요청할 권리가 있지 않은가? 그게 아니라면 당신의 일이 무엇이란 말인가? 그러므로 다른 이들을 기쁘게 해야 한다거나 그들에게 나를 맞추어야 한다는 걱정에 사로잡힌다면, 당신의 작업은 더 이상 사유가 아닐 것이다. 그렇게 되면 당신은 대중을 위해 사유한다는 의무를 다하지 못할 것이고, 도리어 대중이 당신을 위해 사유할 것이다.

신의 인정을 구하고, 당신 자신과 다른 이들을 위해 오직 진리에만 몰두하라. 결코 노예가 되지 마라. "하느님의 말씀이 감옥에 갇혀 있는 것은 아닙니다"(「디모테오에게 보낸 둘째 편지」 2장 9절)라는 바울의 말에 부끄럽지 않은 사람이 되어라.

대중은 전체적으로 보면 당신을 무너뜨릴 특성을 모두 가지고 있기 때문에 당신은 독립이라는 덕을 반드시 갖추어야 한다. 대중의 심성은 초등학생의 심성과 같다. 대부분의 집단에서, 그리고 선거에서 대중은 진실이 아닌 관습을 지지한다. 대중은 아첨 듣기를 좋아하고, 다른 무엇보다 평온함이 깨지는 것을 두려워한다. 그들이 본질적인 진리에 귀를 기울이게 하려면 그들에게 단호하게 주장해야 한다. 당신은 그렇게 할 수 있으며, 고독한 사상가는 이런 적절한 힘을 행사하려고 노력해야만 한다.

이런 일에 성공하는 사상가의 힘은 자신의 사유와 대상의 본성에 의거해 주장하는 태도에서, 세비녜 부인Madame de Sévigné● 이 프랑스의 예수회 학자 부르달루Louis Bourdaloue에 관해 말했듯이 "귀머거리 같은 인상을 주는 것"에서, 그리고 영혼을 들뜨게 하거나 억누르는 위험에 대해 용기 있게 외치는 행위에서 생겨난다.

진정으로 효과적이고 설득력 있는 유일한 힘은 가엾은 인류에게 믿음을 주는 인격과 결합한 강한 신념뿐이다. 당신에게 알랑대기를 요구하는 바로 그 사람들이 실은 아첨꾼을 경멸하고 주인에게는 굴복한다. 당신이 그런 세계에 속해 있다면, 그들은 같은 세계에 있다는 이유로 당신에게 호의를 보일 것이다. 그러나 그들의 조용한 경멸은 당신의 타락을 측정하는 잣대가 될 것이다.

● 재치와 활력이 담긴 편지를 30여 년간 딸과 주고받은 프랑스의 서간문 작가.

그 뒤틀린 세계는 내심으로는 성인만을 사랑한다. 그 비겁한 세계는 영웅을 꿈꾼다. 봉탕Roger Bontemps●●은 고행자를 직접 볼 때만 의젓하게 굴고 회심할 생각을 한다. 그런 세계에서 당신은 여론에 굴복하지 않아야 하며, 인류가 어깨 너머로 당신을 지켜보고 있는 것처럼 글을 써야 한다. 당신은 다른 사람들은 물론 당신 자신에게도 구속되지 않아야 한다. 다른 모든 영역과 마찬가지로 지적인 영역에서도 인간에 초연하는 것이 곧 놀라운 일을 준비하는 것이다. 그것이 신에게로 가는 길을 여는 일이기 때문이다.

책상에 고독하게 앉아 있는 당신의 마음에 신이 말을 건넬 때, 당신은 아이가 귀담아듣는 것처럼 귀를 기울여야 하고, 아이가 말하는 것처럼 글을 써야 한다. 아이는 아직 아집도, 뚜렷한 입장도, 인위적인 욕구도, 격정도 없기 때문에 순박하고 초연하다. 아이는 천진난만한 신뢰와 직접화법으로 우리에게 한없이 관심을 보인다. 성숙한 인간은 아이의 이런 순박함을 간직한 채 경험을 쌓아 진리의 훌륭한 저장고가 될 것이고, 그의 목소리는 동료들의 영혼에서 울려 퍼질 것이다.

●● 태평스럽게 유유자적하는 사람을 가리키는 비유적 표현으로, 피에르 베랑제가 사용하면서 널리 알려졌다.——영역자주.

3

꾸준함, 인내, 끈기

생산적인 일은 다른 덕목들도 요구하며, 그 일의 가치에 비례해 요구 수준이 높아진다. 나는 여기서 세 가지 덕목을 말할 텐데, 이 덕목들은 상호 보완 관계에 있어서 형편없거나 부절적한 결과가 나오지 않게 한다. 첫째는 착실하게 작업에 매진하는 꾸준함이고, 둘째는 어려움을 견디는 인내이며, 셋째는 의지가 약해지지 않게 다잡는 끈기다.

니콜은 이렇게 말한다. "공부하는 삶이 편한 삶일 거라고 상상해서는 안 된다. …… 꾸준함과 고요함만큼 우리 본성에 반하는 것도, 우리에게 혼자 있기를 요구하는 것도 없기 때문이다. 반면 변화와 외부의 일은 활동에 나서게 하고 주의를 어지럽혀 우리 자신을 잊게 한다. 더구나 이 언어라는 수단은 언제나 어딘가 생기가 없어서, 자기애를 북돋거나 격정을 강하게 불러일으키는 구석이 전혀 없다.● 언어에는 활동과 움직임이 결여되어 있다. …… 언어는 우리 자신에 관해 말해주는 바가 거의 없으며, 우리 자신을 즐겁게 관조하기 위한 기반을 거의 제공하지 않는다. 또 우리의 소망을 격려해주는 일도 좀처럼 없다. 언어의 이 모든 특성은 자기애를 억누르는데, 우리는 자기애가 충족되지 않을 경우 모든 일에 싫증과 염증을 느끼게 된다." 파스칼의 기분 전환 이론을 떠올리게 하는 이 분석은 지나친 것일지도 모른다.●● 이 분석을 언급한 이유는 우리의 경우 '싫증과 염증'이 만만찮은 적이므로 그것을 극복할 계획을 세워야 한다는 사실을 지적하기 위해서다.

 간헐적으로 공부하면서 때때로 게으름과 무관심의 주문에 사로잡히는 지성인을 누구나 한 명쯤은 알고 있을 것이다. 그들의 운명은 여기저기 찢긴 직물과 같다. 그들은 그 직물로 귀중한 의복을 만드는 대신 대충 꿰맨 누더기를 만든다. 반대로 우리의 목표는 언제나 지성인으로 지내는 것이고, 다른 사람들로부터 그 사실을 인정받는 것이다. 사람들은 우리가 휴식하고 빈둥거리고 신발을 신는 모습을 보고 우리가 어떤 사람인지 알아챌 것이다. 물론 우리가 어떤 사람인지는 공부하는

● 니콜은 신중하게 가다듬고 정제한 '고전주의적' 프랑스어를 염두에 두고 있었다.──영역자주.

●● '기분 전환'(divertissement)이란, 말 그대로 우리 자신과 운명에서 심심풀이나 오락 등으로 주의를 돌린다는 뜻이다. 파스칼은 "인간의 모든 재앙은 방 안에 조용히 머무르지 못하는 데에서 비롯된다"라고 말했다. 그것이 모든 불행의 원인이라는 것이다.

모습과 휴식을 취한 후 재빨리 과업으로 돌아가는 모습에서, 그리고 이 주기를 꾸준히 반복하는 모습에서 훨씬 더 분명하게 드러날 것이다.

위대한 발명가 에디슨은 한 아이에게 기억에 남을 만한 말을 해달라는 부탁을 받았을 때 미소를 머금고 이렇게 말했다. "애야, 시계를 자주 보지 말거라." 에디슨 자신도 시계를 좀처럼 보지 않아서, 연애결혼을 했음에도 결혼식 당일에 그를 찾으러 사람이 와야 했다. 탐구에 몰두하던 에디슨이 결혼식을 까맣게 잊었던 것이다.

신성한 일과 분리되지 않는 신처럼, 자신이 하는 일에 온전히 몰두하는 것은 영예로운 행위다. 그러나 자신의 인성을 깎아내리는 일을 한다면, 그 일에 노력을 조금도 쏟지 않는 것이나 마찬가지다.

우리는 '대충 해도 되는 일'이라거나 '정시에 시작한다'는 핑계를 대면서 자주 시간을 낭비한다. 우리는 자투리 시간——진지하게 공부하기에는 마땅치 않은——이야말로 공부를 준비하거나 정리하고, 참고문헌을 확인하고, 노트를 살펴보고, 문서를 분류하는 등의 일을 하기 위한 시간임을 잊어버린다. 진지하게 공부에 몰두할 시간에 이런 일을 하는 것은 너무나 어처구니없는 상황이다. 자투리 시간은 다른 시간만큼이나 유용한데, 이런 부차적인 일들은 공부에 속하고 또 공부에 반드시 필요하기 때문이다.

실제로 공부를 하는 동안에도 사소한 일 때문에 니콜이 말한 '싫증과 염증'을 느끼고 당장에 노력을 중단하고픈 마음이 들기도 한다. 나태의 간계는 아이들의 꾀와 마찬가지로 끝이 없다. 누군가는 기억나지 않는 단어를 찾으려다가 여백에 무언가를 스케치하기 시작해 그림을 완성할 때까지 펜을 멈추지 않을 것이고, 사전을 펼친 뒤에도 별난 단어들을 이것저것 보다가 원래 찾으려던 단어를 까맣게 잊을 것이다. 또 누군가는 우연히 마주친 대상을 보다가 한참 후에야 시시한 일에 15분이나 낭비했음을 알아챌 것이다. 혹은 지나가는 사람을 보다가, 옆방에 있는 친구를 신경 쓰다가, 걸려올 전화를 생각하다가, 아니면 배달된 신문을 훑어보다가 금세 정신이 팔릴 것이다. 한 착상이 다른 착상을 줄줄이 떠오르게 할 수도 있고, 공부 자체가 공부를 방해할지도 모른다. 어떤 생각은 당신을 꿈꾸게 하고 상상의 나래를 펼치게 한다.

고양된 순간에는 이런 유혹을 크게 두려워하지 않아도 된다. 발견하고 저술하는 기쁨이 당신을 이끌 것이기 때문이다. 그러나 힘겨운 시간은 언제나 찾아오기 마련이고, 그 시간 동안 유혹의 힘은 아주 강하다. 때로는 이 작은 난관을 극복하기 위해 진정으로 정신의 힘을 쏟아야 한다. 공부하는 이들은 누구나, 열중하는 시간을 방해하고 노력을 수포로 돌리겠다고 위협하는 암울한 순간에 대해 한탄한다. 공부에 대한 염증이 오래 지속될 때, 당신은 이 지긋지긋한 공부를 계속하느니 차라리 양배추를 심는 편이 낫겠다고 생각할 것이다. 의자에 조용히 앉아 있다는 이유로 당신을 밥벌레라고 부르는 노동자가 부러울지도 모른다. 이런 음울한 정신 상태에 있을 때 공부를 포기할 위험이 얼마나 큰가!

다른 어떤 때보다 공부의 전환점에 있을 때, 이렇게 갑작스럽거나 교활한 공격을 경계해야 한다. 모든 공부에는 까다로운 전환점들이 있어서, 공부하고 저술하면서 한 부분과 다른 부분을 긴밀히 연결하는 것은 무척이나 어려운 일이다. 모든 것은 관념의 연결에 달려 있다. 우리는 직선을 따라서 곧장 가다가, 꺾이는 각도를 가늠하기 어려운 굽이를 맞닥뜨린다. 우리가 새로운 방향이 어느 쪽인지 몰라 머뭇거리는 사이, 나태라는 악마가 모습을 드러낸다.

간혹 관념의 정연한 연쇄가 보이지 않거나 인위적으로 전환점을 만들어내야 하는 심각한 위험에 노출되었을 때는 잠시 멈추는 편이 좋다. 시간이 지나면 애써 찾지 않아도 그런 연쇄와 전환점이 보일지 모른다. 앞에서 밤의 은총, 밝은 아침의 은총, 힘들이지 않고 묵상하는 순간의 은총이 있다고 말했다. 그러나 잠시 멈추는 것은 게으름이 아니다. 공부의 다른 면을 보고 거기에 온전히 몰두하라.

온당한 이유 없이 공부를 중단하는 것은 단호히 거부하라. 너무 지쳤다면 기운을 되찾기 위해 의도적으로 공부를 멈추어라. 기진맥진한 상태로는 어디에도 이르지 못한다. 피로에서 회복하는 방법을 예로 들면, 좋아하는 저자의 책을 몇 페이지 읽기, 무언가를 큰소리로 낭독하기, 무릎을 꿇고 기도함으로써 신체에 변화를 주어 정신을 환기하기, 맑은 공기 속에서 호흡하며 가볍게 움직이기 등이 있다. 그런 다음에는 공부로 돌아가야 한다.

어떤 이들은 각성제에 의지한다. 그러나 그것은 치명적인 방법이다. 각성제의 효과는 일순간 지속될 뿐이고 섭취할수록 효과가 떨어진다. 그래서 나날이 섭취량을 늘려야 하는데, 그럴수록 신체와 정신은 퇴보한다.

야외나 서재에서 걷는 것이 훨씬 무해한 각성제다. 공부하는 이들은 대개 팔다리를 움직임으로써 뇌도 움직인다. "나의 발 역시 저자다"라고 니체는 말했다.

그러나 가장 평범한 각성제는 용기다. 우리는 기도하면서도 용기를 얻지만 목표를 다시 떠올리면서도 용기를 얻는다. 탈옥하고 싶어 하는 수감자는 갖은 힘을 짜내려 한다. 그는 가능성이 희박한 탈출을 준비하면서도 지치지 않고, 실패한 뒤에도 계속 시도한다. 자유가 그를 부르기 때문이다. 당신은 저술을 끝마침으로써 오류에서 벗어나고 정신의 승리를 쟁취하고 싶지 않은가? 완결이라는 목표에 시선을 고정하면 그 전망에서 새롭게 용기를 얻을 수 있을 것이다.

꾸준함의 또 다른 효과는, 정신은 물론 신체에도 영향을 미치는 가상의 피곤함을 극복하게 해준다는 것이다. 산보를 시작해 가파른 언덕을 처음 오를 때는 대개 기력이 없고 숨이 가쁠 것이다. 다리까지 아파서 포기하고 집으로 돌아가고 싶은 마음이 굴뚝같을지도 모른다. 그러나 계속 걸으면 관절이 유연해지고 근육이 풀리고 흉곽이 팽창하면서 활동의 기쁨을 느끼게 된다. 공부도 마찬가지다. 처음에 피로를 느끼더라도 굴복해서는 안 된다. 꾸준히 밀고나가면서 몸속 기운을 끄집어내야 한다. 포기하지 않으면 조금씩 기운이 돌면서 적응해갈 것이고, 고통스럽고 무기력한 첫 단계를 지나가면 의욕적으로 공부할 수 있을 것이다.

곤경의 원인이 무엇이든 움츠러들지 말고 극기하면서 겪어내야 한다. 한 차례의 공부는 일정한 수의 장애물이 있는 경주로와 같다. 울타리를 뛰어넘고 나면 저 앞에 도랑이 있고, 그 뒤에는 비탈이, 다시 그 뒤에는 다른 장애물이 있다. 첫 번째 장애물에서 멈추지 말고 뛰어넘어라. 장애물들 사이에는 평온한 직선 구간이 있어서 제법 빠른 속도로 나아갈 수 있다. 곤경 하나를 극복하고 나면, 다른 곤경들을 어떻게 극복할지 알게 된다. 한 번 수고를 하면 서너 번은 수고하지 않아도 된다.

1분 동안의 용기가 하루를 견딜 힘을 주고, 고된 공부가 기쁘고 풍성한 결실을 맺는다.

당신은 이 끈기에 힘입어 평생에 걸쳐 점점 더 쉽게 활동할 수 있을 것이다. 수월하게 피아노를 연주하고, 말을 타고, 그림을 그리는 솜씨를 익히는 것과 마찬가지로 우리는 수월하게 사유하는 솜씨를 익힌다. 아퀴나스는 자면서도 구술할 만큼 이 솜씨를 익혔다. 정신은 자주 행해야 하는 것에 익숙해지기 마련이다. 설령 전혀 모르는 주제라 하더라도 항상 눈앞에 있으면 그 주제를 기억하게 된다. 쉽게 산만해지는 사람일지라도 전문가 수준의 집중력을 습득할 수 있다. 관념들을 구분하는 데에 소질이 거의 없는 사람일지라도 위대한 사상가들을 꾸준히 접함으로써 판단력을 더 날카롭고 확실하게 갈고닦을 수 있다. 어떤 주제를 공부하든 시작 단계에서 일정 수준까지 노력한 뒤에는 모터를 달구고 도로를 쏜살같이 달릴 수 있다.

아미엘은 어느 날 일기에서 이렇게 자문했다. "네가 약한 이유가 무엇이냐? 수없이 굴복했기 때문이다. 그래서 너는 환경의 노리개가 되었다. 네가 환경을 강하게 만든 것이지, 환경이 너를 약하게 만든 것이 아니다."

끈질기게 몰두하고, 중단했던 공부로 완고하게 되돌아감으로써 우리는 꾸준함을 배울 수 있다. 시작 단계에서 일시적으로 느끼는 피로감이 사라지고, 싫증나는 순간에도 거의 흔들리지 않는 날이 언젠가 찾아올 것이다. 그럴 때 당신은 성인이 될 것이다. 공부하는 이가 변덕스럽다면 그는 아이와 다를 바 없다.

경험에 따르면, 단숨에 박차고 나가는 달리기 선수처럼 공부에 정력적으로 몰입하는 사람이 곤경을 먼저 극복한다. 그렇더라도 꾸준함과 인내를 가지고 극복해야 할 난관은 언제나 꽤 많을 것이다.

위대한 사상가들은 누구나 사유하는 삶의 시련을 한탄했다. 그들은 사유라는 노동이 자신에게 필연적인 일이자 행복의 조건이긴 하지만, 오랜 기간에 걸친 고통을, 때로는 실로 극심한 고통을 초래한 원인이라고 말했다.

두뇌의 법칙은 불분명하다. 두뇌는 거의 의지와 무관하게 작동한다. 두뇌가 복종을 거부할 때 당신은 무엇을 할 것인가? 지식의 가닥들이 갈수록 뒤엉키고 시간이 헛되이 흘러갈 때, 고통스러운 무기력감이 당신을 사로잡고 이 시련이 머지않아 끝날 기미가 조금도 보이지 않을 때, 신에게 도와달라고 하는 것 말고 과연 당신이 무엇을 할 수 있겠는가?

당신의 저술이 성공적일 때, 독자는 글이 너무 단순하다고 생각하고는 그 약점을 가차 없이 비판할 것이다. 독자는 당신이 저술에 얼마나 노력을 쏟았는지 짐작하지 못할 것이다. 그럼에도 독자가 당신의 노력을 짐작하게 해서는 안 된다. 미켈란젤로는 이렇게 말했다. "막대한 노력을 들여 구현한 창작물은 틀림없이 쉽고 힘들이지 않은 작품처럼 보일 것이다. …… 전혀 노력을 기울이지 않은 것처럼 보이는 작품을 창작하는 데에 수고를 아끼지 않는 것이야말로 대원칙이다." 프랑스의 시인 부알로Nicholas Boileau 역시 쉬운 시를 힘들여 짓는 법을 라신에게 가르쳤다고 자랑하지 않았던가? 과학 영역에서는 비오가 이렇게 말했다. "어제 발견한 것만큼 쉬워 보이는 것이 없고, 내일 발견할 것만큼 어려워 보이는 것이 없다." 그러나 대중은 그런 수고를 짐작하지 못한다. 당신은 홀로 짐을 날라야 하는데, 위대한 인물들은 이 사유의 짐이 인간이 나를 수 있는 짐 가운데 가장 무거운 짐이라고 경고한다.

탐구할 때 당신은 극지방이나 중앙아프리카 탐험가처럼 결코 난관에 굴하지 않아야 한다. 오류를 공격하거나 격퇴할 때 당신에게는 카이사르나 웰링턴Arthur Wellington●의 인내력과 열정이 필요할 것이다. 전투와 마찬가지로 공부에도 영웅적 자질이 필요하다. 공부는 때로는 선한 순교자처럼 단호히 버티고 서 있어야 하는 참호다.

무방비라고 느낄 때 당신은 그것을 극복해야 한다. 눈앞에 길이 한없이 뻗어 있을 때나 의심할 바 없이 방향을 착각했을 때 당신은 완전히 길을 잃었거나 두꺼운 안개에 둘러싸여 있다고 느낄 텐데, 그런 순간이야말로 비축해둔 에너지를 끄집어낼

● 워털루 전투를 비롯한 나폴레옹 전쟁에서 승리한 영국의 군인.

때다. 끈질기게 난관에 맞서고, 큰 뜻에 따라 인내하라. 열정이 인내보다 쉽지만 당신에게는 둘 다 필요하며 그 둘을 조합해야 성취라는 보상을 얻을 수 있다.

구름을 통과하는 등산가에게는 세상이 밤으로 접어든 것처럼 보인다. 그렇지만 계속 산을 오르면 구름 너머의 빛을 발견하게 된다. 악천후에 방 안에 있으면 실외의 비바람을 마주할 수 없을 것만 같다. 그렇지만 밖으로 나가서 묵묵히 걷다보면 날씨가 다시 맑아지기 마련이다.

사유의 기술을 익히는 것이 그토록 어렵고 보통사람이 가진 것보다 훨씬 큰 용기를 요구하는 주된 이유는 그 기술을 익히는 데에 오랜 시간이 필요하기 때문이다. "기술은 길고 인생은 짧다." 인생에는 인내의 덕이 힘을 발휘할 여지가 충분히 있다. 탄생과 성장의 법칙을 존중하고 무분별하게 서두르면서 지식을 모욕하지 않는다면, 당신은 앞뒤 가리지 않고 돌진하는 사람보다 훨씬 많이 얻을 것이다. 진리와 자연은 일정한 속도로 나아가며, 자연이 순환하는 기간에 비하면 인류의 삶과 죽음은 일출과 일몰에 지나지 않는다.

니체는 『차라투스트라는 이렇게 말했다』에서 이렇게 썼다. "근원의 심연으로 들어가는 것은 천천히 간다. 그 심연에 빠진 것을 발견하려면 오래도록 기다려야 한다." 정신이 바로 그 신비한 근원이다. 때 이르게 그 신비를 해명하려 들지 마

라. 저장된 시간은 신의 것이다. 신은 시간을 조금씩 우리에게 나누어준다. 시간을 달라고 요구하거나 조바심을 내는 것은 우리의 본분이 아니다. 알맞은 때에 얻는 시간만이 귀중한 시간이다.

시간에 쫓기는 사람의 호들갑과 야단법석을 피하라. 천천히 서둘러라. 정신의 영역에서는 분주함보다 차분함이 알맞다. "기다리는 자가 전부를 얻는다"라는 속담은 다른 어떤 영역보다 정신의 영역에서 가장 분명하게 입증된다. 다 빈치는 "충만한 삶은 길다"라고 말했다. 천천히 가는 사람은 모든 기간에 속하며 스스로 영원성 안에 자리 잡는다. 그런 뒤에는 영원성의 정신으로 공부한다. 숭고한 열의에서 비롯되는 추동력을 정신과 신체를 흥분시키는 자극과 혼동하지 마라. 후자는 전자의 정반대나 마찬가지인데, 전자의 리듬을 깨뜨리기 때문이다. 관념을 정돈하고 새로운 사유를 세심하게 다듬는 데는 평온이 필요하다. 불안한 상태에서는 그런 일을 해낼 수 없다. 시간이 부족하다는 어리석은 두려움에 빠져 시간을 낭비하고 싶은가?

당신은 섭리에 따라 신을 섬겨야 한다. 앎의 조건을 정하는 것은 신이다. 그러므로 조바심을 내는 사람은 신에게 반기를 드는 것이다. 열렬한 흥분이 당신을 사로잡을 때, 정신은 노예나 마찬가지인 상태가 되고 내면의 자유는 사라지고 만다.

길 자체가 목표이고 결말이 수단인데 무슨 까닭으로 서두르는가? 나이아가라 폭포를 보면서 폭포수가 빨리 떨어지기를 바라는 사람이 있던가? 지적인 활동에는 매 단계마다 고유한 가치가 있다. 노력은 덕이자 극복이다. 신을 위해서 신처럼 공부하는 사람은 신 안에 머물기를 바란다. 신 안에 자리 잡고 있는 사람이라면 시간이 흘러간들 신경이나 쓰겠는가?

한결같은 꾸준함과 인내를 완성하는 것은 공부를 끝마치는 끈기다. 복음서는 "끝까지 참는 사람은 구원을 받을 것이다"라고 말한다(「마태오의 복음서」 10장 22절). "쟁기를 잡고 뒤를 자꾸 돌아다보는 사람은 하느님 나라에 들어갈 자격이 없다"(「루가의 복음서」 9장 62절). 그런 사람은 지적인 사회에 들어갈 자격도 없다.

얼마나 많은 이들이 땅을 일구고 씨를 뿌리는 일을 포기하고 추수를 그만두는가! 그렇게 포기한 사람들이 온 세상에 가득하다. 공부를 추구하는 이들이 처음 치르는 시험은 참가자를 떨어뜨리는 시험이다. 약한 자들은 한 명씩 떨어져 나가고 용맹한 이들은 견딘다. 결국에는 기드온의 전사 삼백 명과 다윗의 용사 삼십 명만 남는다.

견디는 것은 의지로 해내는 것이다. 견디지 않는 사람은 계획만 세울 뿐 의지로 성취하지 못한다. 손에 쥔 것을 놓는 사람은 진짜로 잡았던 적이 한 번도 없는 셈이다. 사랑을 그만두는 사람은 결코 사랑한 것이 아니다. 우리의 운명은 하나이고, 운명의 일부인 공부는 더더욱 필연적으로 하나다. 참된 지성인은 견디는 사람이다. 그는 스스로 배우고 가르치는 과업을 떠맡는다. 그는 자신의 온 존재로 진리를 사랑하고, 공부에 자신을 바치며, 조급하게 포기하지 않는다.

위대한 인물들은 누구나 이 뛰어난 자질을 드러내 보였다. 그들은 기막히게 화창한 날처럼 삶을 마쳤다. 해질녘의 붉은 노을은 동틀 무렵의 금빛 햇살 못지않게 아름답고 장엄하기까지 하다. 오랜 세월 한결같이 공부한 사람은 저무는 해처럼 고요하고 아름답게 삶을 끝맺을 수 있다. 그가 죽고 나면 줄곧 그와 함께한 공부는 우리에게 남는다.

위대한 인물들의 발자취를 따라가는 당신은 겁에 질려 도망가곤 하는 나그네 무리에 끼지 말아야 한다. 그들은 여정을 시작하지만 이내 멈추고, 길을 잃고, 지쳤다는 듯이 주저앉고, 머지않아 지나온 길을 되돌아간다. 당신은 여정을 끝까지 마쳐야 한다. 속담이 말하듯이 "정중하고 온화하게 걸어가라." 끈기 없이 간혹 큰 걸음을 내딛는 것은 어디에도 이르지 못하는 쓸모없는 움직임에 지나지 않는다.

당신의 결의를 강화해서 신에게 맡기고 신의 승인을 기다려라. 결의하는 것은 신에게 속박되는 것이다. 과업이나 결의가 부과하는 필연성은 설령 의무를 수반하지 않더라도 자연적 필연성만큼이나 우리의 복종을 강요한다. 그 필연성은 물질적 속박보다는 도덕적 속박에 가깝다.

과업을 결정한 뒤에는 슬기롭고 확고부동한 태도로 그것에 전념하는 법을 배워라. 과업에 대한 일체의 불신은 물론이고 덜 중요한 과업들까지도 차단하라. 당신이 납득할 만한 수준까지 과업을 오래 지속할 수 있도록 공부를 심화하려고 노력하라. 계속 심화해나가면 용기가 꺾이지 않는 한, 얻는 것이 있을 것이다. 당신은 충실한 사상가들의 계보에 속하게 될 것이다. 아리스토텔레스, 아우구스티누스, 알베르투스 마그누스, 아퀴나스, 라이프니츠, 리트레Emile Littré,● 파스퇴르 같은 공부의 거인들이 당신을 자식으로 인정할 것이다. 그리고 마침내 당신은 합당한 자격을 갖추고 끈기 있게 당신을 기다리는 신을 만날 것이다.

● 아셰트 출판사에서 출간한 『프랑스어 사전』으로 유명한 사전 편찬자.

4
신중하게 계획하고 마무리하기

　꾸준함, 인내, 끈기 이 세 가지 덕목의 요건을 충족한 사람은 결과가 그저 그렇거나 불완전할 것을 두려워하지 않을 것이다. 그러나 스스로 과업을 잘 수행했다고 생각하는 것과 무관하게, 완벽해야 할 필요성과 완결해야 할 의무를 역설하는 것은 유익한 일이다.

　일정한 분량의 저술을 시작하기 전에는 당연히 숙고해야 한다. 산만한 사람만이 복음서의 말대로 "과연 그만한 돈이 자기에게 있는지 곰곰이 생각해보지"(「루가의 복음서」 14장 28절) 않은 채 모험을 감행한다. 지혜는 우리가 어떤 일을 시작하기에 앞서 그 일이 나에게 적합한지 숙고할 때 그 일을 끝마쳐야 하는 의무를 직시할 것을 요구한다. 일을 끝맺지 않으면 그 일을 망친다. 「잠언」 18장 9절은 이렇게 말한다. "제 일을 게을리하는 사람은 일을 망치는 사람과 사촌 간이다."

반쯤 짓다가 그만둔 집이 대체 어떤 쓸모가 있을까? 짓다만 그 흔적은 건물의 토대를 놓고 아랫부분을 쌓은 사람에 관해 과연 무엇을 말해줄까? 그러한 잔해는 어떤 재난을 암시한다. 정신의 건설자인 당신은 과거를 잔해더미로 만들고 싶은가?

세상에는 믿을 만한 이들이 있다. 그들은 일단 약속을 하면 지킨다. 그와 마찬가지로 모든 시작은 바보짓이 아닌 한 하나의 약속이다. 어떤 이들은 약속을 하고, 자신이 신성시하는 모든 것을 걸고 그 약속을 지키겠다고 맹세까지 하지만, 결국에는 아무것도 하지 않는다. 당신은 그들이 약속을 지키기에 적합하지 않은 기질을 타고났다고 생각할 것이다. 당신은 그들을 의무로 속박할 수 없고, 그들도 스스로에게 의무를 지울 수 없다.

그런 사람들은 도덕적으로 열등한 부류이다. 그들을 닮은 지성인은 자신의 소명을 저버린 사람으로, 사실 지성인이 아니다. 신성한 부름을 받은 당신은 소명에 충실할 것을 다짐해야 하고, 당신 내면의 계율에 복종해야 한다. 당신은 "제가 하겠습니다"라고 말했다. 그러니 말한 대로 행하라. 당신 앞에는 양심의 문제가 있다. 당신의 명예를 걸고 그 문제를 해결하라. 끝맺지 못한 모든 일은 당신의 치욕이다.

나는 도덕적 타락이 계획이나 약속을 그만두는 원인이라고 생각한다. 우리는 갈수록 포기하는 일에 익숙해진다. 체념한 채 무질서와 왜곡된 양심에 굴복하고, 우물쭈물하는 습관을 들인다. 그 결과 존엄을 잃고 마는데, 그것은 개인의 성장에 조금도 이롭지 않다.

옷감의 치수를 열 번 재되 자를 때는 한 번에 잘라라. 시침질을 정성 들여 하고, 꿰맬 때가 되면 무슨 일이 있더라도 포기하겠다고 말하지 마라.

당신이 책임지는 한 그 바느질의 결과는 완벽할 것이다. **완결한다**는 것은 끝맺는다는 뜻이지만 동시에 완벽하다는 뜻이기도 하며, 이 두 가지 의미는 서로를 강화한다. 최선의 결과를 목표로 삼지 않았다면 끝마쳤더라도 실제로 완결한 것이 아니다. 완벽하지 않은 것은 존재하지 않는 것이다. 스피노자에 따르면 존재와 완전함은 하나의 관념으로서 서로 일치하며 하나를 다른 하나로 전환할 수 있다.

스피노자의 말은 티치아노Vecellio Tiziano의 작업 방식과 관련이 있다. 티치아노는 굵은 선으로 밑그림을 그리고 나서 어느 정도 작업한 뒤에 그림이 낯선 사람처럼 보일 때까지 벽에 걸어두었다. 그런 다음 다시 작업에 착수해 '적대적인 눈'으로 그림을 보면서 걸작으로 바꿔놓았다.

당신도 저술 계획을 대강 세운 뒤에는 티치아노처럼 일정한 거리를 두고 그 계획을 보아야 한다. 그 계획을 승인하지 못하겠다면 다시 새롭게 시작하라. 그 계획이 당신이 기대한 수준에 도달한 뒤에는 세세한 부분까지 낱낱이 비판하고, "나는 역량을 전부 쏟아부었다. 어떤 결함이 남아 있더라도 신과 동료들은 나를 용서할 것이다"라고 말할 수 있을 때까지 비판을 멈추지 마라. 다 빈치의 비문에는 이렇게 적혀 있다. "나는 할 수 있는 만큼 했다. 후손들이여, 나를 용서하라."

그렇다고 해서 긴 저술을 계획해야 하는 것은 아니다. 당신의 재능과 당신에게 주어진 은총과 시간에 부합하는 글이라면, 그 저술에 당신 전부를 쏟아붓는다면, 그리고 당신이 완전히 복종함으로써 섭리를 충족시킨다면, 그것으로 충분하다. 당신이 완벽하게 성취하는 무언가는 언제나 저술에 크게 이바지할 것이다. 반면 당신이 서투르게 하는 무언가는 당신 저술에 아무런 보탬이 되지 않으며, 귀중한 비단 위의 얼룩처럼 오히려 해를 끼칠 것이다.

지적인 소명은 그저 그런 소명이 아니다. 당신은 그 소명에 당신 전부를 바쳐야 한다. 진리인 신을 위해 성별된 당신의 일생은 그 삶을 이루는 모든 사건이 신의 소유다. 저술할 때마다 스스로 이렇게 되뇌어라. 저술은 나의 의무이고, 완결하지 않은 것은 존재하지 않는 것이므로 저술을 잘하는 것 또한 나의 의무다. 저술을 형편없이 한다면, 나는 삶을 놓치고 신에게 불

복종하고 동료들의 기대를 저버리는 것이다. 그러는 한, 나는 소명에 충실하지 못한 것이다. 소명을 갖는 것은 완벽할 의무를 지는 것이다.

이쯤에서 한 가지 중요한 실용적인 조언을 하는 편이 좋겠다. 어떤 저술에 착수하기로 결심한 뒤에 명확하게 구상하고 신중하게 준비해서 실제로 쓰기 시작했다면, 정력적으로 노력을 기울여서 **곧바로** 합당한 수준까지 써라. 지나간 길을 되돌아올 것을 기대하지 마라. "지금 아무렇게나 나아가더라도 나중에 되돌아올 수 있을 거야"라고 나태함이 속삭일 때, 끝마친 것으로 되돌아간다는 이런 생각은 언제나 환상이나 마찬가지라고 되뇌어라. 일단 비탈을 내려간 뒤에는 다시 올라가기가 무척 어렵다. 당신은 그저 그렇게 끝낸 저술을 처음부터 다시 생각할 용기를 내지 못할 것이다. 오늘 겁쟁이처럼 구는 사람이 내일 영웅처럼 용감하게 행동하는 경우는 극히 드물다. 나중에 할지도 모르는 수정은 그 자체로 완벽할지라도 글 전체의 어조와는 다를 것이다. 하나의 글은 근본적으로 하나의 작품이어야 한다. 베토벤은 나중에 덧붙인 악절은 결코 기존 악절들과 조화를 이루지 못한다고 말했다. 훌륭한 글은 용암의 흐름과 같다. 티치아노가 자신의 그림을 철저히 검토하기는 했지만, 그 목적은 오로지 그림의 원래 분위기를 유지하면서 완벽하게 다듬는 것이었다. 그는 착상과 구성, 기본적인 선을 결코 바꾸지 않았다. 그는 검토하기 전에 이미 노력을 쏟았고, 그 뒤에는 완벽하게 다듬기만 했다.

그러므로 글을 쓰는 순간에 최선을 다하라. 당신은 글을 완성하고 나서 그것을 당신이 먹이고 가르친 자식처럼 다룰 테지만, 그 글이 당신에게서 물려받은 근본적인 특성들은 변하지 않는다. 그때야말로 『성서』의 다음 말을 당신의 정신이 낳은 자식에게 적용할 때일 것이다. "자식이 미우면 매를 들지 않는다"(「잠언」 13장 24절).

5
능력을 넘어서는 일은 삼가기

 이렇게 자신을 엄하게 몰아세우는 것은 시작한 공부가 나 자신과 나의 자질에 어울린다는 것을 전제한다. 사냥감이 사냥꾼보다 힘이 세면 도리어 사냥꾼을 잡아먹는다. 그런 경우에 준칙을 정하는 것은 어불성설이다. 토끼를 뒤쫓는 사람에게 표범을 공격하라고 지시할 수는 없는 노릇이다.

 아퀴나스의 '16가지 조언' 가운데 마지막은 "너를 넘어서는 것을 추구하지 마라"다. 이것은 위대한 지혜다. 이미 고대의 신관이 이렇게 말한 바 있다. "운명을 거역하지 마라. 본분을 넘어서려 하지 마라." 지적인 일은 다른 것이 아니라 우리의 타고난 기질을 연장하는 것이다. 우리는 존재하고, 활동하고, 공부의 성과를 내놓는다. 이것은 연속적인 과정이다. 철과

납, 명주실과 무명실을 합치려 시도하더라도 그 둘은 결합하지 않을 것이고, 결코 좋은 결과를 얻지 못할 것이다. 소명은 우리의 자질을 활용하지만 만들어내지는 않는다. 타고난 자질이 부족한 지성인은 실패할 수밖에 없다. 그러나 자질이 부족하다는 것은 특정한 공부에 따라 상대적이다. 지금 말하려는 바가 바로 그것이다.

언제나 나에게 적합한 노력, 내가 할 수 있는 훈련, 내가 감내할 수 있는 희생, 내가 다룰 수 있는 주제, 내가 쓸 수 있는 논제, 나에게 도움이 되는 책, 내가 봉사할 수 있는 공중을 분별하려 애써라. 이 모든 일을 겸손하면서도 자신감 있게 가늠하라. 필요하다면 조언을 구하되, 조언자들 사이에도 무책임과 무관심이 만연하다는 것을 잊지 마라. 힘닿는 데까지 하겠다고 결심하라. 그런 뒤에 당신의 과업에 전심전력을 기울여라.

자신의 역량을 정확히 가늠하고 수행하는 공부는 언제나 훌륭하다. 반면 역량을 넘어서 수행하는 공부는 최악의 결과를 낳는다. 앞에서 당신에게 적합한 공부는 유일무이하다고 거듭해서 말했다. 다른 사람의 경우도 마찬가지다. 그러므로 서로 공부를 맞바꾸어서는 안 된다. 당신에게 주어진 공부는 당신만이 잘할 수 있다. 당신의 친구가 하면 잘할 공부를 당신은 형편없이 할 것이다. 신은 모든 이를 흡족해한다.

자신의 과업과 능력을 조화시키는 것, 알고 있을 때만 말하는 것, 사유하지 못하는 것을 억지로 사유하거나 이해하지 못하는 것을 억지로 이해하지 않는 것, 대상의 본질을 놓치고는 호언장담으로 안다는 듯이 가장하는 위험을 피하는 것, 이 모두는 위대한 지혜다. 자만은 이 지혜에 반발한다. 그러나 자만은 양심의 적인 것처럼 정신의 적이기도 하다. 분수를 모르는 사람은 공부하면서 압도당하고, 남들의 비웃음을 사고, 중요한 힘을 소진한다. 그는 자신에 대한 믿음을 저버리면서 세상에 대한 믿음까지 저버린다. 그는 불꽃처럼 사그라지고 만다.

어떤 공부를 하든 성공하기 위한 조건은 언제나 같다. 준비 단계에서는 숙고하고, 시작 단계에서는 공부에 바로 착수하고, 질서정연하게 진행하고, 천천히 나아가고, 전력을 다하는 것이다. 그러나 준비 단계에서 숙고할 때 첫째 목표는 나에게 어떤 공부가 적합한지 정하는 것이다. "너 자신을 알라"라는 소크라테스의 말은 도덕뿐만 아니라 모든 소명에서 핵심이다. 무언가를 하라는 부름을 받는 것은 드넓은 인간의 길을 따라 표시된 우리 개인의 행로를 알아보는 것이기 때문이다.

IX

공부와 품성

1 삶과 맞닿아 있기

2 쉬는 요령 알기

3 시련을 받아들이기

4 기쁨을 음미하기

5 결실을 기대하기

1
삶과 맞닿아 있기

지성인에게 그토록 많은 요구를 하고 그토록 많은 굴레를 씌운 뒤에 다시 한 번 자기 자신에게 돌아가 정신을 자유롭게 하라고 말한다면 역설처럼 들릴 것이다. 삶에서 가장 중요한 것은 지식이 아니라 인품이다. 공부를 하면서 시지푸스가 바위를 밀어 올리듯이 발버둥친다면 인품이 위태로워질 것이다. 앎 가운데는 기억의 영역에 속하지 않는 앎, 즉 세상살이에 관한 앎이 있다. 공부는 삶의 활동이어야 하고, 삶에 이바지해야 하며, 삶으로 충만해야 한다. 무언가를 알려고 애쓰는 사람과 누군가가 되려고 애쓰는 사람, 이 두 부류 가운데는 후자가 낫다. 우리가 아는 것은 시작이자 밑그림인 반면, 삶은 완성작이기 때문이다.

지성의 힘이 인간의 주권에 이바지하는 것은 분명 맞지만, 그것만으로는 충분하지 않다. 도덕 외에 인간 조건의 다양한 측면 또한 고려해야 한다. 앞서 사회에서의 생활과 실천적 활동에 관해 말했다. 여기에 자연과 교감하기, 가정 돌보기, 예술 활동, 사적 모임이나 공적 모임 참여, 짧은 시 읽기, 연설 연습, 지적인 취미, 공개 시위를 더하자.

이 모든 활동의 기준을 정확히 정하기는 어렵다. 나는 당신이 적어도 그 기준을 정할 정신을 발견할 것이라고 자신한다. 그 정신은 사유와 실천으로 대상들의 상대적 가치를 올바로 인식하기 위한 확실한 지표다.

공부의 목표는 우리 존재를 확장하는 것이다. 공부가 우리를 좁히는 것으로 끝나서는 결코 안 된다. 예술이 자연에 인간을 더한 것이라면, 학문은 인간에 자연을 더한 것이다. 두 경우 모두 우리는 인간을 보호해야 한다.

파스칼은 전문가일 뿐인 전문가를 존중하지 않는다. 파스칼은 자신이 방에 들어서는 순간 누군가의 책을 기억하기를 바라지 않는다. 파스칼은 "그것은 나쁜 흔적이다"라고 말하는데, 우리가 앞서 옹호한 비교탐구의 관점에서만 그렇게 말하는 것이 아니다. 그는 조화로운 한 인간 전체를 염두에 두고 그렇게 말한 것이다.

우리는 언제나 우리 자신 이상이어야 한다. 철학자는 시인다운 구석이 있어야 하고, 시인은 철학자다운 구석이 있어야 하며, 장인은 때로는 시인과 철학자여야 한다. 그들은 이 사실을 인정한다. 작가는 사무가여야 하며, 사무가는 쓰는 법을 알고 있어야 한다. 모든 전문가는 무엇보다 한 명의 사람이며, 그의 본질적 자질은 그가 무엇을 사유하거나 실천하든 그것을 넘어선다.

우리는 특정한 대상을 받아들이듯이 운명을 받아들일 수 없다. 조로아스터가 말했듯이 우리는 '마음의 꽃으로' 운명을 향해 우리를 열어젖혀야 한다. 특정한 목표는 삶 전체만큼의 가치가 없다. 마찬가지로 특정한 활동은 그것만을 위해 활동할 가치가 없으며, 특정한 재능은 존재 전체가 제 위치를 발견하는 넓은 직관만큼의 가치가 없다. 노동은 노동자만큼의 가치가 없다. 모든 것은 넓은 맥락과 단절되었을 때 해로우며, 우리 정신은 전체 환경 안에서만 완전히 확장할 수 있다.

오로지 공부만을 생각하는 사람은 공부를 서투르게 한다. 그는 자신을 구속하고, 자신에게 결함이 될 특수한 성향을 몸에 익힌다. 정신은 늘 열려 있어야 하고, 늘 인류 및 세상과 맞닿아 있어야 한다. 그래야 매번 새롭게 날아오를 역량을 지닌 채 공부로 돌아올 수 있다.

앞에서 "어떤 통이 견과로 가득 차더라도 여전히 그 통에 많은 양의 기름을 부을 수 있네"라는 랍비의 말을 인용했다.

그런 다음에는 서로 충돌하기보다 도움을 주는 공부의 갈래들에 이 말을 적용했다. 이제는 결과를 전공 공부로 이해하자. 우리는 전공 공부에, 힘들이지 않는 지적 생활, 고상하게 즐기는 여가, 자연, 예술이라는 기름을 더할 수 있다. 이 모든 것은 정신에 부담을 주지 않고 오히려 긴장을 풀어준다. 이 기름은 전공 공부에도 보탬이 될 것이다.

앞에서 모임과 교우관계, 외적 활동이 전공 공부에 큰 보탬이 되는 이유를 설명했다. 여기서는 앞서 도달한 그 결론을 확장하기만 할 텐데, 그 결론에 일반적인 함의가 있기 때문이다. 루브르 박물관 방문, 〈영웅 교향곡〉이나 〈오이디푸스 왕〉을 들으며 보내는 저녁, 단풍으로 물든 베르사유 산책, 해넘이 풍경, 소르본대학의 원형 강당에서 열리는 애국 집회, 올림픽 대회, 쥐미에주나 오랑주의 극장에서 공연하는 신비극, 노트르담 대성당의 훌륭한 설교를 멀리한 채 추구하는 전공 공부를 당신은 상상할 수 있는가?

사유가 창조력의 모든 현현과 어떻게 연결되어 있는지 보지 못한다면 사유를 잘 이해하지 못한 것이다.

자연은 만물을 새롭게 하고, 모든 균형 잡힌 정신에 생기를 불어넣고, 새로운 전망을 열어젖히고, 추상적인 사유로는 조금도 알 수 없는 조망을 제시한다. 나무는 한 명의 교사이고, 들판은 들바람꽃과 데이지만큼이나 관념으로 가득하고, 공전하는 하늘의 구름과 별은 새로운 영감을 가져다주며, 산은 그 웅장함으로 우리의 사유를 진정시키고, 흐르는 개울은 고결한 성찰을 시작하게 한다.

나는 산간의 급류를 보면 반드시 지구의 움직임을 생각했던 사람을 알고 있다. 그는 만물의 시작점이자 종점인 신에 힘입어 같은 법칙과 같은 힘의 지배를 받으며 우주를 같은 속도로 회전하는 땅덩어리들을 생각했다. 다시 공부로 돌아갔을 때 그는 자신이 유일무이한 신의 힘 덕분에 고양되고 어디에나 현존하는 신의 존재로 충만하다고 느꼈다. 세상에 알려지지 않은 그의 활동은 모든 존재와의 교감에 뿌리박고 있었다.

그럼에도 당신은 정신을 옥죄고 심장을 메마르게 한 나머지 급류의 물길을 따라가거나 별들 사이를 거니는 것을 시간 낭비로 여긴다. 우주는 인간을 영광으로 채우건만 당신은 그것을 모른다. 어둑어둑해지는 저녁 하늘에 걸린 외로운 별은 당신 사유에 자리 잡기를 바라지만, 당신은 그 별을 받아들이기를 거부한다. 당신은 글을 쓰고, 계산을 하고, 명제들을 연결하고, 논제를 정교하게 다듬지만, 정작 **보아야 할 것**을 보지 못한다.

지성인이 음악을 들으면서 위대하고 아름답고 강력한 인상을 받으면 곧바로 자신의 일상적인 사유 양식에 옮겨 넣음으로써 목표를 향해 나아가고, 관습적인 주제를 채색하고, 이윽고 공부하는 시간을 풍요롭게 한다는 것을 그 누가 모르겠는가? 그 지성인은 연주회 프로그램의 뒷면에 책의 장이나 논문 계획, 전개할 관념 혹은 생생한 이미지를 순식간에 적어두지 않을까? 화음은 그의 영감의 품격을 높이며, 행진하는 부대가 군인들 사이에 갇힌 행인을 떠밀듯이 그를 떠미는 리듬은 그를 새로운 길로 데려간다.

생 쉴피스 성당에서 천사들의 예배당에 벽화를 그리는 동안 들라크루아는 거대한 오르간이 내는 소리와 성가를 한껏 즐겼다. 들라크루아는 〈천사와 씨름하는 야곱〉과 〈사원에서 쫓겨난 헬리오도로스〉의 비범한 성공을 그 화음 덕분으로 돌렸다.

지성인을 위한 이런 귀중한 특성이 있는 음악은 비록 정확한 관념을 전달하지는 않지만 결코 지성인을 방해하지 않는다. 음악은 어떤 정신 상태를 불러일으켜 특정한 과업을 하는 사람들이 그 상태에서 자신이 의도하는 것을 이끌어내게 도와준다. 로댕은 조각상을 이끌어냈고, 코로는 풍경을, 그라트리 신부는 열정적인 글을, 파스퇴르는 영감 어리고 세심한 탐구를 이끌어냈다. 모든 것이 화음에 담겨 있고, 모든 것이 화음을 이루며 소생한다. 세상의 아버지인 신의 리듬은, 세상을 반영하는 지성인의 아버지이기도 하다. 우리는 음악을 들으며 공상에 잠긴 채 흐릿한 지평선에 서서 자기 선택의 전망을 보고 자기 언어로 그 특징을 기록한다.

아퀴나스에 따르면 우리 인성에 영향을 주는 환경과 주변 사람들이 우리 활동의 일부를 이룬다. 환경과 주변 사람들은 우리가 여러 활동을 하나의 완전한 전체로 만드는 데에 작용해서 그 특성을 남긴다. 사유하는 활동이라고 해서 유일한 예외일까? 과연 우리는 환경——상상적 감각적 정신적 사회적——의 영향을 받지 않고도 사유의 환경을 조성할 수 있을까? 그래서 사유를 혼자 부르는 노래가 아니라 관현악단과 함께하는 목소리가 되게 할 수 있을까?

외톨이로 공부하는 사람은 얼마나 가여운가! 공부에 우주를 집어넣고 신이 살게 할 수 있는 것은 맞지만, 그 성스러운 거처는 우리가 주변 어디에나 있는 환경을 오랫동안 경험한 후에야 효과를 발휘한다. 빼어난 풍경과 평화로운 시골, 예술 걸작을 보면서 먼저 훈련하지 않는다면, 우리는 자연과 세계의 아름다움에서 받은 막연한 인상을 가지고 글을 써야 하지 않을까?

우리는 이런 방식으로 공부를 확장해야 한다. 사슬에 묶인 갤리선 노예처럼 되거나 지력을 고문 도구로 바꾸고 싶지 않다면 말이다. 공부는 자유로운 활동이다.

그러므로 공부라는 소명에 자신을 바치려는 당신은 공부를 위해 삶의 나머지 영역에 등을 돌리지 않도록 주의해야 한다. 인간에 속한 것은 무엇이든 포기하지 마라. 가장 무거운 것 쪽으로 나머지 모두가 쏠리지 않도록 균형을 유지하라. 논제를 변호하는 법과 해돋이를 보는 법, 심오한 추상적 사유에 몰두하는 법과 예수처럼 아이들과 놀아주는 법을 배워라. 오늘날에는 파스칼이 조롱했던 현학자의 가운과 뾰족한 모자를 착용하지 않지만, 그것들은 여전히 존재하며 정신 어딘가에 숨어 있다. 그런 가운과 모자를 착용하지 마라. 신체와 분리된 두뇌, 정신과 단절된 인간이 되기를 거부하라. 공부에 편집광적으로 집착하지 마라.

내가 염두에 두는 지성인은 전공 공부를 철저히 추구하면서도 그것을 보충하는 넓고 다양한 지식을 갖춘 사람이다. 그는 예술과 자연의 아름다움을 사랑한다. 그의 정신은 일과를 할 때나 명상을 할 때나 똑같다. 그는 신 앞에서나 동료 앞에서나 하녀 앞에서나 한결같다. 그는 관념과 감정의 세계를 책과 논문에만 적어두는 것이 아니라, 친구들과 대화할 때 내보이고 삶의 길잡이로 삼는다.

근본에 이르면 만물은 연결되어 있고 동일하다. 정신력은 구획을 허용하지 않는다. 우리가 사유하는 모든 대상은 근면한 탐구의 목표인 '비밀의 정원'과 '포도주 저장고'로 통하는 수많은 문이다. 사유와 활동, 현실과 그 반영은 모두 신의 자식이다. 철학, 예술, 여행, 살림살이, 재정, 시, 테니스는 서로 연합할 수 있으며 화합하지 못할 때만 상충한다.

매 순간 필요한 것은 있어야 할 곳에 있는 것과 중요한 일을 하는 것이다. 인간적인 것과 신성한 것의 음악회에서 만물은 하나의 화음을 빚어낸다.

2
쉬는 요령 알기

 이제 삶의 다양한 영역을 일구는 것이 곧 쉬는 것임을 누구나 알 수 있을 것이다. 대부분의 휴식은 앞에서 말한 부차적인 생활양식에 포함된다. 그렇더라도 공부와 짝을 이루는 휴식에 관해 더 분명하게 말하는 편이 좋겠다. 휴식을 통해 공부의 경계가 정해지고, 공부가 과도한지 아닌지, 타당한지 아닌지, 신적 진리를 추구하는 인간으로서 계율에 복종하고 있는지 아닌지가 드러나기 때문이다.

 어떤 공부도 과하지 않아야 한다. 공부는 의무이기 때문에 경계가 필요한데, 그래야 공부에 모든 활력을 쏟을 수 있고, 공부를 지속할 수 있고, 일생에 걸쳐 볼 때 최대의 수확을 거둘 수 있기 때문이다.

무절제는 우리를 망가뜨리기 때문에 죄악이다. 우리는 살아갈 의무가 있으므로 삶을 지혜롭게 활용할 의무도 있다. 그런데 우리를 무절제에 빠뜨리는 것은 추잡한 향락만이 아니다. 가장 섬세하고 고매한 즐거움일지라도 해로울 수 있다. 절제를 희생하면서——곧 삶의 진리를 희생하면서——진리를 사랑한다고 말하는 것은 이치에 맞지 않는다. 항변하는 사람이 있을지 모르지만, 우리가 사랑하는 것은 진리가 아니라 진리를 추구하면서 얻는 기쁨이다. 서로 사랑한다고 말하는 연인이 실은 상대방보다 사랑 그 자체를 더 사랑하는 것과 같다.

건강과 마찬가지로, 에너지의 보존과 마찬가지로, 휴식은 하나의 의무다. 성 아우구스티누스는 제자에게 "바라건대 때로는 너의 몸을 아껴라"라고 말했다. 정신 그 자체는 지치지 않지만, 신체 안에 있는 정신은 지친다. 사유하는 힘은 활동과 어느 정도 비례한다. 더구나 우리는 감각의 세계에서 태어나고, 그 세계에서는 사소한 실천적 행위들이 모여서 우리가 적응해야 하는 생명의 그물을 이루기 때문에, 그 낮은 영역에서 벗어나 추상적인 영역으로 올라서려면 상당히 피곤해지기 마련이다 쉬지 않고 계속 노력할 수는 없다. 에너지를 회복하기 위해 자연으로 돌아가 자연에 몸을 담가야 한다.

관조하는 사람은 '공기보다 무겁다.' 계속 높은 곳에 머무르려면 그는 상당한 힘을 쏟아야만 하며, 단시간에 고갈되고 마는 연료를 다시 '채워야' 한다.

우리는 생리학의 발견이 확증해주는 베이컨의 다음 말을 모순 없이 받아들일 수 있다. "공부에 지나치게 많은 시간을 쓰는 것은 나태다." 고착된 습관을 극복할 능력이 없는 한, 과하게 공부하면서 이따금씩 멈추는 것은 그 자체로 나태다. 또 휴식을 거부하는 것은 암묵적으로 노력을 거부하는 셈이므로 간접적으로도 나태인데, 쉬어야 다시 노력할 수 있거니와 과로가 노력을 저해하기 때문이다. 휴식을 거부하는 것은 더 은밀한 방식으로도 나태다. 사실 생리학적으로 보면 휴식은 대단한 공부다. 정신 활동이 중단될 때 신체의 안쪽에서는 빈틈없는 회복 과정이 시작된다. 우리가 여가라 부르는 것은 실은 에너지의 전환 과정이다.

극장에서 막이 내려오면 모든 직원이 부랴부랴 무대로 올라가서 무대를 청소하고 수리하고 바꾸면서 다음 막을 준비한다. 무대감독이 이 작업을 가로막거나 빼먹는다면 연극이 중단되고 그는 작가, 배우, 관객 그리고 그 자신의 적이 되지 않을까? 마찬가지로 과로하는 사람은 자신의 소명과 그를 그 소명으로 이끈 신, 그의 활동에서 혜택을 받을 교우들과 그 자신의 이익에 반하는 사람이다.

가능하기만 하다면 지치지 않는 것이 휴식하는 방법 가운데 최선일 것이다. 다시 말해 공부의 균형을 잡음으로써 한 활동이 다른 활동의 휴식이 되게 하는 것이다. 의학에서 해로운 약의 효과는 대개 정반대의 효과를 가진 약으로 중화할 수 있다. 모든 일이 같은 종류의 피로를 같은 순간에 초래하는 것은 아니다. 땀 흘리며 용광로에서 작업하는 연철공에게는 탁 트인 농촌에서 건초를 쌓는 일이 휴식일 것이고, 건초를 쌓는 사람에게는 여물통에 건초를 나누어주는 일이 휴식일 것이다.

나는 이미 이 점에 관해 몇 가지 제안을 했다. 시간의 사용에 관해 말하고 공부의 꾸준함에 관해 말하면서 과업들을 나누는 원칙을 간단히 언급했다. 지성인이 하는 모든 일에 체력을 소진하는 집중력이 필요한 것은 아니다. 지성인의 과업 가운데는 사전작업과 부수적인 작업, 사유와 저술에 수반되는 활동도 있다. 책을 고르는 일, 문서를 정리하는 일, 메모를 모으는 일, 원고를 분류하는 일, 여백에 삽입지를 붙이는 일, 논거를 바로잡는 일, 공부와 책을 정돈하는 일 등은 모두 집중력이 필요한 일이지만 그 자체로 공부는 아니다. 계획을 잘 세우면, 준비가 되었다고 판단할 때만 집중해서 공부할 수 있고 그 사이사이에는 그 자체로 어느 정도 숙고할 가치가 있고 반드시 해야 할 일이기도 하지만 아주 피곤하지는 않은 이런 과업들을 상당수 끝마칠 수 있다.

이렇게 과업을 수행하면서 두뇌가 짊어져야 할 부담에 따라 과업들을 배치하는 계획에는 이중의 장점이 있다. 첫째로 과로를 막을 수 있고, 둘째로 원래 상태를 회복해서 다시 공부에 집중할 수 있다. 우리가 휴식을 위한 공간을 남겨두지 않으면 휴식 스스로 그 공간을 차지한다. 다시 말해 우리가 예견하지 못한 때에 휴식은 주의 산만, 졸음, 집중력을 필요로 하는 불가피한 일의 형태로 드러난다. 가령 누군가 한창 생산적인 작업에 몰두하고 있는데 참고도서가 없다든지 병에 잉크가 한 방울도 없다든지 메모 정리를 깜빡하는 경우다. 필요한 책과 원고는 다른 방에 있어서 가져와야 하거나 문서 더미에 깔려 있어서 꺼내야 한다. 한 시간 전에 했다면 조용히 공부할 시간을 기대하며 쉽고 즐겁게 했을 일들이지만 지금은 그를 어지럽히고 있다. 그의 창조력과 추진력은 시들고 만다. 자제력을 잃고 어떤 이름뿐인 공부나 하찮은 일을 하느라 이런 사전작업을 빼먹은 것이라면, 그것은 이중의 재앙이다. 그 귀결은 진짜 휴식도 아니고 진짜 공부도 아니기 때문이다. 무질서가 군림하는 것이다.

앞에서 '충만한 순간'과 관련해서, 무엇을 위해서도 좋지 않은 반쪽짜리 휴식이나 반쪽짜리 공부는 조심스럽게 피하라고 말했다. 정력적으로 공부한 뒤에는 쉬어라. 그 휴식이 공부를 준비하거나 촉진하거나 끝맺는 상대적인 휴식에 지나지 않더라도 말이다.

그러나 완전한 휴식도 필요하다. 여기서 완전하다는 것은 잠시 동안 과업과 관련한 모든 일——앞에서 너무나 쉽고 유익하다고 말한 '영원한 공부'는 빼고——을 그만둔다는 의미이다.

아퀴나스는 정신의 진정한 휴식은 기쁨이자 즐거움을 느끼는 어떤 활동이라고 말한다. 놀이, 허물없는 대화, 교우관계, 가정생활, 즐거운 독서, 자연과의 교감, 이해하기 쉬운 예술 감상, 힘들지 않은 육체노동, 마을 산책, 너무 엄격하거나 자극적이지 않은 연극 관람, 적절한 운동. 이 모두가 휴식하는 방법이다.

그러나 역시 과함은 금물이다. 산만한 휴식은 시간을 잡아먹는 데에 그치지 않고 공부하는 삶의 추진력도 떨어뜨린다. 이 추진력은 최대로 유지하면서 피로는 최소로 줄이는 조화로운 순환을 발견하는 것이 아주 중요하다. 지나치게 오래 공부하면 기진맥진하고, 지나치게 금방 멈추면 역량을 발휘할 수 없다. 마찬가지로 지나치게 오래 쉬면 기존의 추진력이 사라지고, 지나치게 짧게 쉬면 힘을 회복할 수 없다. 당신 자신을 파악하고 그에 따라 공부와 휴식을 배분하라. 이 단서를 달고 말하자면, 완전히 새롭게 시작하지 않고도 회복할 수 있도록 자주 짧게 쉬는 편이 가장 이로울 것이다.

자연의 품에서 공부할 수 있다면, 창밖으로 맑은 풍경이 내다보인다면, 그래서 지칠 때 초록빛 전원에서 얼마간 시간을 보낼 수 있다면 얼마나 즐겁겠는가! 혹은 사유가 막혔을 때 고통스럽게 우울한 기분을 감내하는 대신 산에서, 나무와 구름에서, 지나가는 동물에서 착상을 얻을 수 있다면 얼마나 좋겠는가! 그럴 수만 있다면 공부의 결실을 두 배로 맺을 수 있을 뿐 아니라 그 결실이 훨씬 더 매력적이고 인간적일 것이라고 나는 확신한다.

높은 곳을 갈망하고 멀리까지 가기를 바라는 모든 청년에게 나는 인간 본성의 현실 안에 머무르라고 말한다. 적당한 여가를 챙기고, 체력을 소진하지 말고, 평온한 상태에서 정신적 기쁨을 느끼며 공부하고, 자유롭게 지내라. 필요하다면 노력하는 동안 당신 자신을 꾀어서, 나중에 어떤 즐거운 위안을 주겠노라고 스스로에게 약속하라. 실제로 즐거움을 느끼며 에너지를 회복하기 전까지 그 약속만으로도 정신을 회복할 수 있을 것이다.

집단을 이루게 되면 다른 사람의 휴식을 배려하라. 아퀴나스는 절대 장난치지 않는 사람, 농담을 웃음으로 넘기지 않고 다른 사람의 즐거움이나 기분 전환에 이바지하지 않는 사람은 무뢰한이라고 말한다. 그는 이웃의 짐이다. 아리스토텔레스는 누구도 온종일 철저히 음울한 사람으로 지낼 수는 없다고 말했다.

3
시련을 받아들이기

공부와 평온한 기쁨의 이런 순환이 훨씬 더 필요한 이유는 공부하는 이에게 많은 시련이 닥치기 때문이다. 앞에서 이미 그런 시련에 관해 한 차례 이상 말했다. 모든 경우와 마찬가지로 학문의 경우에도 시련을 통과해야만 구원에 이를 수 있다. 스스로에 대한 불만, 둔한 영감, 주변의 무관심, 시기, 오해, 빈정대는 말, 부당한 행위, 지도자의 방치, 친구의 배신, 이 모든 일이 시련의 일부이며 차례차례 닥치기 마련이다.

조르주 상드는 발자크에 관해 이렇게 말했다. "탁월한 사람은 너무나 많은 장애에 부딪히고 너무나 많은 고통을 감내해야 한다. 그러므로 인내와 온화함으로 재능의 임무를 완수하는 사람은 위대한 인물이다." 당신 스스로 위대한 인물이라 자처하지는 않을 것이다. 그러나 조금이라도 훌륭한 사람이 된다면 보기 드문 여러 시련이 닥치리라 예상해야 하고, 각각 성격이 다른 시련들에 충분히 대비해야 한다. 당신이 다가가려 분투할수록 멀어지는 이상적인 것으로 인한 시련, 당신 말을 한마디도 이해하지 못하면서 험담이나 일삼는 바보들로 인한 시련, 자신들의 전열戰列을 넘어갔다는 이유로 당신을 무례한 사람이라 여기고 시샘하는 경쟁자들로 인한 시련, 스스로 확신하지 못하고 흔들리다가 당신을 의심하고 저버리는 순진한 사람들로 인한 시련, 더 높은 세계에 사는 당신의 조용한 확언을 불편해하는, 큰 무리를 이루는 범인들로 인한 시련에 대비해야 하는 것이다.

앞에서 휴식하는 방법으로 언급한 활동들이 시련이 닥쳤을 때에도 도움이 될 것이다. 공부의 피로를 풀어주는 것은 무엇이든 고통을 경감하는 데에도 도움이 된다. 그러나 무엇보다 초자연적인 방법에 의지해야 하고, 그중에서도 초자연적인 동기를 위한 공부——우리의 유일한 목표——에 의지해야 한다.

공부의 고통과 공부하는 이의 고통을 치유하는 것은 공부다. 공부는 짜증과 병, 죄와 대적한다. 공부는 인생의 고뇌와 신체의 유약함을 완화하는 높은 곳으로 우리를 끌어올린다. 공부가 고무하는 의지와 공부가 제시하는 에너지의 방향은 걱정을 줄여주는 진통제이자 우리를 끔찍한 편견에서 벗어나게 해주는 길잡이다.

빈둥거리면서 몸에 잔뜩 신경을 쏟는다면, 당신은 여러 유형의 모호한 통증을 제법 많이 느낄 것이다. 반면 정력적으로 공부하면 그런 통증을 깨끗이 잊어버릴 것이다. 정신의 문제도 신체의 경우와 마찬가지다. 공부할 때 갑작스레 찾아오는 불안과 침울함에 맞서 어떤 치료제를 써야 하느냐고 자문해보면 답은 오직 하나, 공부다. 공부하다가 낙담했을 때 용기를 얻기 위해 어디에서 자극제를 발견할 수 있을까? 공부다. 나의 노력에 적대적인 사람들과 나의 성공을 질시하는 사람들에 저항할 방법은 무엇일까? 공부다. 공부는 치료제이자 위안이다. 공부는 모든 시련을 이겨내게 해준다. 공부의 동반자인 침묵과, 공부의 영감인 기도를 공부에 더하라. 신이 허락한다면 정다운 교우관계 안에서 쉬어라. 그러면 무엇이든 극복할 수 있다.

공부는 정신의 균형을 유지하고 내면을 통합한다. 가치들의 위계를 정하는 신의 사랑과 더불어 공부는 우리의 능력과 정신을 안정시킨다. 공부 외에 내면 통합의 욕구를 채울 수 있는 것은 어떤 도락이나 정념뿐이며, 그럴 경우 온갖 유약함이 다시 우리를 좌지우지할 것이다.

게으름이 괜히 모든 악덕의 어머니라 불리는 것이 아니다. 게으름은 낙담과 시련의 어머니이기도 하며, 적어도 그것들에 기여한다. 공부에서 생겨나는 승리감은 그런 우울감과 싸운다. 규칙적인 리듬에 따라 공부에 힘을 쏟으면 노를 저으면서 노래하는 뱃사공의 기백 같은 것이 생겨나 우울한 기분을 떨쳐내고 자신을 다잡을 수 있다.

진리 또한 우리를 지킨다. 진리는 우리를 안정시키고 강화하며, 우리에게 기쁨을 준다. 우리는 진리와 사귀면서 우리 자신의 결점뿐 아니라 다른 이들의 결점에 대해서까지 위로받는다. 진리를 발견하는 것은 보상이며, 진리를 표명하는 것은 반박당하던 날들에 대한 고결한 복수다.

공부하는 이는 여러 골칫거리 가운데 지성인이 가장 예민하게 느낄 법한 골칫거리, 즉 비판에 노출된다. 비판은 그를 피해가지 않는다. 비판이 피상적이고 부당할 때, 그는 기분이 상하고 짜증이 날 것이다. 그러나 그가 간과하거나 감추려 했지만 그렇게 하지 못한 그의 약점을 건드리거나, 그의 글이나 인성에 있는 결함을 콕 집어낸다면 그 비판은 그의 폐부를 찌를 것이다.

비판받을 때 그는 무엇으로 적절히 응수해야 할까? 그리고 어떤 태도를 취해야 할까? 답은 방금 말한 바와 같다. 에머슨은 이렇게 말했다. "모든 비난과 관련해 지금 내가 아는 답은 딱 하나, 다시 나의 공부로 돌아가는 것이다." 아퀴나스 역시 공격을 받았을 때—아퀴나스는 사후에 승리를 거두었지만, 생전에는 우리가 생각하는 것보다 훨씬 자주 비판을 받았다——자신의 입장을 굳건히 하고 자신의 교리를 규정하고 분명히 밝히려 노력했고, 그런 다음에는 침묵했다고 한다. 그 '시칠리아의 벙어리 소'●는 어린이십자군●●의 몸짓과 함성 때문에 자신이 걸어가는 길의 방향을 돌리지 않았다.

잘못을 바로잡고 침묵을 지키라는 것은 위대한 격언이다. 이 격언을 실천한 사람들은 언제나 높은 곳까지 올라갔다. 그들은 자신을 무너뜨리려던 힘을 오히려 승리를 향해 나아가는 추진력으로 삼았고, 자신에게 날아오는 돌로 집을 지었다.

자신의 저술을 변호하거나 그 가치를 확고히 다지려는 것은 유치한 시도다. 가치는 스스로 변호한다. 프톨레마이오스와 코페르니쿠스의 논쟁을 해결하기 위해 태양계가 개입하는 법은 없다. 진리는 **존재한다**. 참된 저술은 진리의 존재와 힘을 공유한다. 저술 때문에 호들갑을 떨고 안절부절못하는 것은 당신에게 해롭다. 침묵하고, 신 앞에서 겸손하고, 당신의 판단을 의심하고, 잘못을 바로잡아라. 그런 뒤에는 세찬 파도에 부딪히는 바위처럼 꼼짝하지 말고 있어라. 글 한 편을 변호하느라 시간과 힘을 쏟을 바에야 다른 글을 쓰는 편이 나을 것이나. 당신의 평온이 흔하디흔한 성공보다 가치가 높다.

독일의 철학자 카이절링Hermann Keyserling은 이렇게 썼다. "신

● 체구가 크고 과묵해서 붙은 아퀴나스의 별명.
●● 1212년경 독일과 프랑스 등지에서 출발한 십자군으로, 순수한 어린이들로 십자군을 구성해야 성지 탈환에 성공할 수 있다는 주장에서 촉발되었다. 그러나 이 십자군의 구성원들이 진짜 어린이였는지에 대해서는 이견이 있다.

정 지혜로운 사람은 논쟁하지 않는다. 그는 자신을 변호하지 않는다. 그는 말하거나 듣는다. 그는 대상의 의미를 명확히 밝히거나, 그 의미를 알아내려고 노력한다."

비난이 당신을 향할 때는 털을 곤두세우는 동물처럼 내적이나 외적으로 대항하는 대신, 그 비난의 의미를 객관적이고 정직하게 관찰하라. 그 비판이 옳고 당신이 틀렸으면 진리에 저항할 작정인가? 설령 그 비판이 적의에서 나온 것이라 해도 담대하게 당신의 오류를 인정하고 나아가 신이 당신의 소명에 부과한 그 적의를 숭고한 목표를 위해 활용하라. 악 자체도 신의 수중에 있고, 심술궂은 비판은 가장 날카로운 비판이라서 대부분 당신에게 도움이 되기 때문이다.

그러한 비판에서 이득을 얻었다면, 나머지는 당신을 평가하고 적절한 때가 오면 당신을 공정하게 심판할 신에게 맡겨두어라. 그런 뒤에는 귀를 닫아라. "사람들은 듣지 않는 이 앞에서는 악하게 말하지 않는다"라고 아퀴나스는 썼다. 시기는 영광, 탁월함, 공부라는 수입에 부과되는 세금이다. 공부——그 자체로는 공격받지 않는——는 공부하는 이에게 대가를 요구한다. 공부하는 이는 불평하지 말고 대가를 지불해야 한다. "위대한 성신은 묵묵히 고통을 감내한다"라고 실러는 말했다.

공격에서 얻을 것이 하나도 없을 때에도 공부하는 이는 무언가를 얻어내야 한다. 그는 공격을 받으면 우선 온전하게, 다시 말해 목표를 낮추거나 원한을 품지 않은 채 그 공격에서 빠져나와야 한다. 그런 다음에는 시련을 겪으면서 성장해야 한다. 진정한 정신의 힘은 박해를 받으며 강해진다. 그런 정신도 때로는 투덜거리지만, 그 투덜거림은 사도가 말한 "신음하며 진통을 겪고 있는" 모든 피조물의 투덜거림과 같다.

앞에서 지적인 삶은 영웅적 행위라고 말했다. 그런데도 영웅적 행위에 아무런 대가도 따르지 않기를 바라는가? 세상사의 가치는 그것에 들인 노력에 정확히 비례한다. 성공은 나중에, 아마 사람들의 칭찬이 아니라 신의 칭찬으로, 그리고 당신의 양심을 자신들의 선지자로 삼을 신의 신하들의 칭찬으로 돌아올 것이다. 당신과 함께 공부하는 동료들 또한 눈에 띄는 결함이 있는 사람일지라도, 당신을 인정할 것이다. 지성인들도 서로 치사한 짓을 자주 저지르고 때로는 극악한 짓까지 저지른다. 그러나 설령 지성인들이 공공연히 인정하지 않더라도 암묵적인 등급 분류에 따라 진짜 가치는 매겨지기 마련이다.

당신은 나중에야, 어쩌면 당신이 이 세상에 존재하지 않을 때에야 가치를 인정받을지도 모른다. 사후의 명예는 가장 불편부당한 명예이고, 사후의 효용은 공부의 진짜 목표를 충분히 실현하는 것이다. 당신은 무엇을 바라는가? 헛된 영광? 이익? 그렇다면 당신은 가짜 지성인이다. 진리를 바라는가? 진리는 영원하다. 영원은 효용을 지향할 필요가 없다.

진리는 조금씩 드러난다. 그늘에서 진리를 꺼낸 사람들이라 해도, 진리에게 자신을 위해 후광을 만들라고 요구할 권리가 있는 것은 아니다. 그들이 진리를 섬긴다는 것, 그것으로 족하다. 영웅의 칼을 한순간 허리에 차보거나 영웅의 방패를 나르는 것이 그들이 받는 보상이다.

공부는 그 자체로 가치가 있지 않은가? 공부를 경시하는 것과 공부의 아름다움을 지독한 이기주의의 추함으로 대체하는 것은 우리 시대의 죄악 가운데 하나다. 고결한 사람들은 영예롭게 살아가면서 열매 맺기를 기대한다. 그러나 그들이 공부하는 것은 열매만을 위해서가 아니라 공부 자체를 위해서다. 정연하게 공부하는 그들의 삶은 순결하고 올곧고 용맹하며, 신의 삶과 합일할 준비가 되어 있다. 그러므로 그들은 실망해도 멈추지 않는다. 사랑은 실망을 두려워하지 않으며, 소망도 그렇다. 뿌리가 강한 신앙도 마찬가지다.

공부하다가 이렇다 할 결실을 맺지 못하더라도, 씨를 뿌렸으나 수확하지 못하더라도, 수영하다가 파도에 떠밀려 계속 해변으로 되돌아오더라도, 걸어가다가 무한한 지평선 외에 아무것도 보지 못하더라도 아무 문제 없다. 믿고 소망하는 사람은 이런 일들로 실망하지 않는다. 사랑하는 사람에게 이런 일들은 오히려 행복이다. 공부의 즐거움을 위해, 사랑하는 이의 즐거움을 위해, 그리고 자기 소명의 즐거움을 위해 공부할 때 사랑이 더 잘 드러나기 때문이다.

4
기쁨을 음미하기

공부가 괴롭기만 한 것은 아니다. 공부에는 고유한 기쁨이 있다. 기쁜 마음으로 공부하고 노력한 뒤에 기쁜 마음으로 쉬는 것은 행복한 일이다.

우리는 고통스럽고 모순적인 상황에 처하더라도 사도의 예를 본받아 기뻐해야 한다. "우리는 온갖 고난을 겪으면서도 큰 위안을 받고 기쁨에 넘쳐 있습니다"(「고린토인들에게 보낸 둘째 편지」 7장 4절). 슬픔과 의심은 영감을 앗아가지만, 우리가 슬픔과 의심에 굴복할 때만 그렇다.

러시아의 작가 바시키르체프Marie Bashkirtseff는 "약한 자는 과거를 곱씹지만 강한 자는 과거에 앙갚음을 한다"라고 썼다. 우리는 언제든 바시키르체프의 말대로 할 수 있으며, 신은 이따금 우리에게 고요한 기쁨 안에서의 휴식을 허락함으로써 그렇게 하도록 돕는다.

공부하는 이의 정신은 높은 곳에 대한 감각을 두려워하면서도 그것을 느낄 때에는 전율한다. 그는 암벽과 빙하 한가운데 있는 등산가와 같다. 관념의 세계는 알프스 산맥보다 더 장엄한 풍경을 펼쳐 보이며, 그의 마음을 환희로 가득 채운다. "우주의 질서와 신성한 섭리의 배치를 보는 것은 무척 즐거운 활동이다"라고 아퀴나스는 말했다.

'천사 박사' 아퀴나스에 따르면, 관조는 사랑으로 시작해서 기쁨으로 끝난다. 관조는 삶의 행위로서 대상에 대한 사랑과 앎에 대한 사랑으로 시작하고, 이상적인 몰입의 기쁨과 그에 따른 무아지경의 기쁨으로 끝난다.

지성인은 금욕을 선택하지만, 내세우며 자랑하게 되는 재산보다 오히려 금욕이 그를 더 풍요롭게 해준다. 그는 세상을 잃지만, 정신으로 세상을 얻는다. 그는 옥좌에 앉아 이스라엘의 열두 지파를 심판한다(「루가의 복음서」 22장 30절). 그에게 현실은 곧 이상이다. 그 이상이 다른 현실을 대체하고 현실의 흠결을 아름다움으로 감싼다. 정신 안에서 매사에 초연하고 대체로 가난한 지성인은 스스로 포기하거나 어쩔 수 없이 포기하는 모든 것을 통해 성장한다. 포기했던 것을 은밀한 방식으로 숭고하게 되찾기 때문이다. 그가 내적 활동에 온전히 몰두해 있다면, 누가 봐도 자는 것처럼 보이는 그 상태에서 마음속으로 신과 이야기를 나누고 있는 것인지도 모른다.

적절한 기질을 가진 사람이 공부에 전심을 다할 때, 탐구를 잘하고 독서를 잘하고 노트를 잘할 때, 소명을 위해 무의식과 밤을 이용할 때, 그럴 때 그가 준비하는 공부는 햇빛 아래 놓인 씨 또는 산모가 괴로워하며 낳는 아기와 같다. "아이를 낳으면, 사람 하나가 세상에 태어났다는 기쁨에 그 진통을 잊어버리게 된다"(「요한의 복음서」 16장 21절).

공부의 보상은 공부의 결실을 맺는 것이고, 보상은 노력을 통해 성장하는 것이다.

너무나 많은 사람을 허무하게 죽음에 이르게 하는 노화의 슬픈 효과를 참된 지성인이 모면하는 듯이 보인다는 것은 정말 놀라운 일이다. 그는 평생을 젊게 산다. 누군가는 그가 진리의 영원한 젊음을 공유한다고 생각할 것이다. 참된 지성인은 대체로 일찍 성숙하며, 영원이 그를 거두어들일 때까지 상하거나 부패하지 않고 무르익은 모습을 유지한다.

이런 놀라운 영속적 특성은 성인들에게서도 찾아볼 수 있는데, 이것은 신성神聖과 지성의 본질이 같다는 것을 암시한다. 진리는 곧 정신의 신성이다. 진리는 그 신성을 보존한다. 마찬가지로 신성은 삶의 진리이며, 이 세상과 다음 세상을 위해 진리를 확고히 다진다. 성장하지 못하고, 결실을 맺지 못하고, 기뻐하지 못하는 사람에게는 덕도 없다. 마찬가지로 성장과 결실, 기쁨이라는 결과를 낳지 못하는 지성도 없다. '알다'(savant)의 어원은 '현명하다'(sage)로, 사유와 행위 모두를 규율하는 '지혜'(sagesse)의 어원과 동일하다.

5

결실을 기대하기

공부하는 삶에 관한 나의 짧고도 긴 논의에 귀 기울여온 독자에게 이제 마지막 말을 건네야 할 때다. 아퀴나스는 제자에게 이렇게 말했다. "이 길을 따라가면 네 평생 유용하게 쓰일 잎과 열매를 신의 포도밭에서 수확할 것이다. 이 조언들을 실천에 옮긴다면 원하는 바를 성취할 것이다. 안녕."

성실한 자세로 열심히 노력하는 사람에게 참된 영예를 약속하는 작별인사, 조건을 충족하는 사람은 누구든 바라는 결과를 얻으리라는 확신을 주는 작별인사는 고결한 작별인사가 아닐까? 꼭 필요한 재능을 갖지 못한 사람에게 우리는 아무것도 약속할 수 없다. 그러나 소명을 전제한다면 우리에게는, 정신 함양은 대체로 천재성의 결과가 아니라고 말할 권리가 있다.

정신 함양은 공부——내가 지금까지 설명하려고 노력한, 유기적이고 한결같은 진정한 의미의 공부——에서 비롯된다.

공부는 스스로 공부에 필요한 도구를 만든다. 대장장이가 자신의 연장을 담금질하듯이 공부는 우리의 인격을 단련해 우리를 견고한 사람으로 만들며, 그리하여 우리에게 확신을 준다.

자연법칙에 근거하는 이 확신은 공부하는 이보다는 공부에 속하는 특성이다. 그러나 공부하는 이 또한 자신에 대한 믿음을 가져야 한다. "구하여라, 받을 것이다. 찾아라, 얻을 것이다. 문을 두드려라, 열릴 것이다"라고 말하는 신이 그와 함께하지 않는가? 우리 모두의 뒤에는 신의 진리가 있으며, 그 진리는 우리의 지성을 통해 우리를 계속 나아가게 한다. 그 진리는 저 앞에서 우리를 향해 손짓하고, 저 위에서 우리를 고무한다.

모든 사람 안에는 동일한 정신이 있다. 신이 우리 모두의 내면에서 숨 쉬기 때문이다. 얼마나 용기가 있느냐를 빼면 사람마다 다른 것이라곤 뇌 구조——이것을 이루는 요소들은 어느 정도는 자유롭고 활동적이고, 또 어느 정도는 구속받는다——뿐이다. 이제 우리는 이 세상과 저 하늘의 도움을 받아 많은 결점을 극복할 수 있다는 것을 알고 있다. 빛은 우리가 넓히려 노력하는 틈 사이로 새어나올 수 있다. 일단 나오기만 하면, 빛은 스스로 영향력을 확장하고 강화한다.

우리 자신에게 의지해서는 안 된다. 그러나 신은 아무리 신뢰해도 지나치지 않다. 어떤 자아가 신성한 자아라 해도, 우리가 그 자아를 지나치게 높이 평가하는 경우는 결코 없다. 그 외에도 우리는 지적인 일을 시작하도록 이끄는 사람들에게서, 친구들에게서, 함께 공부하는 벗들에게서 영구히 도움을 받으리라 기대할 수 있다. 우리 편에는 천재들이 있다. 위대한 인물들은 그들 자신만을 위해 위대한 것이 아니다. 그들은 우리를 받쳐주고 있다. 우리의 확신은 암묵적으로 그들의 존재에 토대를 두고 있다. 그들과 우리 사이의 능력 차이를 줄일 수는 없지만, 우리는 그들의 도움을 받아서 그들만큼이나 위대한 삶을 살아갈 수 있다. 참된 지성인은 성과 없음과 쓸모없음을 두려워할 필요가 없다. 나무는 씨앗을 품는 나무인 것으로 족하다. 때로는 결실을 늦게 거두겠지만, 그렇더라도 언젠가는 거둘 것이다. 정신은 답례를 한다. 일련의 일들도 마찬가지다. 설령 우리가 동경하는 높이까지 오르지는 못하더라도, 우리는 언제나 우리 자신의 높이만큼은 올라갈 수 있다. 그리고 다시 한 번 말하지만 오직 그것만이 우리의 목표다.

모든 개인은 유일무이하다. 그러므로 모든 정신의 결실 또한 유일무이하다. 유일무이한 것은 언제나 귀중하고 언제나 필요하다. 우리가 신을 저버리지 않으면 신의 성과는 일정 부분 우리의 성과가 될 것이다. 그 성과는 우리의 열등함을 위로해주고, 우리가 무언가를 쓰기 위해 엄청난 양의 책과 마주했을 때 우리에게 용기를 준다.

당신 안에 있는 모든 것을 발산하고, 당신 자신에게 충실하고, 마지막까지 그 충실함을 유지한다면, 분명 당신의 공부——신이 당신에게 기대하는 공부 그리고 내적으로나 외적으로나 신의 영광에 합당한 공부——를 완성할 수 있을 것이다. 그럴 때 당신은 많은 이들의 공부와 삶이 당신의 공부와 삶보다 낫다는 것을 인정할 수밖에 없겠지만, 그러면서도 나의 공부와 삶이 나에게는 최선이고 세상에서 유일무이하다고 덧붙일 수 있을 것이다.

자신감을 불어넣기 위해 이 말을 해야겠다. 우리에게 꾸준하고 질서정연한 공부와 정확성을 요구할 때, 그것은 모든 실수를 철저히 배제하라는 뜻이 아니다. 어떤 실수도 하지 않겠다고 약속하는 것은 시늉만 하는 것이다. 실수하기에 인간이다. 우리가 할 일은 그런 요구의 본질을 놓치지 않는 것이며, 그것으로 족하다. 그러나 결코 그 본질을 놓쳐서는 안 된다.

우리의 삶이 연기나 재를 남기지 않는 불꽃이라면, 삶의 어떤 부분도 상실하지 않는다면, 삶에 불순물이 전혀 없다면, 바람직하긴 할 것이다. 그러나 그런 일은 불가능하다. 그 대신 훌륭한 성과, 곧 흠이 없고 풍미가 일품인 열매를 거두는 것은 가능하다.

대가를 치를 마음의 준비가 된 사람은 단호한 결의를 아직 새기지 않았다면 오늘 당장 마음의 서판에 새겨라. 또 그 결의를 알아보기 쉬운 필체로 써서 눈앞에 두어라. 그러면 공부하려고 의자에 앉을 때나 기도를 마친 뒤에 매일 새롭게 결의를 다질 수 있을 것이다. 특히 당신에게 가장 부자연스럽지만 가장 필요한 것을, 당신 자신을 위해 있는 그대로 신경 써서 적어두어라. 필요할 경우 큰 소리로 반복해서 읽으면 그 말이 더 뚜렷하게 다가올 것이다.

그런 뒤에는 다음 말을 첨가하고 확신에 찬 목소리로 되풀이해 말하라. "그리하면 결실을 거두고 원하는 바를 성취할 것이다." 안녕.

저자 후기

지적인 일을 하고자 하는 이에게

 이 책은 1920년 이래로 여러 번 쇄를 거듭했다. 그동안 나는 이 책을 다시 읽지 않았는데, 15년 동안 쌓인 경험으로 견해가 달라진 마당에 이 책을 읽으면서 내 생각을 되돌아볼 필요가 있는지 의문이었기 때문이다. 개정 작업에 매달리면서 과거의 견해와 현재의 견해 사이의 아주 사소한 차이에도 유념했지만, 사실 나는 이 책의 내용을 고스란히 재발견하고 있었다. 나에게 이 책은 실로 나이를 먹지 않았기 때문이다. 이 책은 나의 마음 가장 깊은 곳에서 나왔다. 이 책의 내용을 처음 떠올린 순간부터, 나는 25년 동안 그 내용을 마음속에 간직해두었다. 나의 본질적인 신념을 표현하고 본심을 쏟아내듯이 나는 이 책을 썼다.

 이 책이 누군가에게 감명을 주었다고 내가 믿게 된 것은 분명 이 책이 널리 읽혔기 때문이다. 그렇지만 더욱 큰 믿음을 준 것은 수많은 편지들이었다. 어떤 이들은 지적인 일을 하는

데 필요한 기술적인 조언에 감사했고, 젊거나 나이 든 어떤 이들은 가슴속에서 열정이 솟구쳤다며 고마워했다. 훨씬 많은 이들은 자신들이 가장 소중하게 여긴 조언, 즉 사유하는 이가 각성하고 진화하고 영감을 얻고 공부하는 데에 적합한 정신적 환경을 알려주어 고맙다고 했다.

정신적 환경은 무엇보다 중요하다. 정신은 모든 것을 지배한다. 정신은 시작하고 완수하고 인내하고, 마침내 성취한다. 모든 지식의 증대와 창작을 주재하는 것과 마찬가지로, 정신은 공부하는 이가 경력을 쌓아나가면서 스스로를 만들어내는 데 은밀하고도 철저하게 영향을 미친다.

사유하는 이, 말하는 이, 글 쓰는 이의 소명인 이 과정에 대해 다시 한 번 역설한다 해도 독자들이 지루해하지는 않으리라. 이것은 먼저 해결해야 할 문제이고, 나아가 근본적인 문제이며, 성공의 비밀이다.

지적인 일을 하고 싶은가? 당신 안에 고요한 공간을 만들고, 회상하는 습관을 들이고, 세상의 이해에 초연하고 절제하겠다는 의지를 다지는 것으로 시작하라. 그러면 공부에 온전히 몰두할 수 있을 것이다. 지적인 일을 하는 이에게는 은총이나 다름없는 상태, 곧 욕망과 아집에 시달리지 않는 영혼의 상태에 도달하라. 그렇지 않고는 가치 있는 어떤 일도 할 수 없으리라.

지성인은 독생자가 아니다. 지성인은 신이라는 관념의 자식이요, 신이라는 진리의 자식이요, 태초의 말씀의 자식이요, 창조물에 내재하며 생명을 주는 창조주의 자식이다. 올바르게 사유하는 이는 한 걸음씩 신을 뒤따르지, 자신의 헛된 공상을 뒤따르지 않는다. 탐구하면서 더듬거리고 고투할 때, 그는 천사와 씨름하고 '신과 겨루는' 야곱이다.

이러한 조건을 고려한다면, 소명을 받은 사람은 경박함과 무책임함, 공부를 겁내는 마음, 물질적 야망, 자만심과 감각적 욕망, 갈망을 억누르지 못하고 흔들리는 의지와 인내심, 기꺼이 비위를 맞추려는 태도, 적의와 표독스러운 감정, 참된 것에 이르는 길을 막고 참된 것의 승리를 방해하는 기존의 척도를 용인하려는 태도, 이 모든 것을 벗어던지는 것이 자연스럽지 않을까?

『성서』는 신을 경외하는 것이 지혜의 근원이라고 말한다. 신의 자식으로서 인간이 느끼는 이 두려움은 실은 자기 자신에 대한 두려움이다. 지적 영역에서 우리는 이 두려움을, 어떠한 열등한 선입견에서도 자유로운 주의력, 퇴락할 위험을 끊임없이 경계하는 의식으로 볼 수 있다. 지성인은 언제나 사유할 준비가 되어 있어야 한다. 다시 말해 우주가 그에게 전하는 진리의 일부, 어떤 전환점에서 섭리가 그를 위해 마련해둔 진리의 일부를 받아들일 준비가 되어 있어야 한다. 신은 스쳐 지나가면 되돌아오지 않는다. 지나가는 진리를 붙잡을 만큼 준비된 사람은 행복하고, 이 기적적인 마주침을 불러오고 활용하는 사람은 더더욱 행복하다!

지적인 일은 모두 무아지경(ecstasy)의 순간에 시작된다(무아지경일 때 인간은 자신을 벗어나 고양되기 때문이다. 희랍어 '엑스타시스'ex-stasis는 평범한 발판에서 벗어난다는 뜻이다). 관념들을 배열하는 재능, 관념들을 전환하고 연결 짓고 구성하는 기법은 무아지경에 들어선 다음에야 발휘하는 것이다. 그렇다면 우리의 사유와 마음 안에 기쁨의 대상이 머물도록 하기 위해 우리 자신을 벗어나 고양되는 것, 우리의 초라한 삶을 잊어버리는 것이 바로 무아지경 아닐까?

기억도 이 재능에 관여한다. 발명가의 기억과 달리, 앵무새의 기억처럼 열등한 기억도 있다. 그런 기억은 언어와 고정된 공식으로 사유의 통로를 차단하는 장애물이다. 그러나 모든 방향에서 새로운 것을 끊임없이 발견하고 받아들이는 다른 종류의 기억도 있다. 그 기억을 채우는 것 가운데 '이미 만들어진' 것은 하나도 없다. 그 기억의 내용은 미래의 씨앗이자 미래를 약속하는 신탁이다. 그러므로 그런 종류의 기억 또한 무아지경에 속한다. 그 기억은 영감의 원천과 맞닿은 채 기능하며 가만히 안주하지 않는다. 그 기억을 채우는 것은 추억이라는 이름의 고요한 영감이며, 그 기억이 머무는 곳인 자아는 탐구만큼이나 기억을 통해 자아를 고양하는 진리의 전망에 굴복한다.

습득하고 추구할 때 참인 것은 우리가 경력을 쌓기 시작할 무렵 소명을 받을 때도 참이었다. 십중팔구 고통스럽고 혼란스럽기 마련인 청년기를 우물쭈물하며 보낸 뒤 우리는 우리 자신을 발견해야 했다. 다시 말해 아직은 명확히 의식할 수 없는 먼 미래의 결과를 지향하는 우리 안의 숨겨진 충동을 발견해야 했다. 혹시 이것이 쉽다고 생각하는가? 자기 자신에게 귀 기울이는 방식은 신에게 귀 기울이는 방식과 같다. 우리의 진정한 존재와 **자아**의 진짜 모습은 창조적인 신의 사유 안에 있다. 우리에게 영원한 이 진리, 곧 우리의 현재를 지배하고 미래의 징후를 드러내는 이 진리는 우리의 영혼이 고요할 때만 모습을 드러낸다. 다시 말해 정력을 빼앗는 유치한 도락으로 이어질 어리석은 생각을 내쫓은 영혼, 지칠 줄 모르고 중얼

거리는 난잡한 정념을 억누른 영혼에게만 모습을 드러낸다.

자아를 극복하려 할 때 **소명**은 우리가 소명에 **응답**할 것을, 곧 소명에 귀 기울이고 동의할 것을 요구한다.

성공을 위한 수단을 선택하는 것, 자신의 생활방식과 공동체를 정하는 것, 시간을 조직하는 것, 관조하고 활동할 장소를 정하는 것, 일반교양과 전공을 선택하는 것, 공부하고 쉬는 것, 필요할 때는 양보하고 아닐 때는 단호히 거절하는 것, 집중함으로써 정신을 강화하고 더 폭넓은 공부로 정신을 풍요롭게 하는 것 그리고 자신이 속한 집단이나 자연, 일반적인 사회생활에서 만나는 사람들과 교제하거나 동떨어져 지내는 것 등도 마찬가지다. 이런 일들 역시 무아지경의 순간에만, 다시 말해 우리가 영원히 참된 것에 가까이 있을 때에만, 탐욕스럽고 격정적인 자아와 멀리 떨어져 있을 때에만 더 지혜롭게 판단할 수 있다.

그리고 우리는 우리의 역할을 끝낸 뒤 우리의 의지가 아닌 신의 뜻에 따르는 것처럼 평온하고 사심 없이 결과를 받아들이고 평가해야 할 것이다. 그래야 자신의 역량을 과소평가하지 않을 수 있고, 반대로 잘난 척하고 우쭐해하면서 역량을 과장하지 않을 수 있기 때문이다. 설령 애를 쓰거나 남몰래 실망하는 대가를 치르더라도, 초인격적으로 참된 것을 꾸준히 일별하고 그 참된 것의 평결에 복종하는 것이 아니라면 과연 무엇에서 이런 자기 판단을 도출할 수 있을까?

위대한 인물들은 우리에게 아주 대담한 사람처럼 보인다. 그러나 사실 그들은 다른 사람들보다 순종적이다. 그들은 지고한 목소리를 듣는다. 그들이 순종적으로 보이는 이유는 지고한 목소리가 격려하는 본능에 따라 언제나 용기 있게, 때로는 아주 겸손하게 먼 훗날 후손들이 그들에게 부여할 위치를 받아들이기 때문이다. 대체로 그들은 그들이 살아가는 시공간에 어울리지 않을뿐더러, 동료들의 심한 빈정거림까지 받을 수 있는 행동과 발명을 감행한다. 그들은 고립된 것처럼 보일지라도 혼자가 아니라고 느끼기 때문에 두려워하지 않는다. 그들에게는 모든 일을 해결하는 힘이 있다. 그들은 자신들의 왕국이 도래할 것을 예감한다.

우리는 분명 위대한 인물들의 겸손과는 매우 다른 종류의 겸손을 생각해야 하지만, 그러면서도 그들처럼 드높은 원천에 의지해야 한다. 고결한 것은 보잘것없는 것의 척도다. 진정한 위대함을 감지하지 못하는 사람은 쉽게 의기양양해하거나 침울해하고, 때로는 이 두 감정을 동시에 느낀다. 아주 작은 곤충을 깔보는 개미는 거대한 딱정벌레를 신경 쓰지 않는다. 산등성이에서 꾸물거리는 사람은 정상에서 불어오는 바람을 느끼지 못한다. 우리는 진리의 위대함과 자원의 빈약함을 언제나 의식하면서 능력을 넘어서는 일이라면 무엇이든 삼가야 하지만, 동시에 능력을 한계까지 발휘해야 한다. 그런 뒤에는 우리의 척도에 따라 우리에게 주어진 것에 기뻐해야 한다.

이것은 그저 척도의 문제만은 아니다. 여기서 요점은 빈약한 공부나 잘난 척하는 공부는 언제나 형편없는 공부라는 것이다. 지나치게 야심 찬 목표를 지향하거나 지나치게 낮은 수준에 만족하는 삶은 방향을 잘못 잡은 삶이다. 나무에는 변변찮거나 아름다운 가지와 꽃이 달려 있다. 나무는 가지와 꽃에 무언가를 요구하지 않으며 무언가를 명령할 수도 없다. 나무에 깃든 영혼은 자연 일반과 주위 환경의 영향을 받으며 성장한다. 우리의 보편적인 환경은 신의 영원한 사유다. 우리는 그 사유에 의지함으로써 신이 내려준 재능과 도움을 받는다. 우리가 (용기를 포함한) 재능의 형태로 신에게서 받는 것과 결과의 형태로 신에게 기대하는 것은 서로 일치해야 한다.

이 근본적인 기질이 사유하는 삶에 온전히 헌신하는 사람의 경력에 얼마나 큰 영향을 미치겠는가! 나는 위대한 사람들이 부딪히기 마련인 반대와 몰이해에 관해 말했다. 그런데 이런 일들은 보잘것없는 사람들에게도 닥친다. 진리를 한결같이 사랑하는 것 그리고 자신을 완전히 잊는 것 외에 그들이 무슨 수로 이런 일들에 저항할 수 있을까? 세상이 당신을 좋아하지 않을 때 세상은 당신에게 해를 끼친다. 혹시 당신을 좋아한다 해도 당신을 타락시키는 방법으로 역시 해를 끼친다. 당신의 유일한 대처법은 당신이 세상에 봉사할 준비가 된 만큼이나 세상의 평가에 무관심한 채로 세상과 동떨어져 공부하는 것이다. 세상이 당신을 거부해서 당신이 어쩔 수 없이 당신 자신에게 의지하고, 내적으로 성장하고, 스스로를 관찰하고, 스스로 깊이를 더한다면 최선일 것이다. 이런 혜택은 사리사욕을 넘어서는 척도, 즉 꼭 필요한 단 한 가지에 관심을 집중하는 척도에 따라 평가해야 한다.

그렇다 해도 남을 혹평하고 시기하고 부당하게 비난하고, 남에게 반박하고 싶은 유혹을 느끼게 되지 않을까? 그럴 때는 마음을 어지럽히고 불화를 일으키는 그런 성향이 영원한 진리를 해치며 그 진리와 양립할 수 없음을 기억해야 한다.

이와 관련해서 꼭 지적해야 할 것이 있다. 일정한 수준에서는 그런 혹평이 실제보다 두드러져 보이며 시론을 형성하는 데에 어느 정도 역할을 한다는 것이다. 우리는 스승들이 서로에게 말하는 방식에 속곤 한다. 그들은 가차 없이 서로를 공격하면서도 상대방의 가치를 완전히 의식하고 있으며, 대개 별다른 의도 없이 공격한다.

그럼에도 보통 전진하는 데에는 평화와 협동이 필요하며, 옹졸한 마음이 그 전진을 크게 방해한다는 것도 사실이다. 다른 사람의 우월함을 대하는 명예로운 태도는 단 하나, 기뻐하는 것이다. 그러면 그 우월함이 우리 자신의 기쁨, 우리 자신의 행운이 된다.

오늘날에는 매우 드문 일이지만, 외적 성공이라는 다른 종류의 행운이 참된 지성인들을 유혹할지도 모른다. 일반인들은 통속적이며, 오로지 통속적인 것만 좋아한다. 에드거 앨런 포의 작품을 펴낸 출판사들은 그가 다른 작가들보다 잘 쓰기 때문에 보수를 적게 줄 수밖에 없다고 말했다. 또 내가 아는 어느 화가는 화상畫商에게 "당신은 레슨을 좀 받아야겠군요"라는 말을 들었다. 그가 의아해하자 화상은 "너무 잘 그리지 않는 법을 배워야겠어요"라고 말했다고 한다.

완성을 추구하려고 마음먹은 사람은 그런 말을 이해하지 못한다. 그는 어떤 대가를 치르더라도, 또는 어떤 식으로든 보들

레르가 말한 짐승의 폭정, 곧 동물정치(zoocracy)에 동의하지 않는다. 그러나 마음이 언제 약해질지는 모르는 일이다.

설령 우리가 다른 사람들의 평가를 경멸한다 해도, 우리 내면의 자만심과 본능적인 치기로 인해 어리석은 판단을 내리게 되지는 않을까? 니체는 "너의 사유에 대립되는 사유일지라도 결코 무시하거나 외면하지 마라"라고 말했다. 우리가 지금 염두에 두는 것은 무능한 비평가들의 피상적인 평가가 아니라 우리 자신의 경계심과 통합성이다. 얼마나 자주 우리는 난관을 회피하고, 오류에 만족하고, 부당하게 자신의 의견을 내세우는가! 스스로에게 엄격한 것——올바르게 사유하는 데에 아주 이롭고, 수많은 탐구의 위험으로부터 사유를 지키는 데에 크나큰 도움이 되는——은 영웅적 행위다. 우리를 판단하는 진리에 대한 무한한 사랑이 없다면 어떻게 우리가 유죄에 대해 항변하고 기꺼이 비난을 감수할 수 있겠는가?

우리의 노력과 자기비판의 바탕을 이루는 근본적인 신념과 형언하기 어려운 직관을 단호히 고수하는 태도는 쉽사리 오류를 인정하기 어렵게 만든다. 토대 없이 건물을 세울 수는 없으며, 화가가 그림을 손질하더라도 밑칠까지 바꾸지는 못하는 법이다. 우리는 공부해서 얻은 것과 면밀히 고찰한 것을 까닭

없이 재고하거나 꺼리지 말아야 한다. 이렇게 하면 앞서 말한 진리에 대한 사랑에 부응하고, 우리를 넘어서면서도 우리 의식 안에 머무는 것에 관심을 쏟는 사심 없는 태도에 부응하게 된다. 이러한 평가는 까다롭지만 꼭 필요한 일이다. 지성의 모든 활동의 토대가 되는 궁극적인 확신은 어떤 이유로도 흔들려서는 안 된다.

진리에 헌신하기 위해서는 더 잘하려는 마음——좋은 결과의 적이라는 딱 맞는 이름이 붙은——까지도 경계해야 한다. 우리는 때로 탐구의 영역을 넓히려다가 도리어 탐구를 망치곤 한다. 때로는 적절한 한계 너머까지 조사하다가 명료한 정신을 잃고 혼란에 빠지고 만다. 너무 오랫동안 별을 뚫어져라 바라보면, 점점 별빛이 흐려지고 결국 하늘에서 사라지고 마는 법이다.

이 모든 논의의 결론은 깊게 공부하지 말라는 이야기도, 어떤 영역을 공부하든 깊게 공부하기 위한 조건인 폭넓은 교양을 간과하라는 이야기도 아니다. 내가 말하려는 바는 확실히 진리에 헌신하려면 지나친 격정을 억누르고 균형을 잃지 말라는 것이다.

성급하게 판단하고 조급하게 공부하려는 마음도 경계해야

한다. 진리를 사랑할 때 우리는 흔하디흔한 후광을 두른 눈부신 관념에 현혹되지 않는다. 그런 것은 참된 결과를 낳지 못한다. 가장 평범한 사람도 거친 다이아몬드나 진주 같은 관념을 불현듯 떠올릴 수 있다. 어려운 것은 그 관념을 다듬는 일이고, 특히 진리의 보석을 세공하는 일이다. 그것이 진짜 창작이다.

프랑스의 작가 페르낭데Ramon Fernandez는 재치 있게 "나는 조급한 독자들 사이에 이 책의 저자를 두고 싶다"라고 말했다. 나도 그렇다! 관심이 적고 의지가 약한 독자라면 도입부에서부터 조급해하다가 책에서 멀어질지 모른다. 이런 조급함을 피하려면 진리에 더욱 진지하게 헌신하는 수밖에 없다.

특정 주제에 빠져드는 것도 피해야 한다. 그럴 경우 선행하는 탐구와 다른 주제들과의 연관성을 먼저 탐구하지 않은 채 그 주제를 전개하고 싶어질 것이다. 기름진 것 하나를 얻으려면 오랫동안 여러 가지를 가꾸어야 한다. 처음부터 하나만 고집하는 것은 무익한 태도다. 숭고하고 신비한 진리에 헌신할 때 우리는 이 점을 느낀다. 설령 우리가 배운 것을 모두 활용하지는 못하더라도 쌓아놓은 지식은 우리의 말에서 은연중에 배어나고, 이런 충만함은 다시 자신감을 키워준다. 배경을 어스름하게 해서 관념을 빛나게 하는 것은 대단한 비법이다. 어디론가 자꾸 흩어지려는 성질을 가진 관념을 끌어모으는 것은 더욱 대단한 비법일 것이다.

실패할까 두려워 위축되는 순간 우리는 이미 실패를 경험한 것이 아닐까? 그럴 때는 우리를 노력하게끔 하는, 진리에 대한 무조건적이고 흔들림 없는 헌신으로 피신하라. 스위스의 박물학자 보네Charles Bonnet는 "뇌는 나에게 피신처가 되었다"라고 썼다. 그러나 뇌보다 상위에 있는 것은 뇌가 헌신하는 대상이며, 그것이 훨씬 더 안전한 피신처다. 고통이라는 대가를 치른다 해도 창작은 기쁨이다. 그리고 창작의 근원인 관념을 숭배하는 것은 더 큰 기쁨이다.

더구나 프랑스의 장군 포슈Ferdinand Foch가 말했듯이 "병력이 남는 쪽이 전투에서 승리하는 것이다." 당신은 지금 무언가에 실패하겠지만, 그 실패를 밑거름 삼아 훗날 다른 무언가에 성공할 것이다. 조금이라도 가치가 있는 것을 위해 노력하는 사람은 누구라도 틀림없이 성공하는 것처럼 말이다.

이제 내가 찬양해온, 진리에 대한 숭고한 복종의 마지막 효과를 지적하고 싶다. 그 복종은 우리 개개인뿐 아니라 우리의 인간적 처세까지도 세련한다. 이성은 만능이 아니다. 파스칼은 "이성의 마지막 단계는 그 한계를 인정하는 것"이라고 말했다. 이것은 이성이 제1법칙에 복종해야만 가능하다. 제1법칙은 이성의 속성이나 정복으로 여겨지는 이성 나름의 진리가 아니라 초인격적이고 영원한 진리다.

영원한 진리는 아무리 찬양해도 지나치지 않다. 추정에 의지하지 않아도 되게끔 해주기 때문이다. 신비는 그 보답을 한다. 탐구를 대신하는 신앙은, 정신이 혼자서는 절대로 알지 못했을 광대한 영역으로 정신을 데려간다. 정신 영역의 빛은 멀리서 하늘을 올려다보라고 재촉하는 별들의 도움을 받는다. 이성은 세상만을 열망하지만, 신앙은 이성을 무한으로 이끈다.

괜히 말을 늘리고 싶지는 않다. 이 책의 내용은 어쩔 수 없이 되풀이될 것이다. 우주 만물인 신이 어디에 있는지 보여주는 것이 이 책의 목적이기 때문이다.

1934년 12월
앙토냉 질베르 세르티양주

공부하는 삶
: 배우고 익히는 사람에게 필요한 모든 지식

2013년 2월 4일   초판 1쇄 발행
2025년 2월 24일 초판 12쇄 발행

지은이
앙토냉 질베르 세르티양주

옮긴이
이재만

펴낸이	**펴낸곳**	**등록**
조성웅	도서출판 유유	제406-2010-000032호(2010년 4월 2일)

주소
경기도 파주시 돌곶이길 180-38, 2층 (우편번호 10881)

전화	**팩스**	**홈페이지**	**전자우편**
031-946-6869	0303-3444-4645	uupress.co.kr	uupress@gmail.com

	페이스북	**트위터**	**인스타그램**
	www.facebook.com/uupress	www.twitter.com/uu_press	www.instagram.com/uupress

편집	**디자인**	**마케팅**	**독자교정**
박수민	이기준	전민영	양유성 이경민

제작	**인쇄**	**제책**	**물류**
제이오	(주)민언프린텍	나성문화사	책과일터

ISBN 978-89-967766-7-3 03370